W0328714

Aus meinem Herzen geschrieben

für SIE!

Wichtige Hinweise

Der Begriff *space-* clearing© ist Markengeschützt und darf nur mit schriftlicher Erlaubnis der Verfasserin verwendet werden.
Die Symbole werden ausdrücklich frei gegeben zur gefälligen Verwendung von Jedermann/Frau.

Alle angeführten Techniken sind reine Empfehlungen, und auf eigene Verantwortung des Lesers, der Leserin anzuwenden.
Es werden von der Verfasserin, Christa Singer, keinerlei Erfolgs – bzw. Heilversprechungen gemacht.

Titel: WISSEN – M(macht)ACHT – GELD von Christa Singer
Alle Rechte vorbehalten:

Singer Verlag ©
tradition | moderne | weitblick

www.singer-verlag.at
Firmensitz: 1160 Wien, Gansterergasse 8/10/16
Geschäftsführung: Kom. Rat Christa Singer
Gestaltung : Lemon.Ideas – Patricia Emberger
Hintergundbilder zu den Symbolen: Alfred Härting
ISBN: 978-3-9519884-0-5

Auflage 2010

Inhalt

DANKE

Ich danke Gott für die Liebe und das Licht in meinem Sein.

Mit diesen Zeilen möchte ich zum Ausdruck bringen, dass es ein tiefes schier unbeschreibliches Gefühl ist, zu erkennen, mit wem ich mich in meinem Leben bereits austauschen durfte. Es gab und gibt so viele wunderbare Menschen, mit denen ich in Berührung kam. Oft nur ein paar kurze Momente, welche aber großen Einfluss nahmen auf den weiteren Verlauf meiner Entwicklung. Es gibt Personen, mit denen ich noch nie gesprochen habe und trotzdem wurden durch die Tatsache, dass es sie gibt, die Dinge in meinem Dasein in ein anderes Licht gerückt.
Ich habe gesucht und ich habe gefunden. Jedes Mal, wenn ich mich aufmachte, um mein Bewusstsein zu erweitern, gab es eine Steigerung dessen, was vorher war.
Und immer traf ich zur rechten Zeit am rechten Ort auf Menschen, die mir einen Augenblick der Wahrheit schenkten; einen Moment, in dem ich mich in ihnen widergespiegelt sah; einige Sekunden der Stille; eine Umarmung – ausgeführt zum Trost und als Spende für meine Seele; Menschen, die mein Herz berührten, mir Inspiration waren oder mich lehrten, in Dankbarkeit niederzuknien; die mir aufzeigten, welcher Mut in mir steckt, welche Gabe ich gerade lebte und welche ich noch verfeinern darf. Die Menschen in meinem Leben hatten viele Namen, viele Gesichter. Viele lehrten mich, viele beschenkten mich.
Der Zeitpunkt spielt nur im Augenblick des Erlebens eine wichtige Rolle, ansonsten ist der Zeitpunkt gänzlich unerheblich.
Somit nehme ich mir die Freiheit und entscheide mich festzuhalten, dass alle Menschen in meinem Leben mich veranlassen, Dankbarkeit zu empfinden und zwar ohne Wertung und ohne Zeitangabe.

Ich verneige mich in tiefer Achtung und großer Liebe für Alle, in deren Leben ich Teil sein darf.

Einleitung

Sind Sie erfolgreich?
Sie sind erfolgreich!

Warum ich weiß, dass sie erfolgreich sind? Na klar, Sie haben dieses Buch gekauft, und das zeigt, dass Sie genug Erfahrungen gesammelt haben und neugierig sind. Sie haben genug Geld, um dieses Buch zu kaufen. Das ist auch ein Zeichen von Erfolg. Erfolgreiche Menschen sind offen, mutig und bereit, einige Sprünge zu wagen.

In diesem Buch stelle ich Ihnen ein paar Konzepte vor. Wie das Wort „Vorstellen“ schon ausdrückt, es geht um ein Kennenlernen, ein Sich-Herantasten, unverbindlich, aber doch so beeindruckend, dass ein Impuls entsteht, mehr zu erfahren.

Alle Themen, die beschrieben werden, können Sie ausführlicher und detaillierter in den verschiedensten Büchern und Seminaren erkunden. Hier zeige ich auf, wie Sie die unterschiedlichen speziellen Fachgebiete für Ihren Beruf nützen können. Finden Sie heraus, welches davon für Sie die passende Ergänzung im täglichen Kundenumgang ist.

In jedem steckt eine Anziehungskraft, ein Magnetismus für die Dinge, Situationen oder Problemstellungen, mit denen man am besten arbeitet. Möglicherweise ist das Spiel mit den Farben genau das Richtige für Sie, oder doch eher das Jonglieren mit den Zahlen? Es ist keinesfalls notwendig, in allen Bereichen bis ins kleinste Detail vorzudringen. Über alles ein wenig Bescheid zu wissen hilft Ihnen ganz sicher, Ihren Kunden dort abzuholen, wo er gerade abgeholt zu werden bereit ist. Ein Spezialgebiet zu haben, wird Ihr Gespräch und Ihre Vertrauensbasis vertiefen; dies wiederum führt zu oft ganz und gar unerwarteten Folgeereignissen. Wenn Sie jetzt skeptisch sind, so nehmen wir ein einfaches Beispiel: Haben Sie in Ihrem ganzen Leben noch nie ein Zei-

tungshoroskop gelesen? Selbstverständlich nur zum Spaß! Und Sie glauben natürlich auch nicht dran. Das wissen wir! Aber in diesen Bereichen ist auch Ihr Kunde unterwegs. Er ist an so vielem interessiert, dass es ein Leichtes für Sie sein wird, ihn mit Ihrer neu errungenen „Weisheit“ zu verblüffen.
Ein Makler mit Einfühlungsvermögen? Wo gibt's denn so was?
Das sind Sätze, die ich ständig zu hören bekomme. Das sind die Kunden, die auf Sie warten. Das sind Kunden, die Ihren Namen gerne weiterempfehlen, denn Sie haben echte Anteilnahme gezeigt und sind bemüht, alle Möglichkeiten ins Spiel zu bringen.
Was ich meine ist, lassen Sie die Themen des WISSENS auf sich zukommen, wie ein Date, ein Rendezvous, – mit dem Hintergedanken, dass mit dem einen oder anderen eine „Beziehung“ entstehen könnte.

Das Maklergewerbe, das Vermitteln zwischen 2 Parteien, in dem es um Neuraum-Beschaffung oder Altraum-Entlassung geht, hat Ihr Interesse gefunden, ist Ihr Beruf geworden, genau wie meiner.
Seit 1986 habe ich keinen Tag bereut, gerade diese Tätigkeit auszuüben. Doch gleichermaßen war es von Anfang an klar, dass ich versuchen werde, in diesen Beruf etwas Schwung hineinzubringen, etwas Neues, etwas, das dazu beiträgt, die Kunden – und damit meine ich den Abgeber genauso wie den Abnehmer – von unserer Arbeit so zu überzeugen, dass sie quasi Schlange stehen werden vor unserem Büro, dem Immobilienmaklerbüro!

Wer ist Christa Singer?
Wer bin ich?

Diese Zeilen sind mit dem Hintergrund entstanden, Sie darüber in Kenntnis zu setzten wer sich hier erlaubt Ihnen etwas zu erläutern, mit welcher Motivation das was in diesem Buch steht entstand.
Wenn Sie nur an Fakten interessiert sind, so rate ich diese Seiten einfach zu überspringen und sogleich mit dem Kapitel über „Erfolg REICHE Makler“ zu beginnen.

Hier lasse ich Sie also teilhaben an Ereignissen aus meinem Privatleben und meinem beruflichen Werdegang.
Es gab viele Hochs und Tiefs – von Langeweile wurde ich nie heimgesucht.
Manchmal hätte ich ein Ruderboot gebraucht, um den Tränensee zu überqueren, doch die Landgänge hatten dadurch immer tiefen Eindruck auf mich gemacht.
Neulich war ich mit einer Freundin im Kino. Ich war zu früh da und verkürzte das Warten, indem ich mich im dortigen Buchladen ein wenig umsah. Beim Anblick von so vielen Büchern kam mir schon der Gedanke, ob es denn Sinn machen würde, die Welt mit noch einem weiteren Buch zu bereichern. Wer würde das lesen? Was hätte ich zu bieten?
Und so stockte mein Tatendrang für eine kleine Weile. In meinem Kopf schlugen die Gedanken Purzelbäume. Plötzlich hatte ich Zweifel.
Zweifel ist ein zweifelhafter Ratgeber. Ganz ehrlich, mit dem Zweifel muss man sich einmal im Leben echt und innig beschäftigen, damit man ihn ein für allemal durchschaut hat. Er zieht einen runter, macht alles schlecht und impft das Gift „Unsicherheit“ in Unmengen in den Gefühls-, Gedanken-, und Empfindungskörper.
Es braucht schon eine gesunde Portion Vertrauen, um aus dem Tal der vorauszusehenden Niederlagen, die der Zweifel suggeriert, wieder herauszufinden.
Kennen Sie das, wenn Sie eine Idee, eine Inspiration oder Vorfreude packt, so richtig erfasst, und Sie nur noch an diese eine spezielle Sache (oder Person) denken? Stellen Sie sich vor, es hat Sie so richtig erwischt, mit allem Drum und Dran, Sie sind Feuer und Flamme. Und urplötzlich, aus heiterem Himmel sehen Sie die Konkurrenz. Haufenweise, paarweise, groß und klein, bunt und wunderschön.
O Gott, so erging es mir in diesem Buchladen. Umgeben von all der Pracht, dem großartigen Wissen, der Klugheit, die zu mir in Bänden sprach – zuerst ganz leise ... dann drohender und voller Sarkasmus: Lass es sein! Geh nach Hause, sei zufrieden mit Deinem Leben und dem, was Du hast. Hier, sieh Dich um, da kannst Du nicht mithalten. Zweifel, ZWEIFEL, Z W E I F E L ...
an der großen Liebe, mit der ich ans Werk gegangen bin. Selbstverständlich ist es auch der richtige Augenblick für „gut gemeinte“ Ratschläge von Menschen, die man nicht einmal wirklich nach ihrer Meinung fragt.

„ Wer tut sich das an?" „Da verdienst Du nichts dabei!" „Kein Makler wird das je lesen, obwohl es viele lesen sollten!" Das und noch viel mehr durfte ich mir anhören. Die beste Aussage war: „Weißt Du mit Deiner Zeit nichts Besseres anzufangen?"

Es dauerte einige Tage, bis ich nach eingehender Hinterfragung entschied, die „Beziehung" einzugehen. Und ich sage Ihnen, in dem Moment, in dem ich den Zweifel überwand, in dem ich mich entschied, JA zu sagen, kamen die besten Ideen zur Verwirklichung.

Wie alles begann

Zwei kleine Kinder und zwei gescheiterte Ehen führten zu dem Entschluss, meine Heimat Tirol zu verlassen und in Wien einen Neuanfang zu wagen. Fredi, mein älterer Sohn, war 7 Jahre alt und Werner, der jüngere, 3 1/2. Ich suchte eine Wohnung. Wie ich zu dieser Wohnung kam, schildere ich in einem späteren Kapitel. Aber warum ich mich zum Immobiliengeschäft so hingezogen fühlte, war die Verlockung, Gutes zu tun. Es war das starke Gefühl, etwas abweichend von den herkömmlichen Methoden für die Immobilienbranche tun zu können. Warum ich das so tief wusste und warum ich das machen wollte, hängt mit meiner Kindheit zusammen.

Meine Mutter war gerade 16 Jahre alt, als ich das Licht der Welt erblickte. Sie hatte nicht die Mittel und auch nicht die Möglichkeit, mich selbst aufzuziehen, und so kam ich zu einer Ziehmutter. In meinem weiteren Leben habe ich sie gerne als meine Oma ausgegeben, um mich besser zu fühlen. Wer gibt schon gerne zu, dass die Eltern keine Chance sahen, einen gemeinsam großzuziehen und die restliche Verwandtschaft auch keine Lust auf ein uneheliches Kind hatte. Mein Vater war nie für mich da, aber meine Mutter hat versucht, mich zu versorgen so gut sie konnte. Genau genommen hatte ich großes Glück im Unglück, denn die „Oma" hat mich zu dem gemacht, was ich heute bin. Sie war eine ganz außergewöhnliche Frau. Als ich zu ihr kam, war ich 4 Wochen alt und sie so alt wie ich jetzt bei der Entstehung dieses Buches. Als ich wieder von ihr fortgenommen wurde, war ich sieben. Man sagt, die ersten 7 Jahre des Lebens prägen am meisten. Sie formen den Charakter, sie geben vor, wie das Leben verlaufen wird. Nur wenig kann daran geändert werden. Daher bin ich meiner Mutter sehr dankbar, dass sie mich ausgerechnet zu dieser

tollen Frau gab, die mich so viel gelehrt und mir so vieles gezeigt hat. Ich lebte in einem kleinen Dorf auf etwa 1300 m Seehöhe bei einer Frau, deren Lebensinhalt darin bestand, mich zu verwöhnen, mich in die Natur einzuführen, mich zu lieben. Sie hatte rund um die Uhr nur mein Wohl im Auge!
Sobald ich gehen konnte, verbrachten wir die meiste Zeit im Wald. Ich lernte, wie man aus jungen Tannensprösslingen Sirup machte, der den Bronchien hilft, oder wie man Tee gegen Fieber aus dem Saft von Zwiebeln produziert und vieles mehr. Wenn wir bei Wind und Wetter durch den Wald stapften, beobachteten wir den Regen, die Sonne und den Mond. Auch in der Nacht waren wir oft draußen, um Kräuter zu sammeln oder die unterschiedlichen Mondphasen zu nutzen. Ich lernte die Sprache des Waldes, der Bäume und der Blumen. Die Felsformationen dienten dazu, meine Fantasie anzuregen.
Ich malte viele – in meinen Augen – schöne Bilder. Die Berge und die Bäume hatten die tollsten Farben. Aber gerade das machte mich unglaubwürdig, denn ich sah blaue Steine und rosa Torbögen, wo doch offensichtlich alles Grau in Grau war. Meine Reise in die Natur war gekennzeichnet von Begegnungen mit Feen, Elfen, Gnomen und Zwergen. Ich kann gar nicht beschreiben, wie sehr mir das gefiel und wie glücklich ich war, dies alles mit meiner „Oma" zu teilen. Sie hatte immer eine Erklärung parat und verstand genau, was ich ihr erzählte.
Sobald aber meine Mutter zu Besuch kam, bekam alles eine schräge Note. Sie glaubte, ich sei farbenblind und dass es unverantwortlich von meiner „Oma" wäre, mir das durchgehen zu lassen. Das ging so weit, dass ich mich bald für das, was ich sah und für das, was ich empfand schämte. Ich mied die Besuche meiner Mutter und reagierte zunehmend aggressiv, wenn sie kam – auch im Umgang mit anderen Menschen.

Meine „Oma" war im Ort so etwas wie eine „Heilerin". Sie wurde gerufen, wenn Menschen oder Tiere erkrankten. Da sie niemanden hatte, der mich beaufsichtigen konnte, wurde ich zu solchen Krankenbesuchen mitgenommen. Sie hatte immer eine sogenannte Rute mit und ging damit im Raum auf und ab. Dann verstellte sie Möbel oder hängte Bilder um. Sie bemalte die Wände mit Zeichen und sprach mit den Leuten. Oft hielt sie ihre Hände an den Kopf der Menschen und murmelte dabei Gebete.

Wenn jemand starb, wurde sie gerufen, um dem Toten beim „Hinübergehen“ zu helfen. Das gab den Hinterbliebenen Trost und half ihnen ganz offensichtlich. Ich durfte sie dabei beobachten und lernte dadurch schon in sehr jungen Jahren auf anschauliche Weise, wie die Energien funktionieren und wie man sie zum Wohle aller Beteiligten quasi umleiten kann.
Sie hat nach allen schwerwiegenden Ereignissen bei den Dorfbewohnern eine Raumreinigung vorgenommen, damit diese dann leichter mit der neuen Situation umgehen konnten. Ich sah zu und lernte – für später! Es war eine himmlische Zeit. Die „Oma“ war streng, aber gleichzeitig liebe- und verständnisvoll.
Meine „Oma“ hatte auch einen Sohn. Ich weiß nicht mehr genau, wie alt er war. Aber alt genug, um verlobt zu sein. Er kam jeden Abend zu uns nach Hause. Wir verstanden uns sehr gut. Er war ein echter, großartiger Künstler. Er verstand sehr viel von Geometrie und Raumharmonie. Sicher hat mich auch das geformt. Mit ihm gemeinsam Zeit zu verbringen, war auf wunderbare Weise kreativ und herausfordernd.
Und plötzlich kam eine Wende. Meine Mutter heiratete und wollte, dass ich zu ihr und ihrem neuen Mann ziehe. Was für ein schrecklicher Gedanke! Ich war ganz und gar nicht begeistert. Dies war wohl das erste Mal in meinem Leben, in dem ich die Erfahrung des Loslassens machte und ich war alles andere als bravourös. Ich wollte und konnte nicht einsehen, dass es für mich das Beste wäre, bei meiner Mutter zu wohnen – noch dazu mit einem mir wildfremden Mann.
Ich bekam vier Geschwister, für die ich eigentlich nie die Schwester war, vielmehr das Kindermädel.
Kinder kosten Geld, und Not macht erfinderisch. Der Fremdenverkehr in Tirol begann gerade zu boomen. Von überall her kamen Gäste und wollten bei uns wohnen. So quartierte meine geschäftstüchtige Mutter die Kinder kurzerhand in den Keller und sich und ihren Mann in die Garage. Schwuppsdiwupps: Das nette Einfamilienhaus war zu einer sehr gut florierenden Frühstückspension umfunktioniert. Vier Kinderzimmer und ein Elternschlafzimmer ergaben eine stattliche Bettenanzahl. Dafür bewunderte ich meine Mutter!

Wie sie das anstellte, mit welcher Kraft und welchem Mut sie alles anging. Zuerst fanden das alle recht lustig, aber mit den Jahren verlor es den Reiz, mit drei Buben in einem Zimmer zu schlafen. Meiner Schwester ging es da schon besser. Die kam erst zur Welt, als ich schon aus dem Haus war. Es gab immer Arbeit im Haus. Waren Gäste da, musste ich mich um die Zimmer kümmern, waren keine Gäste da, wurde renoviert, umgebaut, geputzt ... Trotzdem war ich bemüht, die wenige freie Zeit kreativ zu nützen. Ich malte Bilder auf Packpapier, die anschließend von meiner Mutter verbrannt wurden, weil diese – warum auch immer – nicht ihr Wohlgefallen fanden.
In meinem Heimatort gibt es den schönsten und größten Lärchenwald Österreichs. (Dies ist in zahlreichen Zeitschriften so dargestellt, also nicht nur meine persönliche Meinung!) Dort verbrachte ich meine Freizeit. Die Lärchen haben sich alle meine Sorgen und Ängste anhören müssen, und dafür bin ich diesen wunderbaren Geschöpfen heute noch dankbar. Es war, ohne dass es mir wirklich bewusst war, immer schon der Wald, im Besonderen die Lärchen, die mich innerlich und äußerlich wieder in Harmonie brachten. Ich konnte im Wald die Zeit verlieren, „mich aufladen“ würde man energetisch dazu sagen.
In dieser Zeit gab es eine Begebenheit, die mich prägte und von der ich nie gedacht hätte, dass sie einmal mein Leben so stark beeinflussen würde. Meine Mutter hatte sehr oft starke Kopfschmerzen, und ihre Nerven waren auch ziemlich angespannt. Sie schwor darauf, dass es ihr hilft, wenn ich ihre Füße massierte oder sie am Kopf hielt. Das ging so weit, dass ich das auch bei den Gästen machte, wenn diese am Vorabend zu tief ins Glas geschaut hatten. Immer war nach einer kurzen Berührung alles gut. Viele Jahre später, als ich anfing, mich für die Geistige Heilung zu interessieren, sah ich die Zusammenhänge. Begonnen hat mein Weg zur Spezialistin für die sensible Herangehensweise an die Menschen an sich und an Wohn- und Lebensraum im Besonderen also schon in jungen Jahren und erscheint im Rückblick als ein ganz natürlicher Weg.
Ich erlernte den Beruf Friseurin, Kosmetikerin und Perückenmacherin. Es war die einzige Möglichkeit, meiner Kreativität Ausdruck zu verleihen. Eigentlich wollte ich auf die Kunsthochschule gehen, doch dieser Gedanke gefiel meinen Eltern ganz und gar nicht. Meine Mutter wollte als junge Frau unbedingt Friseurin werden und musste Schneidern lernen. So verwirklichte ich ihren Traum und lernte das, was eigentlich ihre Idealvorstellung gewesen war. Es gefiel mir nicht, Haare wegzukehren bzw. das Dienstmädchen für die Gesellinnen zu sein, und so unternahm ich alles, um schneller schneiden und färben zu dürfen. Ich war ein bisschen aufmüpfig

und machte meiner Lehrherrin das Leben nicht gerade leicht. Doch ich muss sagen, sie war eine hervorragende Meisterin ihres Fachs. Sie hatte einen außergewöhnlichen Geschmack und – sie hatte Stil. Das gefiel mir am meisten. Ich ahmte sie nach, wo immer ich konnte. Auch ihr Gefühl, mit Menschen umzugehen, gefiel mir. Sie nahm ihren Beruf sehr ernst und ich auch. Um mir mehr Freiraum zu schaffen, machte ich bei vielen Wettbewerben mit und gewann den einen oder anderen Pokal.

Mit 22 Jahren heiratete ich zum ersten Mal. Diese Ehe wurde schon nach einigen Monaten geschieden. Er und ich passten einfach nicht zusammen. Wie es dazu kam? Na ja, er war Schilehrer! Nie im Leben wollte ich einen Schilehrer heiraten! Alles, nur das nicht! Aber, wie es sich gezeigt hatte, brauchte ich anscheinend diese Erfahrung! Zu seiner Verteidigung muss ich sagen, dass er mich aufrichtig mochte und seinen Sohn sehr liebt. Ich ließ mich schon nach wenigen Monaten scheiden. Er wollte das Sorgerecht, denn ich wohnte nicht standesgemäß. Und so musste ich mein Kind weggeben, zwar nur zur Nachbarin, aber weg, damit mich das Jugendamt und mein Ex-Mann in Ruhe ließen.

Manche Situationen wiederholen sich in Familien. Um solchen Ereignissen entgegenzuwirken, gibt es unter anderem eine Therapieform, die sich „Familienaufstellung“ nennt. Ich erwähne dies hier der Vollständigkeit halber, um aufzuzeigen, in wie vielen Bereichen sich Möglichkeiten zur Problemlösung – etwa für Ihren Kunden – ergeben.

Die Trennung von meinem Sohn war auf die Nacht beschränkt, denn während des Tages konnten er und ich zusammen sein.

Nach einem Jahr bekam ich eine Stelle in Seefeld. Dort lernte ich meinen zweiten Mann kennen. Ich war so verliebt, dass ich meine innere Stimme ignorierte, die mir zuflüsterte: „Heirate bitte nicht schon wieder einen Schilehrer!“ – „Und B I T TE heirate nicht einen Schilehrer, der im Sommer Golflehrer ist!“ Was soll ich sagen, es sind Zeilen der schonungslosen Wahrheit, ich scheiterte ein zweites Mal. Ich machte der 14 in meiner Zahlenkabbala alle Ehre. Sie steht da für die „Wahl-Wiederholung“. Auch das lernte ich erst viel später.

Ich hatte nun zwei Kinder. Kinder, die mir das Wichtigste im Leben waren und sind. Um der Schmach und dem Getratsche aus dem Weg zu gehen, verließ ich Tirol und zog mit den Kindern nach Wien. Den Umzug und die Scheidung bezahlte ich, indem ich einen ganzen Winter lang Tag und Nacht arbeitete. Von morgens bis abends war ich im Schischulbüro und nachdem ich die

beiden Jungs ins Bett gebracht hatte, fuhr ich die Nacht durch mit dem Taxi. An den Wochenenden suchte ich in Wien eine Wohnung. Und am 24.7.1986 war es dann so weit. Wir übersiedelten in den 18. Bezirk. Für meine Vorliebe für Schilehrer würde hier wohl kaum Gelegenheit sein!
Ich fing an, mich meiner Fähigkeiten zu erinnern: Menschen zuzuhören und dabei zu helfen, Schönheit und Ästhetik in ihr Leben zu rufen.
Als ich meine ersten Immobilien vermittelte, war mein Glücksgefühl unbeschreiblich. Ich fühlte mich wie eine Frau am richtigen Ort zur richtigen Zeit. Einfach und glücklich! Die Kunden haben sich im Laufe der Jahre namentlich geändert, aber vom Standpunkt der Bedürfnisse gibt es ganz offensichtliche Parallelen. Daher war es nur logisch, dass ich meine Kreativität ausbaute, und mein Verlangen, etwas so richtig R I C H T I G zu machen, umsetzte, indem ich begann, alles über Raumenergien und Raumheilungen zu lernen.

An dieser Stelle machen wir Halt und begeben uns geistig nochmals in den Buchladen neben dem Kino. Sie erkennen, dass mein Leben bis heute mit einigen „Aufs" und „Abs" verlaufen ist, und dass es oft genug mit dem Thema „Loslassen" konfrontiert war. Ich habe schon so einiges falsch gemacht, aber ich blieb immer positiv, blickte nach vorne, und gab „brav" mein Bestes, was leider manchmal zu wenig war.
Vielleicht können Sie jetzt, nachdem Sie ein wenig über meine Vergangenheit erfahren haben, verstehen, dass ich meine Zweifel hatte.
HATTE ist ein großartiges Wort! HATTE wird immer dann verwendet, wenn Sie sicher sind, dass Sie diese Erfahrung nicht mehr machen wollen.
HATTE zeigt immer eine große Wirkung, wenn man es gezielt einsetzt.
Die Gegenwart ist die Quelle, aus der ich Ihnen mit großer Freude und Wertschätzung Ihrer Zeit, die Sie für das Lesen dieses Buches aufwenden, die folgenden Seiten schreibe.

Ich wünsche mir von ganzem Herzen, dass auch Ihnen dieses Buch Freude bringt, dass es Ihnen zeigt, was mir mein Beruf, Immobilienmaklerin, bedeutet. Und dass es Ihnen ein paar Möglichkeiten in die Hand gibt, der oder die ImmobilienmaklerIn zu werden, der oder die Sie sein möchten.

WISSEN - M(macht)ACHT - GELD

ErfolgReiche Makler

ErfolgREICHE Makler führen ein erfülltes Leben

gesund
zufrieden
voll Freude
und glücklich

Erfolg zu haben, ist eine Sache – dabei REICH zu werden, ist schon eine Herausforderung.

Es gibt genügend Beispiele von Kollegen aus der Immobilienbranche und auch aus anderen Berufsgruppen, von denen man weiß, dass sie wirklich erfolgreich sind, jedoch immer wieder in finanziellen Schwierigkeiten stecken.
Der Erfolg stellt sich meistens ein, wenn man sich genügend auf eine Sache konzentriert. Das bezieht sich freilich auf alle nur erdenklichen wünschenswerten Ziele.
Erfolg ist stark abhängig von der Konzentration mit der man an eine Sache rangeht. Energie folgt der Aufmerksamkeit! Sind Sie aufmerksam und konzentriert genug auf eine Sache, wird sich der Erfolg einstellen. Das wirkt im so genannten Guten wie auch im Schlechten.
Das ist ein Naturgesetz.

Ein Beispiel:
Sie werden mit dem Verkauf einer „Bruchbude" beauftragt. Was tun Sie? Ernsthaft! Ich sollte besser fragen: Was denken Sie? Sind Ihre Gedanken voll von positiven und humorvollen Gedanken oder sind Sie eher enttäuscht über das, was da von Ihnen erwartet wird?
An diesem Beispiel können Sie erkennen, dass es für einen Vermittler ganz und gar unwichtig ist, wie gut oder wie schlecht ein Objekt aussieht. Sie haben die Aufgabe, dem Ganzen einen Wert zu geben. Einen Wert, der für alle Beteiligten ein Gewinn sein sollte!

„Einen Wert geben“ bedeutet etwas anderes als „bewerten“.
Bewerten hat einen persönlichen und geschmacklichen Anteil, ein Luxus..., den Sie sich maximal bei Ihren eigenen Immobilien leisten können, aber niemals bei den Objekten, die Ihnen anvertraut werden.
Manches, was Sie hier lesen, wird Ihnen unwahrscheinlich, vielleicht etwas abgehoben, erscheinen. Einiges wird für Sie sowieso selbstverständlich sein.
Diese Zeilen sind dann eine Bestätigung für Ihr gut funktionierendes Gefühl in Ihren Beruf.
Welche Methode, welches Wissensgebiet, welcher Bereich auch immer Ihre Zustimmung findet, hat eine Chance, Ihre Sichtweise zu erweitern.
In den vielen Jahren, die ich nun schon in diesem Beruf arbeite, hatte ich selbst viele Schicksalsschläge und sogenannte finanzielle Einbrüche und habe diese auch mit und bei anderen miterlebt und gesehen.

Faszinierend und sehr erhebend fand ich immer wieder, dass es gerade in den schwierigsten Situationen die besten Lehrer gab. Natürlich war die Enttäuschung, die Wut, die Trauer ein für mich unangenehmer Begleiter, aber letztlich notwendig, um zu erkennen, dass nur ich allein die Verantwortung für alles, was in meinem Leben geschieht, trage. Ich begann, mich darauf zu konzentrieren, die Dinge positiv zu sehen. Das fing damit an, dass ich mich von so genannten Fehlschlägen direkt und sofort abwandte und meine Energie sofort etwas Neuem zufließen ließ. Was kümmert es mich, wenn ich einen Deal nicht mache, es gibt doch noch so viele andere. Zeit mit Resignation oder Enttäuschung zu vergeuden, war für mich pure Energieverschwendung. So begann sich mein Interesse für Energie zu entfalten. Auf der Suche nach der ultimativen Wahrheit ging meine Reise um die halbe Welt. Die Lehren und Bräuche anderer Kulturen, die vielen Seminare und Ausbildungen hatten immer ein Ziel: den Menschen im Raum zu studieren – oder den Raum im Menschen.
Die Perspektiven und die Einstellungen zu vielen Dingen haben sich im Laufe der letzten Jahre stark verändert. Doch eins ist immer gleich geblieben: Ich liebe es, Immobilienmaklerin zu sein. Als Maklerin stehe ich am Anfang, bin quasi beim Neubeginn, beim Start von etwas Neuem bei meinen Mitmenschen dabei. Überlegen Sie einmal, jeder der Kunden fängt ein neues Leben an,

wenn er einen Makler bittet, ihm zu helfen. Ach ja, ich vergaß – die meisten wollen unsere Hilfe ja überhaupt nicht. Warum wohl? Dazu kommen wir noch ...
Zurück zum Thema. Ich liebe es also, dabei zu sein, wenn z.B. eine Firma ein neues Büro sucht oder wenn eine Familie die Stadtwohnung für ein kleines Einfamilienhaus eintauscht. Wenn der Student aus einem Bundesland für die Ausbildung nach Wien kommt, usw. Hier sei angemerkt, dass mein hauptsächliches Arbeitsfeld in Wien ist. Für mich ist es jedes Mal ein Miterleben, Mitfühlen und eine große Ehre dabei zu sein, wenn andere ein neues Kapitel in ihrem Leben aufschlagen.

Veränderung

Veränderung wird zwar am meisten angestrebt – aber mehr noch gefürchtet.
Wir wollen eine Veränderung in unserem Job, in der Beziehung, in den Geldangelegenheiten. Wir wollen ein anderes Wetter, ein besseres Golfhandicap, neue Schuhe, eine bessere Chance, eine andere Schwiegermutter, etc.
Wenn sich dann etwas Neues eingestellt hat, ja dann sehen viele mit Wehmut und Tränen in den Augen zurück „auf die gute alte Zeit“.

Veränderung ist notwendig!
Veränderung ist eine Chance zur Entwicklung!
Veränderung ist WANDLUNG!

Die Umwandlung im Leben ist eine großartige Sache und geschieht ganz leicht und freudvoll, wenn wir bereit sind
loszulassen,
zu vergeben,
anzunehmen.

Wie Sie sicher selbst schon oft erfahren haben bringen Veränderungen Widerstand mit sich. Um diesen Widerstand aufzulösen, war und ist es schon seit jeher üblich, einen Vermittler hinzuzuziehen.
Ein solcher Vermittler kann nur dann von großem Nutzen sein, wenn er selbst widerstandsfrei, sozusagen unparteiisch, ist.
Auch ein Vermittler oder Makler hat Widerstände, die er zu meistern sucht. Weil das so ist, kann er die Gefühle und Beweggründe seiner Kunden ja so gut verstehen.
Dieses Buch ist ein Versuch, Ihnen zu helfen, Ihre eigenen Emotionen und die Ihrer Kunden besser zu konkretisieren. Mit Hilfe von einigen vielleicht unorthodoxen, nichtsdestotrotz aber hilfreichen Mitteln möchte ich zeigen, wie Sie sich selbst und andere besser verstehen können und wie als Resultat daraus eine bessere oder leichtere Kommunikation geschaffen werden kann.

Der Wert des Maklers ist

seine Einstellung
sein Einfühlungsvermögen
seine Flexibilität
seine Durchsetzungskraft
sein Auftreten
sein Mut
sein „Bestreben"
sein spielerisches Talent
seine Leichtigkeit
sein Wissen
sein Selbst-Vertrauen

Jeder Makler hat die Verpflichtung, alles in seiner Macht Stehende zu tun, um beiden Parteien – dem Abgeber und dem Interessenten – die bestmögliche Abwicklung zu gewährleisten. In Österreich wird eine umfangreiche Ausbildung angeboten. Es gibt einige Einrichtungen, die Seminare mit den verschiedensten Themen anbieten. Ein Immobilienmakler kann alles lernen, was er möchte und die Wirtschaftskammer Österreich (WKO) unterstützt dies, so gut es geht.
Ich habe seit Jahren immer wieder beobachtet, wie und was es zu berücksichtigen gibt, welche Verantwortung ein Immobilienmakler hat, welche Regeln zu befolgen sind und welche wir wie umgehen können. Auffallend ist die stetig steigende Zahl an Gerichtsverhandlungen und Streitereien zwischen den Parteien und auch der „Kampf" um die Provision wird recht häufig vor dem Richter ausgetragen. Dabei könnte man gerade in puncto Streit sehr viel verhindern.
Die Mediatoren halten bereits Einzug in die Arena. Sie tragen wesentlich dazu bei, die Streithähne auseinander zu halten und zu beruhigen. Ich aber stelle mich sogar noch einen Schritt weiter nach hinten in die Reihe.
Ich gehe nämlich davon aus, dass es möglich sein sollte, den Makler wieder zu einer angesehenen Persönlichkeit zu machen.

Er sollte nicht als lästiger Provisionsempfänger abgestempelt werden, was leider, wenn man auch nur ein bisschen ehrlich ist, genauso abläuft. Natürlich gibt es Ausnahmen, aber sollte es nicht umgekehrt sein? Dass die „schwarzen Schafe“ die Ausnahme sind?

Den guten Ruf einer Branche zu wahren, ist genauso leicht oder schwer wie den einer Einzelperson. Kommt es doch fast immer darauf an, wie etwas transportiert wird.

Und ich habe es mir zum Ziel gesetzt, Sie als Immobilienmakler zu einem Sympathieträger zu machen.

Was heißt Sympathie? Es bedeutet, dass sich Gleiches mit Gleichem verbindet.

Und wenn Sie ehrlich sind, dann stehen Sie als Vermittler nur dann gut da, wenn Sie die Sympathie BEIDER Parteien genießen. Man kann hier geteilter Meinung sein und die Diskussion in den Raum werfen, ob wir in diesem kleinen Handbuch für die einseitige Verprovisionierung sind oder nicht. Egal wie das in Zukunft laufen wird, es bleibt doch die Tatsache, dass der Abgeber mit seinem Makler eine Vereinbarung nur dann trifft, wenn da auch Sympathie mit im Spiel ist. Und wenn der Kauf- oder Mietinteressent dem einen oder anderen unsympathisch ist, wird es kompliziert. Solche Situationen könnte man in den meisten Fällen vermeiden, wenn sich der Makler auch in subtileren Dingen und nicht nur in harten Fakten auskennen würde. Mit den nachfolgenden Kapiteln möchte ich auf einfache und klare Weise aufzeigen, dass es wichtig, nein unumgänglich ist, in der Immobilienbranche die menschlichen Aspekte und die Kundenwünsche viel mehr zu berücksichtigen. Dazu ist es aber notwendig, auch die eigenen Wünsche zu berücksichtigen, um den anderen (nämlich den Kunden) besser zu verstehen.

Wenn ich davon ausgehe, dass Sie aus fachlicher Sicht bereits alles gelernt haben, was es zu lernen gibt, dann sind Sie wahrscheinlich auch nicht überrascht, wenn ich Ihnen hier keine wie auch immer gearteten Vorschläge mache, wie Sie Ihr Geschäft zu machen haben, denn das wissen Sie ja! Mein Bestreben ist, sie von einem ausgezeichneten Niveau in einen jubelnden, menschlich anerkannten und respektierten, wirklich erfolgreichen Immobilienmakler zu machen! Wenn Sie bereit sind, an sich zu arbeiten und die folgenden Blätter des Erfolgs für sich in Anspruch zu nehmen,

dann bin ich ganz sicher, dass Sie es zu einer herausragenden Persönlichkeit in diesem wunderbaren Gewerbe bringen werden.
Denn das Immobiliengeschäft ist ein wunderbares Gewerbe. Sie sind maßgeblich am Wohle der Menschheit beteiligt. Denn die Menschen auf diesem Planeten verbringen in Räumen wesentlich mehr Zeit als im Freien. Und SIE sind der Erste, den ein Mensch konsultiert, wenn er sich räumlich verändern möchte. Ich will Sie gerne darauf aufmerksam machen, dass hier bereits die erste entscheidende Tätigkeit in Gang gesetzt wird.

VERÄNDERUNG

Das ist Ihr Stichwort! Das Thema Veränderung trägt wesentlich zu unserem Alltag bei: Veränderung im Leben eines Kunden, sowohl beim Abgeber als auch Käufer/Mieter, UND Veränderung für SIE. Haben Sie eigentlich schon bemerkt, wie oft Sie an einem Immobilienmakleralltag Ihr Gesicht verändern, Ihre Meinung, Ihre Sichtweise, Ihren Standpunkt usw.? Ja, wir Makler sind flexibel. Das müssen wir sein, sonst wären wir nicht so gut! Oder?

Ich sage Ihnen, dass Sie das auf Dauer krank macht.
Es gibt nämlich einen Unterschied zwischen flexibel sein im Sinne von manipulativ und darin, echte Veränderungen anzuerkennen und zu leben. Wenn wir uns nicht verändern, sind wir nicht im Fluss und somit stagnieren unser Erfolg und auch der Geldfluss.
Echte Veränderung ist Wandlung
Veränderung ist immer wieder notwendig. Wir dürfen uns nur selbst nicht unter dem Deckmäntelchen der Flexibilität untreu werden. Sich anzupassen oder sich anzubiedern, das sind zwei verschiedene Dinge. Hier geht es darum, IHRE Kraft und IHR Potenzial zu vertiefen, damit Sie SIE selbst und dadurch eine starke Persönlichkeit sein können.

Ich bin ganz sicher, dass es noch viel mehr zu schreiben gäbe, mehr Worte, mehr Ausführungen, mehr – mehr – mehr ... Aber genau um das geht es – Sie sollten weniger tun, um mehr zu bekommen!

IM SEIN LIEGT DIE KRAFT

Was heißt das eigentlich?
SEIN ... nur SEIN
In erster Linie gehört dazu das ZUHÖREN

Einfach zuzuhören und den anderen zu Wort kommen zu lassen ist eine wahre Kunst, die es zu erlernen und zu entwickeln gilt.
Wie kann man das entwickeln, wo es doch so viel zu sagen oder zu tun gibt?
Der Kunde – und dabei spielt es keine Rolle ob es sich um den Abgeber oder den Interessenten handelt – hat Bedürfnisse, die für ein gelungenes Vermitteln von entscheidender Rolle sind. Diese Bedürfnisse werden meistens heruntergespielt oder erst gar nicht erwähnt, wenn Sie nicht darauf eingehen.
Um ein persönliches Gespräch aufzubauen, müssen Sie alle Ihre Sinne einschalten. Gerüche zum Beispiel verraten viel vom anderen. Musik sagt einiges über ihn aus, der Gang, die Bewegungen, die Kleidung, der Beruf, die Beziehung usw.
Fällt es Ihnen schwer, den anderen für sich zu gewinnen, so testen Sie einfach einmal Ihre Zuhörmethode am Telefon. Lauschen Sie auf den Hintergrund Ihres Telefonpartners. Ist da vielleicht ein Kind zu hören, Musik, viele oder wenige Geräusche, ist der andere konzentriert oder abwesend usw. Knüpfen Sie an dem an, was Sie hören, um seine oder ihre Aufmerksamkeit zu erhalten.
Heutzutage wird so viel telefoniert, die Handyindustrie lebt vom Informationsdrang der Menschen. Doch was sagen die Menschen einander? Haben sie etwas zu sagen oder ist es nur ein Bedürfnis, gehört zu werden?
Sie als Makler haben hier eine große Chance, denn die meisten Menschen wollen, dass ihnen endlich jemand zuhört, dass jemand entdeckt, dass sie was zu sagen

haben. Möglicherweise interessiert Sie gar nicht, ob der Hund gerade krank ist oder ob Ihr Abgeber eine schwere Krise durchmacht, aber genau das ist es, was Sie zu einem wichtigen Menschen im Leben Ihres Kunden macht!

SIE SIND EINFACH NUR DA –
MIT IHRER GANZEN AUFMERKSAMKEIT

Das ist die Kraft des SEINS!

Die Kraft des SEINS ist AUFMERKSAMKEIT

KONZENTRATION ist die zweite Form des SEINS
Ohne Konzentration auf eine Sache oder auf eine Person kratzen Sie immer nur an der Oberfläche. Ohne Konzentration ist alles nur „wischi waschi".
Wo die Konzentration fehlt, herrscht Mittelmäßigkeit.
Sich zu konzentrieren, ist Arbeit, ist wertvoll, ist Ihr Erfolg oder anders ausgedrückt Ihr GELD!
Konzentrieren Sie sich auf eine Person und auf deren Bedürfnisse.
Das ist die Kraft des SEINS!

Die Kraft des SEINS ist KONZENTRATION

WISSENS-Wert des Wissens

Der W E R T des Wissens
WERTVOLLES WISSEN ist angewandtes Wissen
WISSEN – ist mehr als die Summe der Informationen
WISSEN – ist mehr als die Summe der Erfahrungen
WISSEN – ist weit mehr als Lernen
Wahres Wissen ist das Erfassen von DEM, was ICH BIN

Wer bin ich?
Warum übe ich diesen Beruf aus?
Wie kann ich mich verändern?
Nur das was ich an MIR verändere, trage ich in die Welt hinaus!
Der Mensch ist ein vielschichtiges Wesen.

Vor allem aber, und das ist wichtig:

- Wir reagieren auf fast alle Ereignisse in erster Linie mit unserem Unterbewusstsein,
- und zwar zuerst, nicht erst im Nachhinein.
- Unser Unterbewusstes reagiert in erster Linie auf Bilder und auf Formen.
- Um im Geschäft gut zu sein, beginnt man am besten bei sich selbst mit der Erforschung!
- Und zwar mit Dingen, die im tiefsten Inneren gerne gefühlt, gesehen, gehört und gerochen werden.

In Ihrem Beruf haben Sie es mit Menschen und Ihren Geschmäckern zu tun! Man sagt ja auch: „Das ist Geschmacksache.“ Was ist denn eigentlich Geschmack? Woraus resultiert MEIN Geschmack? Habe ich denn einen eigenen Geschmack? Oder bin ich stark fremdbestimmt, was diesen MEINEN Geschmack angeht? Wer könnte denn das fremdbestimmen?

Da gibt es erst mal die „Trends“. Dann die Vorlieben des Partners, den man ja um Gottes Willen unbedingt in Frieden und Eintracht haben will! Sie glauben das nicht?
Schauen Sie mal, passt die eine oder andere Aussage?
„W e l c h e Krawatte soll ich nehmen?“
„Schatzi – blaues oder gelbes Hemd?“
„Wie seh' ich aus?“
„ Nein – so kannst Du da auf gar keinen Fall gehen!“

Hier bitte ich Sie, den Satz hinzuschreiben, den Sie, um ehrlich zu sein, schon nicht mehr hören können:

Es kommt auch vor, dass der Geschmack von der geschäftlichen Seite geprägt ist. Man trägt Uniform, ob man will oder nicht. Trotzdem ich hier von äußerlichen Erscheinungen rede, die wir hinlänglich mit dem Wort Geschmack verbinden, so ist es doch eigentlich so, dass es sich dabei um etwas handelt, das auf der Zunge zu finden ist.

„Für meinen Geschmack ist das zu schrill.“ Also hat der Geschmack etwas mit den Ohren zu tun? Wobei – es ist gut möglich, dass hier schrill eine Definition von „zu bunt“ sein kann.
Natürlich ist es auch so, dass wir im Umgang mit dem Geschmack da und dort Toleranzen haben – etwa „Der Rock darf ruhig ganz kurz sein“ – aber bei anderen Dingen sind wir streng und sehen die Dinge aus einer sehr engen und begrenzten Perspektive. Jeder hat da so seine Vorlieben. Ich z. B. bin ein Geruchs- und Gehörmensch. Nebenbei bemerkt, ist der Geruch etwas, das wir in unserem Leben am längsten speichern.

Das bedeutet in meinem Fall, dass ich auf anderen Ebenen wie z. B. Farben nicht überreagiere, wenn mir da mal etwas nicht gefällt. Aber bei Geräuschen und Gerüchen werde ich ganz „unrund“, wie man so schön sagt.

Auch das ist wieder ein Wort, das jeder einfach so dahinsagt und das bei genauerem Hinhören doch so viel aussagt. Wir Menschen reagieren auf Harmonie RUND und ausgeglichen. Wenn wir an eine Situation geraten, die uns nicht gefällt, dann werden wir UN–RUND: Das kann man sich so vorstellen, dass Sie ein Fahrrad fahren mit einem 8er im Rad. Das fährt zwar noch, aber eben unrund und daher auch nicht wirklich gut und schnell. Wenn das zur Überbrückung ein paar Mal sein muss, dann ist das nicht weiter tragisch, aber wenn das öfter geschieht, drückt sich das auf der körperlichen Ebene mit Krankheit aus. Unter uns gesagt, meistens werden wir zuerst dick, denn mit Masse kann man recht gut Schutz aufbauen gegen diese unrunden Begegnungen. Hier sind wir nun an dem Punkt, dass Sie WISSEN müssen WAS Sie unrund macht, damit Sie eine angemessene Entscheidung treffen können.

Wie könnte das in der Praxis aussehen?

Treffen Sie eine Wahl, die Ihnen gut tut!
Treffen Sie eine Wahl, die Sie zum Erfolg bringt!
Treffen Sie eine Wahl, die sie glücklich macht!

Geht es mir gut – geht es Dir gut!
Mein Erfolg ist DEIN Erfolg!
Mein Glück ist Dein Glück!

Sie sind der Initiator für Ihre erfolgreiche – glückliche Zukunft!
Sie sind das Vorbild für Ihre Freunde, Kunden und Mitbewerber!
In Ihrer Umgebung können SIE sehen, wie es Ihnen geht!
Das ist das Gesetz der Resonanz!

Schaffen Sie die bestmöglichen Voraussetzungen für Ihre Ziele. Die Beispiele hier dienen als Denkanstoß, die Liste können Sie selbst in unbegrenzter Art und Weise fortsetzen:

1. **Beim Auto** – das Sie den ganzen Tag lang von einer Besichtigung zur anderen bringt. Wählen Sie eine Farbe, die absolut zu Ihren Lieblingsfarben zählt, auch wenn das nicht wirklich eine typische Autofarbe ist. Ich wollte immer ein weißes Auto und wurde immer von den Autohändlern abgehalten, denn Weiß lässt sich angeblich so schwer wieder verkaufen. Na und, was soll's! Warum sich den Kopf über etwas zerbrechen, das erst in ein paar Jahren, wenn überhaupt, ein Thema sein wird. Ich fahre ein weißes Auto. Und wissen Sie was? Ich bekomme unentwegt Komplimente für mein Auto.

2. **Bei den Zahlen** – Sie haben eine Zahl, die Ihre Lieblingszahl ist, unabhängig von der Geburtszahl, von der wir später noch sprechen werden und unabhängig von der Pakua Zahl die man im Feng Shui errechnet, um die Himmelsrichtungen im Geschäfts- und natürlich auch im Privatleben gut interpretieren zu können. In Österreich hat man die Möglichkeit, seine eigenen Nummernschilder zu kreieren. Machen Sie Gebrauch davon! Lassen Sie auf Ihr Nummernschild nicht einfach den Zufall schreiben. Nehmen Sie das selbst in die Hand! Die Mehrkosten sind eine Investition!

3. **Visitenkarten** – sind vielseitig gestaltbar und werden überall zum Einsatz gebracht. Also ist es wichtig, auch hier IHRE Farben und IHRE Zahlen und IHR Format zu wählen.

4. **Bekleidung** – ist selbstverständlich an die Mode angepasst, aber man kann immer einen eigenen Stil haben und den auch tragen! Finden Sie Ihre Mode! Tragen Sie Ihre Farben und seien Sie ruhig ein wenig mutig!

5. **Büro** – für das Büro könnte ich hier Seiten mit hilfreichen Tipps und Tricks füllen. Einiges werden Sie auch in der Folge noch finden. Hier sei nur darauf hingewiesen, dass das Büro Ihrem Stil entsprechend sein sollte, um auch dort all Ihre Energie zu sammeln. Sie holen sich im Büro Ihre Aufträge, Ihre Termine, Ihre Korrespondenz und vieles mehr. Es sollte also unbedingt ganz und gar IHRES sein, damit Sie nicht fremdbestimmt reagieren! In ein Büro gehört Ihr ganz persönliches Symbol, Ihr Logo, genauso wie ein Bild, das Sie abgelichtet zeigt. Man sollte regelmäßig ein *space* – clearing© machen, um sich von allen alten abgelegten Ereignissen zu befreien.

Holz – Feuer – Erde – Wasser – Luft

sind die Elemente aus denen der Stoff, aus dem wir geschaffen sind, besteht. Aber nicht nur das, diese Elemente tragen in sich eine Dynamik die wir für uns unseren Nutzen verwenden verwenden können. Hier sind ein paar Anregungen, wie Sie die Elemente für sich arbeiten lassen können.

Holz – ist naturgemäß alles, was aus Holz hergestellt wird, aber auch aufstrebende Elemente wie z. B. Säulen werden dem Element Holz zugeordnet, auch wenn sie aus Beton hergestellt sind.

Feuer – evtl. mit einer wunderschönen Kerze, die Sie für sich anfertigen lassen könnten, mit einem Symbol Ihrer Wahl. Kerzen kann man von kitschig bis hin zu avantgardistisch verwenden.

Erde – ist leicht zu integrieren mit Blumentöpfe oder der Farbe Gelb.

Wasser – ein Glas frisches Wasser, eine Schale oder eine Karaffe mit energetisiertem Wasser darf auf keinen Fall fehlen. Springbrunnen sind nicht immer empfehlenswert, wenn das Büro klein ist. Diese sind besser im Vorzimmer, in Hallen sowie, für das Besprechungszimmer geeignet. Warum? Springbrunnen brauchen Strom und das wiederum ist eine Elektrosmog-Belastung. Wenn der Raum klein ist, kann sich das eher als Erschwernis herausstellen.
Es gibt im Fachhandel ganz wunderbare Ionisatoren, die die Luft waschen.
Wenn Sie so ein Gerät aufstellen, kommt das einem kleinen Wasserfall gleich.

Luft – ausreichend Frischluft ist das Beste. Mit Luft ist auch Geruch gemeint. Sie können also hier Ihren Duftansprüchen nachgehen. Luft ist auf einer anderen Ebene Ausdruck für „die Kommunikation“. Also alles, was mit Kommunikation zu tun hat (z. B. Telefon), wird so platziert, dass „ES“ (das Telefon) und SIE beim Bedienen genug Luft bekommen.
Oder ein anderes Beispiel: Wenn der Computer in einer Ecke steht und Sie sich beim Beantworten von E-mails in der Ecke befinden, dann ist es kein Wunder, wenn man Sie leicht in die Ecke treiben kann. Alles im kommunikativen Bereich sollte luftig und hell sein!

Ich spreche es nur ungern an, aber um auch meinen energetischen Grundsätzen Folge zu leisten, muss ich es erwähnen: Handy an der Brust, z. B. im Sakko ist viel zu nahe an der Lunge, die ja dem Element Luft entspricht. Wenn möglich, dann tragen Sie das Handy nicht zu nahe an der Brust! Am besten weit weg vom Körper. Darüber hinaus ist es empfehlenswert, Seide oder echtes Leder als Neutralisator zu benützen. Wir Frauen haben es da ein wenig leichter, wir könnten nette Seidentäschchen benutzen, aber es ist sicher auch möglich, in die Jacken- oder Sakkotasche ein Seidenfutter einzunähen. Wie gesagt, es ist ein rein präventiver Vorschlag.
Im europäischen Raum und in der westlichen Astrologie wird nur vier Elementen Raum gegeben: Erde – Feuer – Wasser – Luft. Aber in anderen Lehren nimmt man auch Metall hinzu.

Metall – findet sich in diversen Kunstwerken, als Gestell am Schreibtisch oder man unterstützt diese Energie des Metalls, indem man ein paar Münzen in die Reichtumsecke (Südwesten) legt. Sie müssen wissen, auf der spirituellen Ebene ist das Metall dem Himmel und auch den himmlischen Helfern zugeordnet. (Die Engel sind also die mit dem Geld und dem Gold!)

WISSENS-Wert der Formen

Alles, was Form oder wenigstens Biegungungen hat, ist meist eindrucksvoller als zweidimensionale Ausdrucksformen. Schöne Bilder können mich lange nicht so schnell aus der Reserve locken wie ein schönes Auto. Der Ring am Finger macht mehr Eindruck als der Ring auf dem Foto.

FORMEN werden dreidimensional wahrgenommen. Die Form hat viele Perspektiven und daher auch mehr Interpretationsfreiraum. Lassen Sie Ihre Formen sprechen

z. B.
im Büro
im Auto
auf der Visitenkarte
am Handy
am Notebook
auf/in der Handtasche
am/im Aktenkoffer
auf der Brille
auf der Krawatte
usw.

Aus dem Feng Shui lernen wir die Möglichkeiten kennen, wie Formen zu erkennen oder zuzuordnen sind. Das ermöglicht Ihnen, Einblick in die Welt des Kunden zu bekommen, aber auch in Ihrer eigenen etwas zu verändern oder eventuell zu korrigieren.

Holz ist, wie ich schon oben erwähnte, hochstrebend.
Feuer ist spitz.
Erde ist flach und lang gezogen.
Metall ist rund.
Wasser ist gewellt.

Zusammengefasst hier nochmals die Reihenfolge der Elemente, die dazugehörigen Himmelsrichtungen, die passenden Farben und die entsprechende Form:

Holz: Osten und Südosten, grün, hoch
Feuer: Süden, rot/orange/gold, spitz
Erde: Westen, gelb/braun, flach
Metall: Nordwesten/Westen, silber/gold/grau/violett, rund
Wasser: Norden, blau/türkis, wellig

Um erfolgreich zu sein, ist es wichtig, zuerst IHR eigenes (noch) „Un-Bewusstes" zu kennen, um mit ihm als Partner zusammenzuarbeiten
Ihr Geschmack hat etwas mit Ihrem Beruf zu tun!
Es geht fast immer um die Arbeit (bzw. Zusammenarbeit) mit dem „Un-Bewussten", das eigentlich Ihr innerer **C o-C r e a t o r** ist.

SIE reagieren WIE?
Hier sind Sie eingeladen, sich eingehend mit ein paar Fragen zu beschäftigen!
Gehen Sie nicht einfach „salopp" darüber hinweg! Beginnen Sie wirklich, in Ihrem Inneren nachzusehen, ob die erste Reaktion auch die Wahrheit ist und warum.
Falls Sie es nicht schon wissen, dann möchte ich hier explizit darauf hinweisen:
Dies ist ein Arbeitsbuch! Sie sind wirklich aufgefordert, in das Buch zu malen, oder Notizen zu kritzeln!

Welche Farbe ist meine Lieblingsfarbe?
(Es gibt mehrere Farben, die man mag, ganz klar.
Aber es gibt IMMER eine Farbe, die die EINE ist! Finden Sie sie!)

Warum gerade diese?
Welche Farbe mag ich gar nicht?

Was empfinde ich, wenn ich sie sehe?
Warum?

Wie reagiere ich auf Duft?
Kenne ich meinen Lieblingsduft? (Wenn nicht, so finden Sie es heraus!)
Unter Duft ist nicht immer ein Rasierwasser zu verstehen, denn diese sind meistens chemisch hergestellt und oft verstellt in der eigentlichen Aussage. Parfum ist deshalb sehr teuer, weil die echten Essenzen verwendet werden.
Den eigenen Duft kann man auch herausfinden, indem man mit ätherischen Ölen experimentiert. Es kommt auch vor, dass Sie von einem Duft begeistert sind, den Sie an jemand anderem riechen. Sie erkundigen sich und kaufen sich ohne zu zögern denselben Duft. Und plötzlich: Auf der eigenen Haut stinkt dasselbe Produkt. Es ist daher nicht ratsam, an anderen seinen eigenen Duft zu finden. Auf Ihrer Haut riecht der Duft nach Ihnen! Es dauert auch immer (!) mindestens 20 Minuten, bis ein Duft sich auf der Haut entfaltet.
Achten Sie beim Kauf darauf, dass Sie sich auf jede Handinnenseite – denn da ist die Haut am zartesten – nur einen Duft zum Probieren draufgeben lassen. Sie sollten unbedingt das Geschäft verlassen und erst nach einer Weile, frühestens nach einer halben Stunde entscheiden, was Ihnen gefällt. Probieren Sie zwei Düfte an einem Tag, die Nase wird sonst abgestumpft und gibt falsche Auskünfte.

Wissen Sie, die Nase ist ein hyperempfindliches Geschöpf! Und sehr schnell „beleidigt". Das heißt, sie will nicht überanstrengt werden. Es ist gut möglich, dass Sie auf diese Weise einige Tage brauchen, um zum RICHTIGEN Duft zu kommen.
ABER es lohnt sich!

Was ist mein Lieblingsessen?
(von den „vielen" gibt es sicher EINS – das Spezielle!)
Warum dieses?

Mag ich Tiere?
Welche? Kann ich sie riechen?
Gibt es ein Lieblingstier?
Was für einen Stellenwert haben Tiere in meinem Leben?

Was halte ich von Autos?
Habe ich eine Vorliebe für eine bestimmte Marke? Welche?
Warum gerade diese?

Wie wirken Bilder auf mich?
Welche Bilder mag ich (Fotografien, Öl, Aquarell, …)?
Warum?

Wie steht es mit Musik?
Welche Musik schmeichelt meinem Ohr? Warum?
Welche Musik mag ich generell nicht? Warum?

Was trinke ich gern?
Warum? Was ist Wasser für mich?

Welche Materialien sprechen mich wie an?
Steine? Glas? Kristalle?
Metall? Haut? Haare?
Holz? Plastik? Gold?
Geben Sie hier zu jedem der Materialien ein paar Gefühlsdefinitionen an.

Es ist wichtig, dass Sie sich mit Ihren eigenen Vorlieben und Abneigungen beschäftigen!

Nur so ist es Ihnen möglich zu verstehen und zu wissen!

PLATZ FÜR EIGENE NOTIZEN

Das „Powerobjekt"

In allen Traditionen oder Religionen, ja sogar in der Politik arbeitet man mit einem oder mehreren „Powerobjekten":

Die Parteien haben Farben, der Adel hat Wappen (mit Farben und Symbolen),
die Christen haben Jesus und Maria und die Heiligen, die sie in den verschiedensten Formen um den Hals tragen oder als Bilder an der Wand, der Buddhist hat seinen Buddha,
der Hindu den Shiva, den Krishna, der Indianer den Talisman, den Traumfänger,
der Hawaiianer seinen Blumenkranz, der Zauberer seinen Zauberstab, die Hexe ihren Besen ...

„Powerobjekte" haben auch etwas mit Corporate Identity zu tun!

Seien Sie ein wenig kreativ, aber bleiben Sie ganz authentisch – bleiben Sie Sie selbst!
Also suchen Sie sich etwas aus, das nur Sie für sich wissen!

Klar kommt es vor, dass es andere sehen, aber niemand weiß,
welche Bedeutung es für Sie hat, wie zum Beispiel,

- dass es Ihnen Glück bringt
- dass es Ihnen Kraft gibt
- dass es Ihnen Vertrauen schenkt
- dass es Ihnen Selbstvertrauen verleiht
- dass es Ihnen HILFT, SIE SELBST zu SEIN

Es ist auch hilfreich, zum Beispiel immer einen besonderen Duft zu verwenden, wenn Sie sich zu einem Termin aufmachen, von dem Sie sich viel erwarten.
Machen Sie sich ein „Powerobjekt"!
Das kann alles Mögliche sein,

- ein Stück Holz
- ein Schlüssel
- ein Stein
- ein Ring
- eine Uhr
- eine Halskette

oder etwas anderes Ihrer Wahl

Hilfreich ist eine Größe, die Sie immer bei sich tragen können.
Eine Veredelung kann sein, dass Sie etwas in einen Ring gravieren lassen, was nur für Sie Sinn macht und Ihnen dazu dient, sich an Ihren CO-CREATOR zu erinnern, und Sie dazu aufzurufen, sich immer darüber im Klaren zu sein, dass Sie

großartig und
powervoll sind,
Feeling haben
klug und redegewandt sind,
Taktgefühl besitzen
aber auch im rechten Moment wissen, wann es an der Zeit ist, DEN DEAL ZU MACHEN!!!

Das was Sie machen, ist, Ihrem COCREATOR zu zeigen, dass Sie ihn schätzen und ehren und dass Sie unheimlich gerne mit ihm zusammenarbeiten möchten, indem Sie ihm ein Geschenk machen: Ihr „POWEROBJEKT", das seine Merkmale trägt. Gehen Sie jetzt daran! Hier und jetzt ist ein sehr guter Zeitpunkt, sich darüber klar zu werden, was das sein soll, wie es aussieht und woher Sie es bekommen.
Dazu eine kleine Geistesübung: Schreiben Sie alles auf, was gerade kommt an Gedanken, Gefühlen, Empfindungen … Es könnte Ihnen helfen, wenn Sie diese Übung auf Band sprechen, um anschließend ganz konzentriert hören, was die Übung verlangt.

Übung

Legen Sie sich Schreibzeug zurecht und einen leeren Zettel.

Setzen Sie sich aufrecht hin und schließen Sie die Augen.

Atmen Sie drei, vier Mal ganz tief ein und aus.
Lassen Sie den Atem wieder ruhig werden.

Beim nächsten Einatmen zählen Sie bis 5 – halten Sie für 5 Zähler die Luft an – atmen Sie aus und zählen dabei bis 5, anhalten. Wieder bis 5 zählen, um dann wieder einzuatmen, bis 5 zählend – so dass Sie einen Rhythmus von
5 einatmen
5 anhalten
5 ausatmen
5 anhalten
5 einatmen
5 anhalten usw. haben

Diese Atmung behalten Sie eine Weile bei und dann
richten Sie Ihre Aufmerksamkeit in Ihren Solarplexus (Magengegend).

Stellen Sie sich dort ein blaues Licht vor.

Nun teilen Sie Ihrem CO-CREATOR den Wunsch mit,
- von ihm beraten zu werden
- von ihm zu lernen
- auf ihn zu hören
- usw.

Bleiben Sie weiterhin beim gleichmäßigen Atem und sehen Sie dann in diesem blauen Licht einen Gegenstand auftauchen, den Ihr CO-CREATOR für Sie ausgesucht hat, um fortan als Ihr „Powerobjekt" zu dienen.
Sie bedanken sich und kommen sofort in die Gegenwart zurück und notieren sich, was Sie gesehen haben. Auch wenn Sie sagen, das kann ich mir leicht merken, schreiben Sie sich alles auf, das Geschriebene hat eine große Wirkung und eine große Macht!

Für Ihre Energie „Schatztruhe"

Die Magie des Wortes in Verbindung mit dem ICH BIN

ICH BIN in der FÜLLE
ICH BIN im Vertrauen
ICH BIN erfolgreich
ICH BIN reich
ICH BIN gesund
ICH BIN ...

Auch für den magischen Satz kann die vorangegangene Geistesübung helfen, dass Sie den richtigen Satz wählen, den, der auch wirklich GUTES bringt und nicht nur Ihr Ego befriedigt. Letzteres ist manchmal auch wichtig, aber auf Sicht gesehen verspricht es keinen großen Erfolg.

Schreiben Sie IHREN magischen Satz auf ein Blatt Papier und übermalen ihn mit Ihrer Lieblingsfarbe so, dass das Geschriebene noch lesbar ist.
Nun wird dieses Papier in acht Ecken geschnitten und laminiert. Sie können es also leicht in Ihrer Geldbörse oder im Timer mitnehmen.

Darauf stellen Sie, so oft Sie mögen, Ihr Essen oder Ihr Getränk. Auf diese Art und Weise kommt die Information in Ihr Zellbewusstsein und wird auf eine sehr subtile Weise, dafür aber umso kräftiger dazu beittragen, dass Sie das bekommen, was für Sie gut ist und das, ist das, was SIE wollen!

Mit diesem Powerobjekt (das übrigens auch fürs Privatleben oder andere Belange gemacht und genützt werden kann) machen Sie sich nun auf den Weg zu Ihrem Erfolg.

WISSENS-Wert von Farben

Farben und Menschen
Mensch und Raum

Der Wert der Farbe ist vom Betrachter abhängig. Dieser wiederum empfindet Farben in ihrer Intensität in dem Maße, wie seine eigene Ausstrahlung es zulässt. Lassen Sie mich das etwas genauer erläutern.

Das Gesetz der Resonanz besagt, dass man sich nur mit der Frequenz verbindet, die auf die gleiche Weise schwingt. Gleiches kann sich mit Gleichem verbinden und so ein erweitertes Ganzes ergeben, das wiederum sich auszudehnen vermag. Ungleiches findet sich anziehend, kann sich aber nicht harmonisch verbinden. Das erklärt den Spruch: „Wir sind auf einer Wellenlänge.“ Sie haben sie sicher schon erlebt, die zwei Menschen, die auf gleicher Wellenlänge sind. Der eine sagt etwas, der andere ist sofort mit einer Antwort dabei, die wiederum auf einer anderen Ebene eine Idee offenbart und das geht so weiter und so weiter. Das heißt, wenn eine schwingungsmäßige Harmonie besteht, potenziert sich die Energie. Es entsteht eine Dynamik aus sich selbst heraus. Nehmen wir ein allgemein bekanntes Beispiel: Zwei verliebte Menschen. Sie hören, sie sehen, sie agieren praktisch im gleichen Atemzug, gehen aufeinander zu wie hypnotisiert, reagieren telepathisch. Das alles, weil sie sich auf der gleichen Wellenlänge befinden. Im Inneren der zwei doch verschiedenen Personen sind gleich geschaltete Systeme, die aufeinander reagieren, um sich miteinander „hochzuschaukeln“ – wie auf einer echten Schaukel. Man fliegt im emotionalen Bereich dahin und findet es einfach himmlisch. Die Schmetterlinge im Bauch sind auch beim Hoch-hinauf-Schaukeln mit einer materiellen Schaukel spürbar, und zwar immer dann, wenn man an die Grenze dessen kommt, wo die Unsicherheit eintritt, ob es schon zu weit geht oder noch erträglich ist. Es gibt immer diese eine Grenze und um diese zu erweitern, traut man sich bei jedem Versuch ein kleines bisschen mehr zu – im Falle unserer Verliebten bei jedem Date.

Wann verlässt man die Resonanz? Sobald der andere oder man selbst ein Bild von etwas hat, das nicht dem Bild des anderen entspricht. Hier beginnt der Alltag bzw. der Blick in die Farbenskala, die das rosa Bild verlässt.

Es kann für Sie wertvoll sein, wenn Sie wissen, welche Farben in jedem Menschen sind. Wie stark diese aktiv arbeiten, hängt von dem Bewusstsein und der Entwicklung des Einzelnen ab.
In unserem physischen Körper befindet sich ein energetisches Ausgleichssystem, das unter dem Namen „Chakren“ bekannt ist. Diese befinden sich für die meisten unsichtbar im Inneren des Menschen und beeinflussen sich untereinander. Nach außen hin beeinflussen sie unser Denken, Handeln, Sprechen, Gehen, unsere Beziehungen zu allem auf dieser Erde und darüber hinaus. Die Chakren haben feste zugeordnete Plätze und Ausstrahlungsqualitäten. Die Farben sind unterschiedlich und stehen mit der Außenwelt in Resonanz. Wie das funktioniert erkläre ich noch. Erst beschreibe ich Ihnen, wo sich die Chakren befinden und wie sie den verschiedenen Lebenszyklen und Ereignissen zugeordnet werden.

Die Chakren

sind Energie-Zentren entlang der Wirbelsäule bis in den Kopf und darüber hinaus. Chakra heißt übersetzt Rad. Diese Räder im Körper haben unterschiedliche Aufgaben und sehen auch verschieden aus. Sind sie miteinander im Einklang funktionieren sie wie eine geschmierte Maschine. Alle Räder sind aufeinander abgestimmt, fließen ineinander und erhalten so das Leben aufrecht. Eine defekte Stelle macht noch keine Probleme, aber wenn man übersieht, sie zu reparieren, greift das in das ganze System ein und wirft mehrere Schatten. Auch bei beabsichtigter Überbenutzung eines der Räder über längere Zeit hinaus kommt der Mensch in ein Ungleichgewicht. In unserem Körper ist also ein energetisches Lebensrad nach dem anderen. Ein System, das wir für oder gegen uns nützen können. Man hat immer die Wahl!

Beschreibung der Chakren

Ich möchte hier darauf hinweisen, dass es wirklich sehr gute Lektüre gibt mit genauen Angaben zu allen Qualitäten der Chakren. Hier werde ich nur auf das eingehen, was mit den Farben und den dazugehörigen Eigenschaften zu tun hat.

1. Chakra – Wurzelchakra

Es stellt das Fundament dar und befindet sich am unteren Ende der Wirbelsäule unter dem Steißbein und trägt den Namen „Wurzelchakra". Die Wurzeln allen Seins sind von großer Bedeutung. Sind die Wurzeln stark und gesund, hat das Lebewesen einen guten Halt. Darum ist es wichtig, sich immer wieder seiner Wurzeln zu besinnen. In diesem Bereich gestalten wir die Sicherheit für unser Leben. Menschen, die immer wieder Sicherheiten brauchen, wären gut beraten, das Basis-Chakra zu stärken, sich zu erden, mit ihren eigenen Wurzeln in Kontakt zu treten.

Farbe: ROT
Planet: MARS
Eigenschaft: AUSSCHEIDUNG
Geschmack: BITTER
Sitz: DES MITGEBRACHTEN KARMAS
Merkmal: TRÄGHEIT & LEIDENSCHAFT
(das Prinzip, das Leiden schafft)

Der Wurzel-Tanz
Ziehen Sie den Bauch ein und richten somit das Steißbein ein wenig mehr in Richtung Boden aus. Stellen Sie sich vor, dass an Ihrem Steißbein ein Pinsel ist, der auf den Boden eine rote Acht malt. Zuerst wird eine stehende Acht gemalt. Beginnen Sie damit, dass Sie die Acht von der Mitte aus nach links oben malen, die Linie trifft sich wieder in der Mitte und geht nach unten links weiter, um sich wieder in der Mitte zu treffen. Nach dreimaliger Wiederholung wechseln Sie die Richtung. Nun malen Sie eine liegende Acht in beide Richtungen jeweils drei Mal. Dann beginnen Sie wieder von vorne. Der Zyklus wird drei Mal wiederholt. Die Dauer übersteigt nicht mehr als maximal fünf Minuten.

2. Chakra – Sakralchakra

Der Sitz dieses Chakras ist zwei Fingerbreit unter dem Bauchnabel.
Es wird auch das Sakralchakra genannt. Hier entfaltet sich das Feuer – das Feuer der Reinigung, der Klärung, der Umwandlung. Wie gesagt, es entfaltet sich hier. Es ist noch keineswegs das Feuer der Erkenntnis. Doch derjenige, der Erkenntnis sucht, wird hier mit seiner Suche beginnen müssen. Es ist das Chakra der Sexualität, der menschlichen Begierden, des Schicksals. Im ersten Chakra finden wir das Karma aus vergangenen Leben, hier im zweiten Chakra kreieren wir meistens den Liegeplatz für künftiges Karma. Obgleich es das Feuer darstellt, werden wir hier mit den Emotionen und Gefühlen konfrontiert, die wiederum mit dem Wasser korrespondieren. Wasser bleibt kalt und sogar frostig, wenn es keinem Feuer ausgesetzt wird. Überdenken Sie das einmal in Ruhe. Wer sein Wasser allerdings nicht zum Kochen bringen und sich dadurch großen Gefühlsschwankungen aussetzen will, der ist manchmal im Glauben, wenn er „kalt“ bleibt, auch unverletzlich zu sein. Diese Kälte braucht Wärme von außen für den Körper.

Man könnte das so vergleichen: Eine Temperatur von zirka 20 bis 22 Grad Celsius würde es ermöglichen, dass ein Mensch es weder zu kalt noch zu warm hat; er kann auch sehr gut seinen Tätigkeiten nachgehen, ohne zu frieren oder übermäßig zu schwitzen. Wenn es zu kalt ist, braucht er Kleider. Wenn er friert, braucht er sogar recht viele Schichten von Kleidern. So ähnlich verhält es sich mit den Gefühlen. Haben wir es zu kalt, brauchen wir jemanden von außen, der uns Wärme gibt. Je kälter wir uns verhalten, umso mehr brauchen wir jemanden im Außen. Ist das verständlich? Im zweiten Chakra liegt der Grund für viele Wechselbeziehungen. Denn sobald wir uns an eine Temperatur gewöhnt haben, suchen wir eine neue Erfahrung. Es ist einerseits sehr interessant und andererseits anstrengend. Wenn man aber im zweiten Chakra das Feuer und das Wasser so ausgleicht, dass es harmonisch und angenehm ist, besteht die Möglichkeit, Werte zu entfalten und zu entwickeln, die über den niederen Trieb hinausgehen.

Farbe: ORANGE
Planet: MERKUR
Eigenschaft: VERMEHRUNG
Geschmack: SALZIG
Sitz: DES KÜNFTIGEN KARMAS
Merkmal: SEXUALITÄT – TRIEB

Der Sakrale Tanz

Sie zeichnen auch hier wieder energetische Achterlinien. Diesmal mit einer orange-farbenen Leuchtkugel. Nach wie vor, den Bauch einziehen, mit die Aufmerksamkeit auf die Wirbelsäule in der Nähe des Kreuzbeines richten. Der Mittelpunkt und der Ausgangspunkt der Acht ist also das Kreuzbein. Sie beginnen, die Hüfte aus der Wirbelsäule heraus in die rechte Seite einer liegenden Acht zu drehen, bis Sie den rechten Kreis wieder in der Wirbelsäule schließen, dann beginnt sich die leuchtende Kugel, in und durch die linke Hüfte zu bewegen – fast ein bisschen wie Bauchtanzen.

Nach dreimaligem Wiederholen machen Sie dasselbe aus dem Kreuzbein heraus in eine Acht, die im Bauch als Kreis und im Rücken als Kreis zu sehen ist. Wenn Sie so wollen, eine stehende Acht. Drei Mal wiederholen. Dann beginnen Sie wieder mit dem Hüftkreisen. Wiederholen Sie alle Richtungen 3 x 3.

3. Chakra – Nabelchakra

Es ist das so genannte „Nabelchakra“, das „Sonnengeflecht“ oder das Zentrum des Solarplexus. Es befindet sich hinter dem Magen und hat einen Radius von ungefähr sieben Zentimetern. Es verbindet die Kreise des unteren Bewusstseins mit dem Überbewusstsein. Wir entfalten in diesem Bereich den Willen und die Macht, diese Einflüsse von unten als auch von oben umzusetzen. Es ist ein überaus wichtiges und strahlendes Chakra. Ich will damit aber auch ausdrücken, dass jedes Chakra seine strahlenden Energien zum Einsatz bringt, das Nabelchakra aber eine strategisch einzigartige Stellung hat. Ist es schwach, werden von anderen stärkeren Menschen diese Energien für sich genützt. Der freie Wille, den wir unser Eigen nennen, wird dadurch zum Werkzeug oder zum Spielzeug für andere. Wenn es also darum geht, unsere Macht zu schützen, müssen wir uns des Nabelzentrums mehr bewusst werden.

Zusätzlich zu den anderen effizienten Achtertänzen rate ich Ihnen, die folgende kleine Übung am Morgen und vor dem Einschlafen zu machen:

Richten Sie Ihre Aufmerksamkeit in den Raum hinter dem Magen, visualisieren Sie dort eine BLAUE Kugel in der Größe eines Golfballs. Diese lassen Sie dann im Uhrzeiger drehen, immer schneller und schneller, bis sie einen strahlenden Schein bekommt, der sich durch und über den ganzen Körper ausdehnt. Dieser Strahlenkranz wird in den Spitzen golden. Auf diese Weise kann kein anderes Wesen in Ihr Machtzentrum eingreifen, Sie werden aus sich heraus den freien Willen entdecken, der sich am Anfang der Übung sogar ungewöhnlich anfühlen kann. Aber mit der Zeit werden Sie den Unterschied merken, ob eine Situation von Ihnen verursacht oder von außen gesteuert wird. Keine Macht der Welt kann diesen Schutz durchdringen, außer es ist Ihr Wunsch. Im Solarplexus entfaltet sich der Egoismus. Hier ist der Sitz des Schreckens. Dort landet die Faust des Gegners, wenn dieser in Resonanz geht mit IHRER ANGST. Sie kennen das, wenn man sagt, ich habe ein ungutes Gefühl im Bauch. Vielleicht haben Sie auch schon mal in der Magengegend einen Schmerz gefühlt, wenn Ihnen etwas ganz und gar gegen den Strich ging. All dies ist eine Auswirkung des Solarplexus, der nur dann auf die Welt da draußen mit Unruhe anspringt, wenn Sie nicht in Ihrer ganzen Kraft stehen UND wenn Sie Angst haben. Die Angst ist sehr mächtig. Zuerst entsteht sie im Kopf, in den Gedanken, aber der körperliche Wohnsitz ist im Solar Plexus. Ich verwende hier viele Worte über dieses Chakra, damit Ihnen klar wird, dass es sich hier um einen wichtigen Umschlagplatz der Gesamtheit handelt. Darunter verstehe ich die vollständige Persönlichkeit mit allen Anteilen, den emotionalen, den mentalen, den spirituellen und den körperlichen.

Farbe: GELB-GOLD
(die blaue Kugel ist eine zusätzliche Einrichtung)
Planet: SONNE
Eigenschaft: ENTSCHEIDUNG
Geschmack: SCHARF
Sitz: DES WILLENS
Merkmal: MACHT

Der Sonnentanz
Sie richten Ihre Aufmerksamkeit in den Wirbelsäulenbereich auf Höhe des Magens. Von dort beginnen Sie eine waagrechte Acht in Form von zwei goldenen Kugeln zu visualisieren und körperlich nachzuvollziehen. Beginnen Sie mit der rechten Seite in den Bauchraum hinein und schließen Sie den Kreis über den Rücken, um in die linke Seite weiter zu gehen. Das machen Sie drei Mal, um dann die Acht nach vorne und hinten hin auszurichten. Auch dies wird drei Mal wiederholt. Sie sollten die Acht in beide Richtungen machen. Beide Achter drei Mal hintereinander und das Ganze wiederum drei Mal im Rhythmus. Insgesamt 9 x 3 = 27 Achter.

4. Chakra – Herzchakra

Wir befinden uns nun im Herz-Zentrum. Dem Zentrum der Liebe, Zentrum von unermesslichem Reichtum und Glück. Denn so, wie die Liebe unbegrenzt ist, kann unser Herz-Zentrum Qualitäten hervorbringen, die ins Unermessliche gehen. Es befindet sich auf der Höhe des physischen Herzens in der Mitte der Brust. Es ist das erste Chakra oberhalb des Machtzentrums, der Ort des Guten Willens und hat somit Einfluss auf das, was wir wollen. Denn Entscheidungen aus dem Kopf verlieren oft an Schönheit, außer sie werden mit neuer Energie, Energie, die mit der Herzqualität aufgefüllt wird, ergänzt. Umgekehrt sind Entscheidungen und das Wollen „aus dem Bauch heraus“, also aus dem Bereich unterhalb des Herzzentrums zwar machtvoll, aber zum Großteil unüberlegt – zu kraftvoll oder zu leidenschaftlich. Es wird jedenfalls „zu viel“ von etwas sein. Mit der Energie des Herzzentrums nimmt dieses Wollen eine ganz andere Dimension an.
Im Herzen geschieht die Transformation, denn es kommt eine Kraft hinzu: die Kraft der Liebe. Und Liebe verändert alles!

Das Herzchakra trägt das Symbol eines roten Herzens, aber auch das einer rosa-farbenen Rose und das einer weißen Lilie. Das rote Herz will uns an unsere Emotionen in der Vergangenheit erinnern, durch die wir unsere Gegenwart gestalten. Die rosa Rose führt uns in die Schönheit der Liebe und in die Fähigkeit, unabhängig zu lieben. Der Schlüssel der Liebe liegt in der Freiheit. Die weiße Lilie steht für die Reinheit der Liebe.

Das Herz ist ein Schatz. Wir sind sehr bemüht, diesen Schatz zu hüten. Keiner darf an ihn ran. Er könnte gestohlen werden oder sonst irgendwie Schaden davon tragen. Wenn dann doch mal jemand einen Blick drauf werfen darf, wird derjenige sehr oft zur Verantwortung gezogen, wenn er es wagt, wieder zu gehen oder eine andere Person auch zu lieben. Manche von uns versuchen ein Leben lang, den Wert dieses Schatzes zu ergründen – nur leider bei einer anderen Person. Andere wiederum suchen den Schatz und so Gott will finden sie ihn auch.

Das Herz-Zentrum hat eine Erweiterung über unsere Arme und Hände. Wenn wir Gutes tun, kommt es von Herzen, wenn wir Schlechtes tun, kommt es auch von Herzen. Beides ist gleichwertig. Den Unterschied macht das Denken, das Denken bewertet die Energie! Diese Feststellung hat Konsequenzen. Die „bewertete" Energie verursacht Schmerz oder Freude, Angst oder das Gefühl unbeschreiblichen Glücks. Nicht das Herz kann brechen, der Gedanke macht das.

Farbe: GRÜN – ROSA – WEISS
Planet: VENUS
Eigenschaft: LIEBE
Geschmack: ALLE GESCHMACKSRICHTUNGEN ANZIEHEND
Sitz: DER SEHNSUCHT
Merkmal: ANHAFTUNG UND LOSLASSEN

Der Tanz der Liebe

Die Farbe der visualisierten Kugel ist nach Ihrem Geschmack entweder rot, rosa oder strahlend weiß. Breiten Sie die Hände waagrecht aus. Beschreiben Sie aus dem Herz-Zentrum mit bewegenden Armen eine Acht. Beginnen Sie nach rechts und machen Sie ganz bewusste Achterschlaufen. Das Ganze auch in umgekehrter Richtung. Dies ist die waagrechte Acht. Nun gibt es eine kleine Änderung zu den bisherigen Achtern. Die zweite Acht wird über den Kopf und nach hinten hin gemacht. Sie wölben dabei den Brustkorb nach vorne und lassen den Kopf leicht in den Nacken fallen. Den hinteren Teil der oberen Schlaufe gehen Sie im Geiste so lange, bis Sie wieder im Herz-Zentrum angekommen sind. Nun wölben Sie den Bauch und schließen den Achter unter dem Basis-Chakra den Rücken entlang, bis Sie wieder im Herz-Zentrum angelangt sind. Drei Mal.

Dann umgekehrt. Sie beginnen im Herz-Zentrum und machen die Schlaufe nach hinten hin, indem Sie den Rücken wölben und den Kopf leicht nach vorne fallen lassen, treffen wieder auf das Herz-Zentrum und ziehen die Schlaufe nach hinten hin unter das Basis-Chakra durch, indem Sie den Unterbauch einziehen und kommen wieder zum Herz-Zentrum zurück. Drei Mal wiederholen und von vorne beginnen, bis Sie alle Richtungen neun Mal durch tanzen.

5. Chakra – Kehlkopf-Chakra

Eine äußerst wichtige Schaltstelle im Körper des Menschen. Das „Hals-Chakra“ oder „Kehlkopf-Chakra“ ist DAS „Kommunikations-Zentrum“. Der Sitz ist im Bereich des Kehlkopfes. Das Chakra umfasst den Mund, die Nase, die Ohren, den Hals und die Schultern.

Es bedarf wohl wenig Erklärung, um zu verdeutlichen, wie wichtig der Hals ist. Er ist Träger des Kopfes!

Übermittler aller guten Botschaften – oder der schlechten!
Hier sind wir wieder bei den Bewertungen.
Gut oder Böse, angenehm oder scheußlich.

Das Kehlkopf-Chakra ist der Vermittler der Gedanken. Einerseits geht der Informationsfluss in den Körper und erzeugt die unterschiedlichsten Reaktionen oder es formen sich Worte,

die den Mund verlassen. Über das Kehlkopf-Chakra kommunizieren wir mit dem ganzen Körper.
Der Mund ist das Tor zur Freiheit oder ...? Atmen, rauchen, essen, schlingen, trinken, saufen, reden, schweigen, singen, flüstern, küssen – Tor des Lebens.

Farbe: KÖNIGSBLAU
Planet: JUPITER
Eigenschaft: EIN-/AUSGANGSTOR
Geschmack: SAUER
Sitz: ANGST
Merkmal: KLANG

Der H-Tanz
Richten Sie Ihre Aufmerksamkeit in den Kehlkopf, visualisieren Sie eine leuchtend blaue Kugel. Sie bewegen nun die Schultern nach rechts vorne weg, machen eine Kurve nach hinten, um so die rechte Schlaufe des Achters zu ziehen. Dabei halten Sie Kontakt mit der blauen Kugel, die die Bewegungen mitmacht. Dann ziehen Sie aus der Mitte des Halses die linke Schulter nach vorne weg, um sie in einer Kurve nach hinten wieder in einer Achter-Schlaufe zum Mittelpunkt zu führen. Sie bewegen die Achter in den Schultern nach beiden Seiten hin und in beiden unterschiedlichen Richtungen jeweils drei Mal. Das war die liegende Acht, und nun kommen wir zur stehenden Acht. Diese stellen Sie als Acht vor sich hin, mit der oberen Schlaufe über dem Hals und der unteren Schlaufe unter dem Hals. Die Bewegungen in die Schlaufen hinein lassen den Eindruck entstehen, dass Sie wie ein Huhn den Kopf hin- und herdrehen. Sehen Sie sich dabei im Spiegel zu, hat das den Nebeneffekt des Lachens, das der Belebung des Kehlkopf-Chakras stark entgegenkommt.

6. Chakra – das „Dritte Auge"

Der Sitz des Chakras ist zwei Fingerbreit hinter der Stirn zwischen den Augenbrauen.
Wenn wir lernen, aufmerksam zu sein und wenn wir unsere Gedanken in diesem Bereich sammeln, werden wir immer wieder überrascht von den „super Einfällen", die da hereinregnen. Dieses Chakra zu aktivieren, ist nur mit Mühe möglich. Es ist bereits von Geburt an offen, verschließt sich allerdings meistens nach dem siebten Lebensjahr. Es ist das erste spirituelle Chakra. Oft ist es notwendig, einen Helfer zu haben, um das dritte Auge wieder aufzumachen. Ist es erst mal offen, erkennt man mit Klarheit, fühlt man mit Liebe, lässt zu mit Toleranz. Regelmäßige Zeiten für Meditation und Kontemplation stehen als großartige Werkzeuge zur Verfügung. Meditieren kostet nichts und kann auch, um ehrlich zu sein, nicht erlernt werden. Es gibt Anleitungen, aber nur wer ständig übt, wird die Essenz erhalten, die in der Kraft der Meditation liegt. Nehmen Sie sich Zeit für Ihre Suche nach den Antworten in Ihnen. Es lohnt sich!

Farbe: MAGENTA (Mischung von Rot und Violett)
Planet: SATURN
Eigenschaft: WISSEN
Geschmack: SÜSS
Sitz: GÖTTLICHE WEISHEIT
Merkmal: WEISHEIT & INTUITION

Der Gehirn-Akrobatik-Tanz
Ich möchte vorweg dazu etwas sagen. Ich habe diese Achter-Übungen schon lange und oft bei meinen Chakra-Seminaren angewandt. Im Herbst 2007 nahm ich an einem Workshop mit einem sehr bekannten Autor, Sänger und Neurologen (dessen Namen ich hier aus Höflichkeit nicht nennen mag) teil. Er hat dabei genau die gleiche Übung gelehrt. Es war sehr aufschlussreich zu erfahren, dass diese kleine Übung so viel Wirkung zeigt. Und das von jemandem, der an einer Universität für Gehirnforschung lehrt.

Sie richten Ihre Aufmerksamkeit zum Dritten Auge, zirka zwei Fingerbreit im Kopf hinter der Stirn, zwischen den Augenbrauen. Von dort visualisieren Sie eine leuchtende Kugel mit der Farbe Ihrer Wahl, die eine Acht macht, nach rechts weg beginnend. Es sieht aus wie eine Brille. Drei Mal, dann in umgekehrter Richtung drei Mal. Diese Acht machen Sie auch 90 Grad verschoben, sodass die Acht oberhalb Ihrer Nase über den Hinterkopf läuft und dann über die Nase und den Mund in den Hinterkopf, bis Sie wieder am Dritten Auge ankommen. Es klingt als geschriebenes Wort ein wenig kompliziert, in der Ausführung wird es sich als sehr angenehm erweisen.

Der oben erwähnte Wissenschafter sagt, dass durch diese Achter-Visualisierung die Gehirnhälften miteinander synchronisiert werden und dadurch unsere Intuition gefördert wird.

7. Chakra – Kronen-Chakra

Man nennt es das „Kronen-Chakra" und es befindet sich an der höchsten Stelle des Kopfes. In unseren Kreisen, in der Gesellschaft, in der wir leben, gibt es wenig Verständnis für Menschen, denen es wichtig ist, ihr ganzes Selbst zu erfahren. Wollen wir eintauchen in die transformatorischen Strömungen, die aus dem Kronen-Chakra unseren Geist und unseren Körper durchfluten, so bringt das in der Regel eine umfangreiche Veränderung mit sich. Eine vollständige Wandlung. Das Fleischessen wird widerlich, das Kritisieren, Nörgeln, Verurteilen macht plötzlich keinen Sinn mehr, wenn man erkennt, dass das, was man gerade im anderen so hart darstellt, im eigenen Inneren einen Spiegel hat.

Selbstverständlich sind alle Chakren mehr oder weniger aktiv, denn so ist das Leben. Will man aber alles zulassen, die umfangreiche Wandlung, sollte man wissen, dass es auch im Alltag Auswirkungen hat, und zwar große! Es gibt ein Leben bis hierher, und es gibt ein neues Leben, nachdem man sich entschlossen hat, das 7. Tor zu öffnen. Das Tor der Wandlung. Ich ermuntere jeden Leser, diesen Schritt zu wagen.

Lassen Sie das flammende, umwandelnde, reinigende violette Licht über dem Kopf und um sich herum fließen, durch den Körper, in alle Zellen, Chakren, Knochen, Muskeln. Jeden Tag ein paar Mal für eine Minute, mit der Absicht, alle disharmonischen Energien umzuwandeln in Vollkommenheit, Gesundheit, Schönheit, Freiheit! Das ist alles, was zu tun ist! Sie müssen sich dazu nicht einmal extra Zeit nehmen. Das kann beim Duschen geschehen oder während des Wartens im Supermarkt. Jede Gelegenheit, die Sie sonst mit „unnötigen" Dingen vergeben, nützen Sie durch die Anwendung der violetten Flamme für sich!

Farbe: VIOLETT
Eigenschaft: HÖCHSTE GLÜCKSELIGKEIT
Geschmack: NEUTRAL
Sitz: DER BEFREIUNG
Merkmal: UMWANDLUNG

Tanz der Wandlung
Dies ist der Moment, an dem Sie alle Ihre Achter miteinander kombinieren. Lassen Sie sich von Ihrem inneren Rhythmus leiten und führen Sie Achter aus, wo immer Sie wollen mit der Farbe, die Ihnen gerade in den Sinn kommt.

Der Chakren-Tanz wird am besten mit stimmungsvoller Musik ausgeführt. Jedes Mal, wenn Sie mit einem der Chakren fertig sind, verbinden Sie es geistig, in dem Sie die leuchtende Kugel zum nächsten Chakra hochziehen, um alle miteinander zu verbinden.

Die Farben der Chakren

Kommen wir zu den Farben und dem Grund, warum ich Sie mit den Chakren bekannt gemacht habe. Farben haben von Betrachter zu Betrachter eine andere Intensität in der Ausstrahlung und in der Wahrnehmung. Um Farben richtig gut wahrzunehmen, braucht es Licht. Sie kennen das ja, die Sonne im Herbst hat eine andere Lichtfrequenz als im Frühling. Der Neigungswinkel des Lichteinfalls verändert also auch die Intensität in der Farbgebung. Fotografen sind gerne vor allem am frühen Morgen draußen, um die ersten Lichtstrahlen für besonders schöne Aufnahmen zu nützen.

Ich gehe jetzt auch noch einen Schritt weiter und behaupte, dass jeder Mensch deshalb so unterschiedliche Wahrnehmungen in Bezug auf Farben hat, weil er nur das wahrnimmt, was auch in seinem Inneren vorhanden ist. Denn die Welt, in der man lebt, ist ein Spiegelbild dessen, was man im Inneren denkt und fühlt. Wenn sich also die Chakren in ihrer Farbenpracht voll entwickelt haben und aus sich herausstrahlen, werden diese Chakren auch im Außen das gleiche Farbspektrum anziehen und in dem Maße schön und attraktiv sein, wie Sie selbst mit dem Thema, das das Chakra repräsentiert, klar kommen.

Aus dieser Perspektive die Farbenpracht zu beschreiben, ist deshalb von Bedeutung, weil es in direktem Zusammenhang steht mit den Wohnungen, Häusern und Arbeitsstätten, in denen wir leben oder mit denen wir zu tun haben.

Alles auf diesem Planeten durchläuft eine Entwicklung, macht kleine Schritte oder hüpft von Stufe zu Stufe empor. Es gibt in allem, was ist, die Erfahrung und die Tendenz, sich an den Erfahrungen zu orientieren, obwohl es auch manchmal von Vorteil wäre, sich ohne Vorurteile ganz und gar auf das Neue einzulassen. Was sind denn Vorurteile, außer einer Bewertung aus der Sicht des damaligen Bewusstseins, des früheren Fokus, welche heute meist nicht mehr angemessen oder zeitgemäß ist. Es geht nicht darum, die Vergangenheit auszuschließen, sondern es geht darum, aus dem, was geschehen ist, die Spannung rauszulassen und die Strahlung zu behalten. Das Ganze ist schwierig zu beschreiben, weil es so komplex ist. Es geht darum, Energie zu manifestieren, die aus den Chakren, aus uns selbst entsteht.

Durch das Verständnis der Chakren und der dazugehörigen Farben können Sie besser nachvollziehen, mit welchen Eigenschaften Sie mehr oder weniger leicht in Kontakt kommen. Sie erzeugen Resonanz mit den entfalteten eigenen Farben bzw. den geöffneten Chakren und den Farben der Außenwelt. Eine Farbe, die Sie ablehnen, kann aus dieser Sichtweise betrachtet eine große Botschaft für Sie bereit halten.
Jetzt erzähle ich Ihnen noch ein wenig über die Eigenschaften und Zusammenhänge in Bezug auf die Farben.

Das Basis-Chakra ist ROT

Hallo! Darf ich mich vorstellen, ich bin ROT, die schönste Farbe im Universum.

Ich bin heiß! Ich bin die pure Lust! Das Abenteuer liegt mir im Blut! Ich bin der Star auf der Bühne des Lebens. Jeder kennt mich, nicht jeder mag mich. Ich bin auf gewisse Weise unwiderstehlich. Ob ich will oder nicht, ich bin sexy!

Wer mich zum Freund hat, braucht sich um seine Existenz keine Sorgen mehr zu machen. Ich weiß genau, was ich will, und ich weiß auch, wie ich das, was ich will, bekomme.
Meine Herkunft ist mir sehr SEHR wichtig! Ach ja – die Schatten meiner Ahnen – die überspiele ich mit einem strahlenden Lächeln. Was geht mich das an, was die für sich gut fanden und was

heute so gar nicht mehr ins Bild passt? Meine Freunde nennen mich „Luzifer". Ist das nicht putzig? So eine Verniedlichung! Ein Teufel also, naja, man darf das nicht so ernst nehmen. Die Hölle auf Erden oder im Jenseits, wer weiß das schon so genau? Hier und jetzt bin ich auf alle Fälle immer für eine Überraschung gut. Die Macht in meinen Adern fühlt sich unbeschreiblich an, wie Lava, die kurz vor dem Ausbruch steht. Ich kenne die Angst der Menschen und ich kann sie ihnen nehmen. Wer mich liebt und an sich heranlässt, vergisst die Angst und beginnt – zu lieben!

ROT ist die Farbe, die unsere Wurzeln darstellt.

ROT hat eine sehr starke Dynamik. Wenn Sie ein eher langsamer und bedächtiger Typ sind, wird Ihnen die Farbe ROT weniger zusagen. Es kann aber durchaus vorkommen, dass Sie es sehr mögen, wenn andere Personen aktiv und sportlich schnell sind und gerne ROT tragen. Das ist das Gesetz der Anziehung. Zu einer Verbindung wird es kaum in harmonischer Weise kommen, bevor nicht auch Sie Ihre Basis-Energien aktiviert haben.
ROT ist das Sinnbild für Liebe und Wärme. Es stellt aber auch einen Bezug zur Aggression dar, zu den unberechenbaren Teufelchen in uns. Ist Ihnen schon mal aufgefallen, dass Sportler sich besser mit Gleichgesinnten verstehen und sich gerade durch den Konkurrenzkampf aufeinander einlassen?

ROT ist anregend und anziehend.

Es gab Tests, die beweisen, dass ROT zwar anregend sei, es aber auch zu Ermüdungserscheinungen komme, wenn man zu viel davon in seinem Umfeld hat. Mit ROT zu arbeiten, ist schön, sollte aber gezielt und sparsam angewandt werden.
Speziell für Immobilien ist es angebracht zu wissen, dass ROT zum Einsatz kommt, wenn wir Grundstücke vermarkten, denn es wird eine neue Basis geschaffen. In den Wohnungen ist ROT bei Erdgeschoßwohnung sinnvoller als in den oberen

Stockwerken. Wenn ein Vermittler ROT verwendet, dann deshalb, weil man bei der Neuvermarktung von Objekten signalisiert, dass etwas Neues geschaffen wird.

ROT kann in den verschiedensten Schattierungen angewandt werden. Wer das knallige ROT nicht mag, nimmt Terrakotta mit Gold oder Beige.

ROT ist die Farbe der Manifestation. Eine Sache, die Sie unbedingt wissen müssen: Sie haben eine Vision von einer Idee, die Sie gerne ins Leben rufen möchten. Denken Sie sich alles bis ins Kleinste aus und am Ende Ihrer Planung sehen Sie alles in einer roten Strahlung. Sie werden überrascht sein, wie viel schneller sich Ihr Traum verwirklichen wird.

ROT gibt Gefühle von
Sicherheit
Kraft
Wärme
Feuer
Anerkennung
Freude
Überschwang
Liebe
Wohlstand
Glück
Energie
Beginn

Das Sakral-Chakra ist ORANGE

Hallo! Darf ich mich vorstellen, ich bin ORANGE, die schönste Farbe im Universum.

Meine Schwester ROT hat mir einige ihrer Vorzüge großzügigerweise überlassen. Ich bin eine echte Alternative für all jene, die es gerne etwas langsamer angehen wollen. In mir steckt das Geheimnis der Unschuld und wie ich sie verloren habe. Es ist ein Meer von Gefühlen, das mich durchströmt. Das ist echt anstrengend. Daher kommen auch die entsetzlichen Launen, die manchmal zum Ärgernis meiner Freunde im ungelegensten Augenblick durchbrechen. Ich

werde durch einen Film an etwas erinner, und schon geht es los. Ich heule oder, was noch schlimmer ist, rede ohne Unterlass. Gut, dass es heutzutage Therapeuten gibt, die man dafür bezahlt und wieder zum Alltag zurückkehren kann. Aber seien wir mal ganz ehrlich, ist es nicht tragisch, wenn man in der Kindheit Konflikte durchleben musste und dann wird man durch diese Filme immer und immer wieder damit drangsaliert? Oder etwas anderes, ich will unbedingt etwas Besonderes haben, und was hindert mich daran ... schon wieder ein Ereignis, das ich einfach nicht zu bewältigen vermag. Gott sei Dank ... der Therapeut, er wird mir sagen, was zu tun ist! Und was ist das mit der Liebe? Liebe hier, Liebe da, wo bleibt denn da der Spaß? Die Liebe kann so anstrengend sein, und doch sehne ich mich ganz schrecklich danach, endlich geliebt zu werden. Wo ist die Liebe? Ich versuche es einfach mal mit einer netten Verkleidung. Ich bin der Knaller in der Modebranche. Die 60er waren voll mein Ding. Da ging die Post ab. Ich suchte die Liebe. Und was habe ich gefunden? Sex and Rock'n'Roll. Gut, ich gebe zu, das war nur eine Phase. Eine kurze Phase! Wenn man bedenkt, wie lange Kriege dauern. Und was so ein Krieg alles anstellt! Peace ist die neue Parole, die ich nun verfolge. Wenn ich im Frieden mit mir und allen anderen bin, dann, ja dann wird die Liebe kommen. Ganz bestimmt ...
Im Großen und Ganzen dreht sich bei mir einfach alles um die Gefühle, die echten, die gespielten und die manipulierten. Bin ich im Frieden mit allem und jedem, wird es mir sehr rasch zu langweilig, dann suche ich sogleich wieder eine emotionale Herausforderung, um an ihr zu scheitern oder um an ihr zu wachsen.

ORANGE gibt Aufschluss darüber, wie Sie in Bezug auf Ihre Gefühle reagieren. ORANGE ist erheiternd und kündigt Mut zu neuen Wegen an. Für Restaurants sollten Sie ORANGE empfehlen, denn es wirkt appetitanregend. ORANGE vitalisiert den Körper und den Geist. In Wohnräumen ist ORANGE mit Vorsicht zu genießen. Ein bisschen zu viel davon und schon wird es aufdringlich. Allerdings bekommt ORANGE einen edlen Charakter, wenn man es mit anderen Farben kombiniert. ORANGE und Braun, ORANGE und Grün, ORANGE und Schwarz oder Dunkelblau. Die Farbe ORANGE kann sehr milde wirken, wenn sie als Apricot-Ton angewandt wird.

ORANGE gibt uns das Gefühl von
Vitalität
Bewegung
Willenskraft
Heiterkeit
Lachen
Bewegung
Freiheit
Neuanfang
Verliebtheit
Schönheit

Beobachten Sie sich, wenn Sie mit gefühlsbetonten Menschen zusammen sind. Wie reagieren Sie? Gehen Sie auf diese ein oder lässt es Sie eher kalt? Wie schnell fließen bei Ihnen die Tränen und wie reagieren Sie, wenn jemand weint? Wenn Ihr 2. Chakra gut verarbeitet hat, was es an Emotionen in Ihrem Leben gab, werden Sie auf die Mitmenschen mit Mitgefühl reagieren. Wenn Ihre Emotionen noch einige Schwierigkeiten zu verdauen haben, kann es vorkommen, dass Sie entweder gereizt oder mit Mitleid reagieren. Mitleid unterscheidet sich grundsätzlich von Mitgefühl. Wer noch mitleiden will, hat eine Verbindung zum anderen, wer mitfühlt, wird dem anderen mit Distanz helfen.

ORANGE hat die Eigenschaft, Blockaden im sakralen Feld zu lösen. Fast jeder schleppt ein unbewältigtes Problem mit sich herum, mit dem er entweder gar nicht oder nur mit emotionalen Ausbrüchen zurande kommt. Den Dingen auf den Grund zu gehen, hat seine Tücken und will mit Mut und Entschlossenheit angegangen werden. ORANGE kann direkt auf die Haut aufgetragen in Form von Ölen (z. B. von Aura Soma – im Fachhandel erhältlich) oder mit Unterwäsche Wunder bewirken.

Wussten Sie, dass man Falten bekommt, wenn man sich ärgert? Ärger entsteht natürlich zuerst im Kopf, aber es blockiert auch das 2. Rad – das Sakral-Chakra. Wussten Sie auch, dass ausgerechnet die Farbe ORANGE Falten mildert, ja sogar Schwangerschaftsstreifen schwächer werden? Und wo sind die meisten Schwangerschaftsstreifen? Am Bauch – beim 2. Chakra!

Das Solarplexus-Chakra hat die Farbe GELB-GOLD

Hallo! Darf ich mich vorstellen, ich bin GELB-GOLD, die schönste Farbe im Universum.

GELB ist mein erster Name, damit ich mich immer mit meiner Erdmutter verbunden fühle, um ihretwillen ich ja auch geboren wurde. GOLD ist mein zweiter Name als Anerkennung für die himmlische Herkunft. Meine Eltern sind Mutter Erde und Vater Sonne. Ich bin also das Kind. Kindisches und spielerisches Verhalten bringen mich meistens mit Menschen zusammen, die auch auf leichte Weise ihr Leben zu meistern suchen.
Die Sonne ist mein Lebenselixier. Urlaub und Freizeit werden von der Wärme und Intensität der Sonne gestaltet. Ich fühle mich wohl, wenn die Sonne warm und schmeichelnd meine Haut berührt. Ist es kalt und wolkig, nehme ich die schwache Alternative von Solarien in Kauf.

Meine Kraft und meine Stärke liegen in der Natur von Bergen, Seen und Meer, den Wäldern und Wiesen und der Sonne. Dieses Zusammensein erfüllt mich. Mein Geist und mein Denken werden durchflutet von strahlenden Gedanken, die mir dazu dienen, in dieser Welt etwas zu erreichen – mehr noch, etwas zu verändern. Ein besserer Mensch zu werden, würde bedeuten, dass ich vorher schlecht war. Das will und kann ich nicht gut heißen. Das schwächt mein Immunsystem und meine Schuldgefühle explodieren geradezu. Das hilft auch niemandem. Deshalb rufe ich stets meine Gedanken zusammen, um sie zu ordnen und das Beste aus jeder Situation zu machen. Oft werde ich fälschlicherweise als Pragmatiker bezeichnet, aber damit kann ich ganz gut leben.

GELB-GOLD gibt uns das Gefühl von
Freude
Licht
Weite
Expansion
Förderung
Fülle
Willen
Macht

GELB-GOLD – Zentrum des Menschen. Der Zugang zu unserer Mitte, dem Sonnengeflecht. Gleichzeitig ist es die Farbe des Geistes. Lassen Sie die Sonnenstrahlen durch die Farbe GELB-GOLD in Ihr Leben treten. GELB-GOLD stellt den Fortschritt dar. GELB-GOLD wird dem Element Erde zugeordnet und symbolisiert Stabilität und Gleichgewicht. GELB-GOLD fördert den starken Willen und zeigt uns die Macht an, die wir annehmen. Man könnte auch sagen, das Chakra mit den drei L's: Lust, Licht und Liebe. Lust aufs Leben, Licht im Leben, Liebe zum Leben.

Wer sich mit Menschen von Frohmut und Freude angezogen fühlt, geht in Resonanz mit der Fülle der allumfassenden Natur von Himmel und Erde.

GRÜN ist die Hauptfarbe des Herz-Chakras.

Hallo! Darf ich mich vorstellen, ich bin GRÜN, die schönste Farbe im Universum.

Ich bin jahraus, jahrein gefragt und angesagt. Eine begehrte und leider allzu oft als selbstverständlich angesehene Erscheinung. Sommer wie Winter werde ich verehrt. Im Winter stellen die Menschen Tannenbäume in ihre Wohnzimmer. Je größer umso mehr wird angezeigt, wie reich man ist. Ein mit vielen Pflanzen geschmückter Raum wird zu einer Oase zwischen Beton und

Stahl. Ich gebe den Reichtum und die Fülle an alle weiter, die mich einladen in ihr Heim, in ihre Umgebung oder die mich an sich heran lassen. Ich drücke mich in Smaragden genau so aus wie im Gänseblümchen. Wer mich lässt, den mache ich reich und wohlhabend, gebe ihm Heilung und Zuversicht, Vertrauen und Selbstwert. Kontrollfreaks sind nicht meine besten Freunde, denn ich arbeite mit dem Herzen und brauche keine Überwachung. Ich habe immer und überall, wo ich bin, den Schein des Lebens und weiß, dass die Liebe mich ernährt.

Wenn wir unser Herz-Zentrum aktivieren, empfinden wir für unsere Umwelt und für alle Geschöpfe der Erde eine Zuneigung, die sich tief und weich anfühlt. Wer Grün in seinem Leben um sich hat, wird eher mit jemandem zusammenkommen, der naturverbunden ist oder mit einer Vorliebe für Pflanzen und Tiere. Nicht umsonst wird in der Jagd das Grün so stark verwendet. Diese Leute haben immer einen besonderen Kontakt zueinander. Man kann jetzt über das Jagen denken, wie man will. Hier geht es darum, zu erkennen, welche Farbe am meisten zu Ihnen hin reflektiert. Auch Gärtner und Zoologen haben zueinander eine andere Beziehung als andere Menschen. GRÜN ist die Farbe der Heilung und des Trostes. GRÜN als Öl aufgetragen mildert die Härte und Strenge, mit der wir uns oft zu schützen versuchen. GRÜN ist die Farbe der Blumen, Bäume und Sträucher. Sie zeigen uns in dieser Vielfalt von Formen, dass ein immer währendes GRÜN auch immer währende Liebe zum Ausdruck bringen kann.

ROSA ist der zweite Aspekt des Herz-Zentrums

Hallo! Darf ich mich vorstellen, ich bin ROSA, die schönste Farbe im Universum.

Meistens trage ich eine Brille, nur Schein, zum Schutz oder einfach nur aus Spaß am Ausprobieren. Ich glaube, ich bin die stärkste unter uns allen. Wir Farben haben keine Konkurrenz untereinander, was aber auch gleichzeitig bedeutet, dass jede von uns ihre Aufgabe ernst nimmt. Wenn wir eingesetzt werden, tun wir genau das, was unsere Bestimmung vorgesehen hat. Ich trage in mir Anteile von ROT und BLAU und habe daher eine doppelte Funktion und eine zweifache Auswirkung. Das ROT in mir gibt mir die Macht der Heilung der bedingungslosen Liebe und das BLAU die Klarheit. Wenn ich einen Raum betrete, schwingt die Macht und Klarheit meiner Liebe durch alles und jeden. Ich kann, wenn ich will, Berge versetzen, indem ich strahle. Unterschätze mich nicht, lieber Mensch, nur weil ich ein wenig blass aussehe, kann ich doch mehr erreichen, als Du Dir je vorzustellen vermagst.

ROSA wird in allen Fragen der Liebe unumstritten die Nummer eins sein. Oder? Ja klar, ROT ist die Farbe der Liebe. Aber eben nur der Liebe in Bezug auf das erste Chakra, das mit dem Überleben und der Existenzgründung zu tun hat. Es ist eine ganz andere Art zu lieben, wenn diese aus dem Herz-Zentrum kommt und die ROSA Strahlung in sich trägt. Da ROSA auch die Qualitäten von BLAU mitbringt, haben Sie dadurch auch noch den Schutz inkludiert. Ist Ihnen schon einmal aufgefallen, dass Verliebten kaum etwas zustößt? Sie stehen unter dem ROSA Schutz.
Verwenden Sie ROSA in einem Meeting und staunen Sie über die harmonische Zusammenarbeit. Versuchen Sie, nur so zum Spaß, einen Monat lang jeden Tag in Ihrer Wohnung für ein paar Minuten eine ROSA Farbe zu visualisieren. Es könnte, falls Sie das wollen, genau den Partner oder die Partnerin anziehen, die Sie aus ihrem Herz-Zentrum rufen. Es ist auch gut möglich, dass Ihr Herz schon lange einen Wunsch hat, der sich auf diese Weise erfüllt, denn Sie ziehen ihn nun magisch an. ROSA hat es etwas Zauberhaftes und Wunderbares an sich.

WEISS ist der dritte Aspekt im Herz-Chakra

Hallo! Darf ich mich vorstellen, ich bin WEISS, die schönste Farbe im Universum.

Ich bin das unbeschriebene Blatt, die Unschuld vom Lande, die reine Weste. Am liebsten haben mich die Kinder. Sie verstehen es, mich zu bemalen, zu beklecksen, mit mir zu spielen, ohne auch nur einen Gedanken des Bedauerns zu empfinden. Aus Ärzten mache ich Götter in Weiß, aus Bräuten ehrbare Frauen. Meine Stärke ist, dass ich keine habe. Oder doch? Mich zu durchschauen, erfordert eine sehr, sehr scharfe, vor allem aber unvoreingenommene Sicht. Wer mich sieht, kann nichts sehen. Manifestiert ist mein Name SCHNEE. Gefrorenes Wasser. In Eis gepackte Emotion der Mutter Erde. Bei Bedarf werde ich aufgetaut und nehme die Vielfalt aller Farben an, die auf diesem Planeten in Erscheinung treten können. In mir ist alles und nichts. Ich kann mich nicht verändern, ich kann nur warten – Warten, bis DU kommst und mich zu dem machst, was in DIR steckt.

WEISS ist ein ganz spezielles Thema in der Wahrnehmung von Farben. Es gibt eigentlich kein Weiß, in dem nicht Farbe steckt. In Weiß steckt die Fähigkeit, sich in alle Richtungen zu verändern. Was immer im Auge des Betrachters liegt. Wenn wir WEISS als Kleidung tragen, so geben wir dem, der uns betrachtet, die Möglichkeit, in uns etwas zu sehen, das er selbst gerne sehen möchte. So hat man die Braut am liebsten in ein weißes Kleid gesteckt, um ihre Unschuld für alle Zeugen zu bekunden. Wenn heutzutage eine Braut weiß gekleidet ist, wird eher selten eine „unschuldige“ Frau in dem Kleide stecken, zumindest nicht im herkömmlichen Sinne. Doch wir wollen das glauben, wir wollen an die Unschuld glauben, an die Reinheit und an das erste Mal. Es ist unwiederbringlich, wenn wir einmal das WEISS mit etwas in Verbindung gebracht haben. Daher ist es meistens auch ein kläglicher Versuch, wenn man diese Verbindung ausradieren möchte.

WEISS stellt uns vor eine wichtige Aufgabe. Einerseits wird hier ganz klar, dass es sich beim Menschen um mehr als nur eine physische Form handelt. Wir spielen in diesem Leben auf mehreren Ebenen. Auf der physischen Ebene sind wir dank der Entwicklung der technischen Einrichtungen in der Lage, alle möglichen Ausrutscher zu korrigieren. Wer gerne Schokolade isst und dabei die Zähne ruiniert, wird sich einfach ein neues Gebiss implantieren lassen und keiner sieht was. Niemand erkennt, dass das Verzehren dieser Schokolade eine emotionale Ursache hat. Auf der emotionalen Ebene überspielen wir die Ruinen mit Charme, Wissbegier, Kampf, Karriere und anderen angesehenen Handlungen. Einen emotionalen Ausrutscher gibt es nicht. Es gibt nur Erfahrungen; solche, die uns stark machen, andere, die uns süchtig machen und wieder andere, die uns krank machen. Die Entscheidung liegt in uns selbst. WEISS stellt die Unschuld, die Klarheit dar, und wir spielen damit, geben ihr die Farben. Und ich vertrete die Meinung, man kann, wenn man das wirklich will, alles löschen und neu anfangen. Unabhängig von der vorgefassten öffentlichen Meinung.
Die Farbe WEISS zu verwenden, kann uns dabei helfen, diese Entscheidung immer wieder neu zu treffen und dabei zu bleiben, das Glück zu fördern, der Liebe eine Chance zu geben, dem Mitgefühl Ausdruck zu verleihen und sich selbst treu zu sein.

WEISS ist der Untergrund für Wände. Übermalen Sie die Wände mit Bedacht, und bedenken Sie bei der Wahl der Farben, dass man wieder mit WEISS darüber malen kann, wenn es Ihnen nicht gefällt. Das hätten Sie auch selbst gewusst? Dachte ich es mir. Der Grund, warum ich Ihnen einen so logischen Einwand schreibe, ist der: Sie finden WEISS schön und anziehend und haben große Probleme, darauf etwas Buntes zu malen. Das kommt häufiger vor, als man denkt. Es ist ähnlich wie mit den Kleidern. Eine WEISSE Hose oder ein WEISSES Kleid wird mit Vorsicht getragen und schon vorher mit Vorbehalt ausgewählt. Da werden alle Möglichkeiten ausgelotet: Sind Kinder da, die mit Sicherheit den Stoff schmutzig machen? Ist es im Freien, gibt es Staub oder sonstige Gefahren für das kostbare WEISS? Mütter tragen so gut wie nie WEISS, solange sie Babys zu versorgen haben. Ich habe erlebt, dass auf ein WEISSES Blatt Papier erst dann gezeichnet wird, wenn die Vorstellung im Kopf klar und deutlich ist, und dass großes Bedauern aufkommt, wenn das WEISSE Papier verworfen werden muss, wenn die Zeichnung nicht sofort gelingt. WEISS ist im Auge des Betrachters wertvoll, solange es WEISS ist, verliert aber nicht nur an Wert, wenn es befleckt ist, sondern auch an Status. Ein Fleck auf dem WEISS wird durch die Einstufung des Betrachters entweder zu einer Kunstform oder zu einem Schandfleck.

WEISS ist ein Sinnbild für Vollkommenheit. Die Vollkommenheit darf in unseren Augen gar nicht berührt werden.

WEISS in Räumen wirkt optisch weiter und größer, empfindungsgemäß kühl und distanziert.
Ist die Kleidung WEISS, fühlen Sie den Hauch von Frische, Weite, von Unvoreingenommen-SEIN.

WEISS gibt uns das Gefühl von
Reinheit
Klarheit
Vollkommenheit
Weite
Frische
Leichtigkeit
Unschuld
Alles ist möglich

BLAU ist die Farbe des Hals- bzw. Kehlkopf-Chakras

Hallo! Darf ich mich vorstellen, ich bin BLAU, die schönste Farbe im Universum.

Ich bin der Himmel auf Erden. Ich werde von allen gesehen und von vielen geliebt. Ich kann alles umfassen, mich sehr gut ausdrücken. Mein Gesicht kann ich im Spiegel des Ozeans sehen. Meine Eitelkeit ist verzeihlich, denn ich habe das Zeug zu großen Taten. Wieso? Das werde ich Ihnen sagen. Ich habe den WILLEN, den unbändigen und alles überstehenden Willen.

Mein Wille geschehe!

Mit diesem Willen überdauere ich die Zeiten und Strömungen der Menschen und alles, was ist. Mein Mitgefühl ist nicht gefragt, ich werde nur als Zeuge geladen. Ich habe schon früh gelernt, dass unparteiisch zu sein große Vorteile mit sich bringt. Ich sehe alles mit klarem Blick und klarem Verstand. Mein Geist ist frei und frei ist auch meine Absicht. Frei von was? Das weiß ich nicht so genau, Hauptsache frei! Ich stehe nicht auf die Geschwindigkeit der Sportler oder auf die Gefühlsduselei der Filmemacher, ich brauche auch keinen Streit oder Liebelei. Ich bin ja frei! Denn ich weiß, dass ich schnell bin, dass ich geliebt werde, und dass streiten sowieso nur Energievergeudung ist. Also, was soll's ... Freiheit über alles.

Mein Wille geschehe!

Ich bin das Sprachrohr der Gedanken und der Gefühle. Ich sage Ihnen, die sind sich so gut wie nie einig. Was dabei rauskommt, ist für mich oft unverständlich, aber was soll ich tun, ich bin doch nur der Sprecher. Wenn es mir zu viel wird, dann lege ich eine Pause ein.

BLAU ist dem Element Wasser zugeordnet und hat sowohl aktive als auch passive Vorteile zu bieten. Wie das Meer, so kann BLAU beruhigend, erfrischend, reinigend, lebensspendend sein.

Betrachten Sie den Mund, den Hals, den Kehlkopf in dieser Weise, so wird es von dort immer nur dann zu disharmonischen Ausdrücken kommen, wenn diese von den Gedanken gesteuert oder vom emotionalen Bereich heraufbeschworen werden. Das BLAU, das Hals-Chakra, das Wasser als Element selbst ist immer neutral. Sie drücken sich immer als WILLE des Wesens aus. Ihr Ausdruck ist stark, unübersehbar, unüberhörbar. Selbst ein schweigender Mensch hat durch das Unausgesprochene eine große Macht. Wer kennt das nicht, wenn der Partner einen tagelang anschweigt? Großartige Machtdemonstration!

Ich möchte Ihnen den Zusammenhang zwischen dem Element Wasser, der Farbe BLAU und dem Hals-Chakra klar vor Augen führen, denn mit diesem Wissen können Sie in jedem Bereich Ihres Lebens alles verändern. Es gibt keine Waffe, kein Hilfsmittel, nichts auf dieser Welt, das so stark und mächtig ist wie DAS WORT. Das Wort ist die Zusammenfassung des freien WILLENS, die Ansammlung von allem in uns und außerhalb von uns als Tatsache ausgesprochen. Manchmal genügt ein Wort, und alles ist GUT – oder alles ist AUS. Das Wort ist BLAU. Durch nur einen Kuss sind ganze Kriege entfacht worden. Ein Kuss ist vom Hals-Chakra über den Mund zur Offenbarung gebrachte Intimität, freier Wille, Wasser (Speichel), Bote der Information. Unterschätzen Sie nie die Energie eines Kusses! Der Kuss selbst ist neutral, aber die Art und Weise, der Ort des Austausches geben Aufschluss über die Absicht, und im Wasser (Speichel) ist die unausgesprochene Übertragung von gleich schwingender Kraft. Sie erinnern sich, Resonanz?! Es ist wie ein sich Hochschaukeln, eine sich endlos bewegende Spirale, die sogar zum Gefühl von Schwerelosigkeit führt.

Durch diese Ausführungen ist wahrscheinlich auch unmissverständlich klar geworden, wie wichtig die Farbe BLAU in dem Bereich, in dem sie eingesetzt wird und der Intensität, in der Sie genossen wird, ist. BLAU ist neutral! Lassen Sie sich das einmal auf der Zunge zergehen ... Sie sind Makler. Neutral zu sein, ist Ihr Job! Wer die Aussagekraft von BLAU versteht, kann damit eine Brücke bauen zwischen den Welten, eine Brücke zwischen den Gefühlen, den Gedanken, der Vergangenheit und dem Jetzt. Über BLAU zu meditieren, kann sich auf jeden Fall als eine wundersame Erfahrung erweisen.

BLAU in Wohnräumen wird von mir empfohlen: An der Decke als Himmel in zartem Hellblau, drückt es die Yang-Energie aus, stimuliert das Unbewusste, sich zu öffnen und gibt den Gedanken Klarheit. Dunkles BLAU punktuell im Raum verteilt, passend zu den Möbeln und der Funktion des Raumes, um einen Ausgleich zum hellen Himmel zu schaffen. Im Schlafzimmer wird BLAU am öftesten angewandt. Ich persönlich tendiere eher zu TÜRKIS, indem man GRÜN (die Herzensflamme) und BLAU (den Ausdruck) zusammenmischt und in zartem Pastell aufträgt.

BLAU gibt uns das Gefühl von
Klarheit
Kühle
Ruhe
Vertrauen
Weite im hellen BLAU
Tiefe im dunklen BLAU
Neutralität
Schönheit
Souveränität

MAGENTA ist die Farbe des „Dritten Auges"

Hallo! Darf ich mich vorstellen, ich bin MAGENTA, die schönste Farbe im Universum.

Ich bin ein wahrer Segen, wenn man bedenkt, dass meine Anteile aus dem Erd-Chakra und dem Kronen-Chakra bestehen. Ich bin ROT und VIOLETT in EINEM. Meine beschützende und behütende Art habe ich wahrscheinlich von der Mutter Erde übernommen, die ja auch immerzu ihre Muttergefühle zum Ausdruck bringt in allem, was sie hervorzaubert aus ihren unendlichen Tiefen.

Meine magnetische Kraft und Anziehung werden oft unterschätzt, daher leide ich nicht selten unter Langeweile und finde es richtig schade, dass man mich so wenig zum Einsatz bringt.
Ich sollte eine E-Mail versenden: „Strahlende Zukunft zu vergeben!
www.KOSMISCHER-SCHUTZMANTEL.com"
Das ist nur eine Variante meiner Vorzüge, einer von vielen! Was hindert die Menschen, mich zu benützen? Ah, ich weiß es, sie verwechseln mich mit meiner Schwester PURPUR: Sie ist mir wirklich sehr ähnlich und repräsentiert Gerechtigkeit und kaiserliche Würde. Das darf natürlich von „Otto Normalverbraucher" nicht angewandt werden. Wo kämen wir denn da hin, da könnte ja jeder kommen und Farben der Würdenträger in Anspruch nehmen! Meine Gewohnheiten sind von Selbstlosigkeit geprägt. Aus dieser Perspektive betrachtet kann man mit meiner Hilfe in jeder Beziehung davon ausgehen, dass ich nur diejenigen beschütze, die in guter Absicht handeln.

MAGENTA kann vor allem Ihrem physischen Körper Sicherheit geben. Die BLAUE Strahlkraft im MAGENTA wird in ihrer tiefsten Materialisation angefordert, und der VIOLETTE Anteil sorgt für Wandlung im emotionalen und mentalen Körper. Dadurch, dass dies bewusst angerufen wird, hat es eine spezifische Wirkung, nämlich eine ganz persönliche.

Hier eine simple und einfache Übung:
MAGENTA-Kugel der Liebe
Richten Sie Ihre Aufmerksamkeit in Ihr Drittes Auge. Atmen Sie ruhig und gelassen. Nach wenigen Atemzügen geben Sie den Befehl, dass sich Ihre Aura mit einer MAGENTA-farbenen Kugel umhüllt. Die Kugel soll sich aus einer samtähnlichen Substanz zusammensetzen. Nun erteilen Sie dieser Kugel den Auftrag, dass sie alle von außen auf Sie zuströmenden Energien auffangen soll – sie umwandeln in tausendfache Liebe, um sie anschließend zum Absender zurückzusenden!
Das ist sehr einfach und mag etwas kryptisch klingen, ABER es wirkt! Macht aus unserer Welt einen Ort der Liebe

VIOLETT, die Farbe des Kronen-Chakras

Hallo! Darf ich mich vorstellen, ich bin VIOLETT, die schönste Farbe im Universum.

Ich bin der Sieg ohne Kampf. Ich bin die Schöpferebene. Ich bin das Tor zur ewigen Jugend, zur unendlichen Freiheit. Ich gehe durch die Welt und sehe alles im Licht der Wandlungsfähigkeit. Ich singe und tanze am liebsten im Rhythmus des Mutes, der vergeben(d)en Liebe und des Willens, loszulassen.

VIOLETT ist eine strahlende Kombination aus der Tiefe und der Kraft des BLAU und der gelebten befreienden Liebe des ROT. Die Wandlung geschieht auf allen Ebenen des Seins. Erkennen Sie, dass die Veränderung im Leben immer eine Aufwärtstendenz hat, wenn man in Liebe vergibt, was man sich selbst oder anderen zugefügt oder angetan hat. Jeder hatte in seinem Leben unvollkommene Gedanken oder Handlungen. Sie zu bereuen, ist eine Sache, aber in einem Strudel von Selbstmitleid oder Schuldgefühlen zu verharren bringt Stagnation und im körperlichen Bereich, vorzeitige Alterung. Wenn Sie die Idee einer Wandlung erlauben, durch Sie zu wirken, kann Ihnen das helfen, Ihren Körper und Ihre Umwelt zu verändern.

Das Anwenden der VIOLETTEN Farbe geschieht auf mentaler Ebene. Da die Farbe an sich manifest ist, die Kraft aber im emotionalen und mentalen Bereich zur Geltung kommt, bedarf es einer gewissen Einstellung, um den ganzen Umfang der Möglichkeiten auszuschöpfen.

VIOLETT gibt uns das Gefühl,
alles loslassen zu können,
selbst die Ursache zu sein für alles,
was das Leben zu bieten hat,
von einer Verbindung
zum Positiven,
Transformation,
Harmonie.

Übung zur Anwendung der VIOLETTEN Stralung:

Transformation

Wählen Sie spontan sieben Wörter, die Sie auf die Palme bringen.

Schreiben Sie diese auf sieben Blätter Papier. Wählen Sie eines der Blätter für die erste Transformation. Es wird etwa eine halbe Stunde in Anspruch nehmen. Das Wort enthält Erinnerungen, an die sie eingeladen sind, sich zu erinnern, mit allem Drum und Dran. Spüren Sie das Gefühl, das dieses Wort bei Ihnen auslöst. Lassen Sie sich ganz darauf ein. Es gibt im Körper eine Stelle, an der Sie das Gefühl am stärksten empfinden.

In diesem Bereich ist der Hauptfokus in Form eines Chakras. Genau dieses Chakra verliert immer dann Energie, wenn Sie mit dieser Empfindung konfrontiert werden. Zu wissen, wo dies ist, macht Sie schon stärker, aber um es aufzulösen, lassen Sie die Gefühle vom Chakra des Ausgangs (beispielsweise dem Solarplexus-Chakra) aufsteigen in das nächst höher liegende Chakra, um auch hier nachzu„sehen", was es auslöst. Geben Sie diesem höher gelegenen Chakra die Möglichkeit, sein Licht auf die „Sache" zu werfen. Das setzen Sie so lange fort, bis Sie am Kronen-Chakra angekommen sind. Hier visualisieren Sie das VIOLETTE Licht, um es in dieses Gefühl einfließen zu lassen. Dies sollte so lange dauern, bis Sie sich ganz sicher sind, dass es sich aufgelöst hat.
Diese Übung ist ganz und gar von Ihrer Ehrlichkeit mit sich selbst abhängig. Und eine kleine Warnung, es ist gut möglich, dass Sie ein und dasselbe Wort einige Tage wiederholen müssen, bis es endlich geschafft ist. Nachsicht und Toleranz mit sich selbst! Und – Geduld!

Farben im Immobiliengeschäft einzusetzen, kann ganz leicht sein.

1. Farben in Ihren Accessoires zur Geltung bringen.
2. Wählen Sie für Ihr Auto eine Farbe, die Ihnen geschäftlichen Erfolg verspricht.
3. Farbige Tücher, Schals, Krawatten verwenden
4. Schachteln oder Blumen in den Farben Ihrer Wahl benützen
5. Sie können Ihr Handy in der passenden Farbe wählen
6. Handtaschen
7. etc.

Welche Farbe ist nun für welche Gelegenheit die „richtige“?
Das ist nicht immer gleich und kann auch von Mensch zu Mensch variieren. Was ich hier aufzähle, hat aber in den meisten Fällen eine schier unglaubliche Wirkung.
Trotzdem ist es wichtig, dass Sie IHRE Farbe in alles mit einbeziehen.

Die Farben für

1. Handy: rot (orange) oder schwarz wirkt anziehend, Weiß und Blau bringt Ihre Neutralität ins Spiel
2. Auto: rot oder schwarz sind seitens des Feng Shui die erste Empfehlung. Im Maklergeschäft ist Weiß und Blau eine besonders gute Wahl, weil es Ihren Status der Neutralität im Geschäft unterstreicht
3. Schreibtisch: schwarz oder in einem echten (wenn geht teuren) Holz, Glas-Tische repräsetieren das Element Wasser und sollten daher immer eine Art Umrandung haben, sonst fließt die „Energie“ unkontrolliert ...
4. Schreibzeug: grün als Zeichen für die Fülle, die Sie anzunehmen willens sind.

Stellen wir nun einen Bezug zwischen Chakren, Farben und den Immobilien her.

Ein Mensch und sein Farbspektrum entwickeln auch immer eine Resonanz mit der Ausstrahlung eines Raumes, Hauses oder einer Wohnung. Jedes Haus hat für sich gesehen ebenso Chakren und die Ausstrahlung ihrer Farben wie ein Mensch. Wenn Sie zum Beispiel eine Erdgeschoßwohnung mit Garten einer Wohnung im 3. Geschoß vorziehen, kann das ein Zeichen dafür sein, dass Ihnen die Erdverbundenheit mehr Sicherheit gibt. Das Stockwerk, in dem wir unsere meiste Zeit verbringen, steht in einer Verbindung mit dem Chakra, das wir am stärksten entweder fördern wollen oder das uns am meisten Sicherheit gibt. Wenn ein Haus nur drei Stockwerke hat, werden die sieben Chakren allerdings genauso zum Ausdruck kommen. Man macht eine Skizze und unterteilt dieses Haus in sieben Abschnitte, um den Energiefluss zu beobachten.

Als ich das herausgefunden habe, ließ ich meine Übersiedlungen Revue passieren und stellte fest, dass ich immer in den Häusern dort wohnte, wo es auch bei mir einen Zusammenhang in Bezug auf meine Entwicklung gab.

Sie können mir nun sagen, dass Sie schon immer in derselben Wohnung wohnen und daher keinen Sinn darin erkennen, was hier steht. Meine Erwiderung darauf lautet, dass Sie wahrscheinlich entweder sehr zufrieden sind mit dem, was Sie haben oder aber Sie scheuen sich, neuen Herausforderung entgegen zu gehen. Oder Sie arbeiteten immer wieder auf verschiedenen Levels, nur das Zuhause hat sich nicht geändert. Eine Wohnung gibt aus dieser Sichtweisenur einen zusätzlichen Blickwinkel in Ihr Leben oder das Ihrer Kunden.

Alle hier angeführten Methoden sind Anregungen, Tipps und letztlich Möglichkeiten, die Sie aber keinesfalls immer ganz eng sehen dürfen. Alles ist dehnbar und anpassungsfähig. Lassen Sie Ihre eigene Erfahrung mit einfließen. Nehmen Sie nur das für sich in Anspruch, mit dem Sie sich eine Verbesserung Ihrer Lebenssituation oder Ihrer Arbeit versprechen – und bei dem Sie in Ihrem Inneren einen Widerhall spüren! Das ist sehr wichtig, nur deshalb fächere ich alle Wissensgebiete so auseinander – damit jeder etwas findet, womit er etwas anfangen kann.

WISSENS-Wert über die Himmelsrichtungen

Hier wird die Frage nach der richtigen Positionierung beantwortet. Am rechten Fleck zu sein, hat schon so manchem viel eingebracht!

Einmalige Investition – ein KOMPASS (in einigen Handys bereits vorhanden).
Wenn Sie es schaffen, dann sorgen Sie dafür, dass Sie Ihr Haus, Ihre Wohnung oder Ihr Büro nach Norden gehend verlassen.

Ein ganz wesentlicher Bestandteil des Erfolgs hängt von der „Blickrichtung“ ab. Die Blickrichtung ist sehr entscheidend für das Gesagte und dafür, wie es aufgenommen wird. Wie oft haben Sie schon zu jemandem gesprochen und das Gefühl gehabt, dass Sie überhaupt nicht zum anderen durchdringen. Das hatte oft damit zu tun, dass Sie und der andere zueinander in einer falschen Richtung standen.

Hier gebe ich Ihnen ein paar wertvolle Hinweise, wie Sie in Zukunft diese Situationen für sich und die anderen besser oder bravouröser meistern.
Büro:

Sitzen Sie im SW und so, dass Sie nach NO sehen können – das ist erfolgversprechend. Eine Alternative ist, dass Sie mit Blick nach SW sitzen.

....

Wenn Sie lesen, brauchen Sie wesentlich weniger Energie und konzentrieren sich leichter, wenn Sie nach Osten ausgerichtet sind.

....

Bei Verhandlungen von Norden nach Süden gerichtet. Dann klappt es. Der Norden eignet sich allerdings nicht, um dort ständig zu sitzen, denn dazu ist er zu kräftig und würde mit der Zeit Ihre Konzentration schwächen.

....

Von zu Hause oder dem Büro zuerst in Richtung Norden oder NO weggehen. Sie könnten ja z. B. Ihr Auto so parken, dass Sie auf jeden Fall in Richtung Norden oder NO zu ihm gelangen.

....

Vermeiden Sie den direkten Weg von Osten nach Westen.
Was nicht heißt, dass der Westen schlecht ist, sondern einfach nur, dass man zuerst einen kleinen Teil des Weges in Richtung Norden tun sollte und dann erst das Ziel im Westen angeht.

Wenn man einmal davon absieht, dass elektrisches Licht Tag und Nacht gleich hell macht, ist das Licht, das von der Sonne ausgeht, bestimmten Zeiten unterworfen, die einen natürlichen Rhythmus vorgeben. In den Wohnräumen sollte möglichst viel von diesem natürlichen Rhythmus vorherrschen.

Beginnen wir im Osten:
Die Sonne geht im Osten auf und hat am meisten Kraft. Der Osten steht für den Anfang, für die Geburt, den Frühling und die Farbe Grün. Der Osten repräsentiert auch unsere Herkunft, die Familie. Makler sollten wissen, dass der Osten auch für den Neuanfang eines Immobilienkaufs wichtig ist. Lassen Sie die Kunden im Osten mit dem Besichtigen beginnen, es gibt ihnen einen besseren und harmonischeren Verlauf an.
Der Südosten steht für Reichtum, Wohlstand und Glück in materieller Hinsicht. Verhandeln Sie also über den Preis im Südosten.

Der Süden wird als Bereich des Ruhmes und der Anerkennung gesehen. Man darf sich auch mal ein bisschen auf seinen Lorbeeren ausruhen. Hier ist der Standort für Belobigungen in Ihrem Büro anzubringen oder für ein Foto von Ihnen (mit oder ohne Belegschaft).
Der Südwesten gilt als Partnerschaftsbereich. Sollten Sie Partner haben, so bespricht man am besten die Dinge im Südwesten.

Der Westen zeigt uns die kreative Seite in uns und den anderen. Wenn etwas spielerisch angegangen wird und eine kreative Idee gefragt ist, so ist der Westen genau richtig.
Im Nordwesten finden wir die hilfreichen Menschen. Sollten Sie z. B. einen Kredit brauchen oder Ihr Klient, so legen Sie einfach mal die Post oder die Kontoauszüge in diesen Bereich. Einen Versuch ist es wert! Schon einige Menschen haben Überraschungen erlebt!

Der Norden zeigt uns den Bereich von Karriere an. Wir starten hier neu durch, in dem wir in der Stille der Nacht und im Schlaf innere und äußere Klarheit erhalten.

Der Nordosten zeigt die frühen Morgenstunden bzw. die späten Nachtstunden. Es ist der Bereich von Wissen. Hier spricht man mehr von innerer Weisheit, weniger vom Intellekt. Wie sagt schon der Herr: „Den Seinen gab's der Herr im Schlaf."

Die Himmelsrichtungen sind ein wesentlicher Bestandteil von fast allen Feng Shui Lehrmethoden. Wer sich eingehender damit beschäftigen möchte, tut gut daran, fachbezogene Lektüre zu studieren.

Für den Makler, ja für den normalen Alltag, reichen diese Angaben auf alle Fälle aus, um damit ein wenig zu experimentieren.

Sonne, Mond und Sterne

Die Sonne und der Mond, die Sterne und ihr Zusammenspiel verändern und beeinflussen unser Leben. Der Mond mit den Gezeiten, die Sonne mit ihrem lebensspendenden Licht. Die Astrologie ist seit Jahren fest etabliert und auch wenn man behauptet, nicht daran zu glauben, so liest doch fast jeder gerne mal sein Horoskop. Nur so zum Spaß natürlich!

Aber ob wir nun daran glauben oder nicht, unsere Natur ist fest mit den Himmelskörpern und somit auch mit ihren Laufbahnen verbunden. Vor ein paar Jahren haben Johanna Paungger und Thomas Poppe ein sehr hilfreiches Werk mit dem Titel „Vom richtigen Zeitpunkt" geschrieben. Seit der Zeit ist es in Mode gekommen, die Blumen zur rechten Zeit zu gießen, die Fenster nur an bestimmten Tagen zu putzen usw. Das könnte doch auch für unsere von uns verwalteten Häuser von Nutzen sein! Oder dem Verkauf einer Immobilie!
Ich habe mir erlaubt, ein bisschen aufzupassen, was an bestimmten Mondtagen im Immobilienmakler-Dasein so passiert. So habe ich bemerkt: Alleinvermittlungsaufträge schreiben sich leichter, wenn der Mond abnimmt.

Verkaufen ist leichter, wenn der Mond voll ist, bei Neumond oder bei zunehmendem Mond. Verkäufe gestalten sich schwieriger bei abnehmendem Mond.
In der Astrologie gibt es ein Fachgebiet, das nennt sich Astro Carto Graphy oder auch die Astrologie des richtigen Standortes.

Ein Geburtshoroskop wird nach den Daten des Geburtsortes und der Geburtszeit, die an diesem Ort war, berechnet. Das Horoskop spiegelt sozusagen den Himmel zur Zeit Ihres Geburtsmomentes.

Diese Planetenstellung wird Sie ein Leben lang begleiten. Auch wenn Sie die Orte wechseln wird es immer das gleiche Sternenbild sein, das Sie ein Leben lang begleitet. Aber, und das ist sehr spannend, wenn Sie sagen wir mal einen gewichtigen Einfluss von Saturn haben und zB. unter ständigen Kontrollneurosen leiden, wird Ihnen eine Ortsveränderung an einen Platz, an dem der Saturn zur Zeit Ihrer Geburt nicht so dominant war, helfen und Ihnen wird die Strenge und Härte dieses Gestirns weniger zu schaffen machen.
Nach einem speziellen Verfahren wird das Geburtshoroskop auf eine beliebige Landkarte oder einen Stadtplan gelegt und mit der entsprechenden Energie, die dort ist, wenn Sie an diesem anderen Ort geboren worden wären, in Verbindung gebracht und neu interpretiert. Deshalb kann man an einem anderen Ort auch immer mit den dort vorherrschenden Energien in Resonanz treten und gleichzeitig sein eigenes Geburtshoroskop mitgestalten. Klingt verwirrend und ist es auch. Aber ich versichere Ihnen, es ist ein durchaus spannendes und interessantes Gebiet zur Forschung.

Astrologisch hat jede Stadt und jedes Land eine gesonderte Aussage zu tätigen!

So kommt man zum Beispiel mit jemandem an einem Ort super gut aus, und an einem anderen Ort ist es mit demselben Menschen einfach nicht auszuhalten. Sogar der gesundheitliche Zustand verändert sich, wenn man den Ort wechselt. Aber wenn man wieder zurückkehrt ist alles gleich wieder beim Alten. Darüber gibt es zahlreiche Studien.
Gerade bei der Wahl des Hauses ist es von entscheidender Wichtigkeit wo es steht, um darin glücklich zu werden. Die Astro Carto Graphy gibt diesbezüglich wirklich gute Ergebnisse.

Praktische Beispiele sind, dass man für sich mit Hilfe dieser Technik das passende Krankenhaus suchen kann, um die besten Operationsergebnisse zu erzielen oder eine Schule für die Kinder, eine neue Arbeitsstelle usw.

Sie können sich auch eine Weltkarte drucken lassen lassen, welche die genauen Planetenbewegungen anzeigt. So ist ersichtlich, welche Energie Sie in Brasilien erwartet oder in Paris. Es gibt einige gute Webseiten auf denen Sie durch Angabe Ihres Geburtsdatums und Geburtsortes eine astrocartographische Darstellung der Erde nur für Sie bekommen.

Die Horoskope werden in 12 Häuser eingeteilt. Ist das nicht Grund genug sich gerade deshalb mal umzusehen, was es mit diesen Häusern so auf sich hat?

Die Planetenhäuser kurz umrissen – allerdings nur aus der Sicht der Astro Carto Graphy

1. Haus:	Umwelteinflüsse, physische Erscheinung, Liebesaffären auf Reisen
2. Haus:	Finanzen, Immobilien, Anlagen, Werte, Freunde
3. Haus:	Bildung, Kommunikation, Heim
4. Haus:	Sex, weite Reisen, Blutsverwandtschaft und Wahlverwandtschaft
5. Haus:	Affären, Sport, Spaß, Spiel
6. Haus:	Gesundheit, beruflicher Weg, Agressionspotential, gute Geschäfte
7. Haus:	Heirat, Kinder, Freundschaften und Feindschaften
8. Haus:	Meditieren, Schlafen, Intuition anreichern, das Geld anderer
9. Haus:	Recht und Unrecht, Gerechtigkeit, Wahrheit, Tod
10. Haus:	Beruf, gesellschaftliche Stellung, Vater
11. Haus:	Gruppendynamik, Hoffnungen, Technik, Wissenschaft
12. Haus:	Sucht, Isolierung aber auch große Sehnsucht

WISSENS-Wert der Tagesqualitäten

Jeder Tag hat einen Stern, der ihn mehr oder weniger beeinflusst, eine Farbe, die die Besonderheiten ihrer Eigenschaften und Strahlkraft auf spezielle Weise zur Geltung bringt und einen himmlischen Regenten, dessen Ausstrahlung diesem Tag seine spezielle Kraft verleiht.

Sonntag:	Sonne,	blau,	Erzengel Michael
Montag:	Mond,	gelb,	Erzengel Jophiel
Dienstag:	Mars,	rosa,	Erzengel Chamuel
Mittwoch:	Merkur,	weiß,	Erzengel Gabriel
Donnerstag:	Jupiter,	grün,	Erzengel Raphael
Freitag:	Venus,	rot,	Erzengel Uriel
Samstag:	Saturn,	violett,	Erzengel Zadkiel

Für jeden Bereich gibt es Unmengen von Informationsmaterial, Bücher und Vorträge. Daher erlaube ich mir, hier eine Kurzfassung zu bringen.

SONNTAG

Energetisch gesehen beginnt die Woche am Sonntag, nicht wie in der Arbeitswelt am Montag.

Wenn man also den Sonntag als ersten Tag der Woche betrachtet und lebt, dann machen am Sonntag Besichtigungen Sinn und es entsteht mehr als nur die Tatsache, die Freizeit der Kunden zu berücksichtigen. Die Sonne ist Lebensspenderin, ist Licht und wurde schon in allen alten

Traditionen verehrt. Wenn Sie also etwas beginnen wollen, so ist der Sonntag am besten dafür geeignet. Auch im Privatbereich gelten dieselben Regeln. Rauchentwöhnung, Diäten usw., die am Sonntag beginnen, werden oft leichter durchgehalten.

Die Farbstrahlung des Sonntages ist Saphir-Blau.
Blau drückt hier Stärke aus, Mut und Entschlossenheit zur Tat, zur Handlung. Ja es ist wahrlich ein Tag, an dem die Mutigen ihre Ziele erreichen werden, an dem die Kraft, an einer Sache dranzubleiben, unterstützt wird. Am Sonntag kann schneller und dauerhafter entschieden werden als an jedem anderen Tag der Woche.
Wie nutzen Sie nun den Sonntag? Sie als Makler oder Verkäufer, Vermieter einer Immobilie?
Besichtigen Sie mit unentschlossenen Kunden am Sonntag.
Geben Sie Ihre Immobilien am Sonntag ins Internet.
Starten Sie eine neue Idee am Sonntag.

Der Erzengel Michael ist DER Schutzpatron!
Er war der erste Engel, der einen Fuß auf die Erde setzte und wird jeden, der ihn ruft, seine Kraft und seine Entschlossenheit spüren lassen.
Um entschlossen eine Sache durchzuziehen, muss man aber eine Entscheidung treffen. Daher ist der Sonntag auch weniger der Tag der Entschlossenheit sondern vielmehr der Tag der Entscheidung. Das Durchhalten erfordert Kondition, das Entschlossen bleiben erfordert Mut, aber eine Entscheidung zu treffen erwartet einen Willen. Der Wille ist für die Entscheidung Voraussetzung.
Dieses Buch handelt auch von der Handhabung der MACHT, und die ist von der Stärke des Willens abhängig. Geschieht „Dein" Wille – oder geschieht „mein" Wille?
Das ist oft die Preisfrage. Sehr häufig geschieht ganz und gar nicht „mein" Wille. Je mehr man sich umsieht, umso besser kann man erkennen, wessen Wille gerade geschieht. Dabei ist es so einfach. Mein Wille muss nur ausreichen, um eine Entscheidung nach der anderen zu treffen. Jede einzelne Minute kann ich neue Entscheidungen treffen. Und Sie genau so ...
Entscheiden Sie sich für Erfolg? Ja! Ich verrate Ihnen etwas, das haben Sie schon immer getan.

Sie sind schon immer erfolgreich gewesen und werden es auch immer bleiben. Der freie Wille ist für jeden da! Und auch, dass dieser immer – ja immer! – erfolgreich sein wird. Sie treffen immer wieder aufs Neue Entscheidungen, nur sind Ihre Entscheidungen geprägt von verschiedenen Faktoren, die oft zu Fehlentscheidungen führen und dann zu Misserfolg oder anderen unangenehmen Folgen. Daher ist es von großer Wichtigkeit, zu erkennen wann man eine Entscheidung trifft, die maßgeblich das Leben beeinflusst. Am Sonntag zu besichtigen ist also einerseits erfolgversprechend für Sie als Unternehmer und andererseits ist es für den Kunden eine große Hilfestellung, denn am Sonntag ist auch er gesegnet mit der Kraft der Naturgesetze.
Entscheidungen in Bezug auf eine Immobilie zu treffen erfordert meistens eine Zeit der Nachforschungen, der Studien, des Auf- und Abwägens sämtlicher Vor- und Nachteile, Vergleiche anstellen, unzählige Besichtigungen in Kauf nehmen.
All diese langwierigen Prozesse ließen sich auf ein Minimum reduzieren, wenn Sie und Ihre Immobilie sich richtig ins Rampenlicht setzen. AM SONNTAG!
Teilen Sie der Welt mit, was Sie zu bieten haben, AM SONNTAG.

MONTAG

Wer kennt das nicht? Ich mache am Montag „blau“. Das ist die Kurzfassung, von: „Ich bin noch nicht so weit für den Arbeitsalltag!“
Die Energie ist noch beim „blauen“ Sonntag. Und man schwebt noch in allen Wolken, energetisch gesehen. Eigentlich ist der Montag am besten dazu geeignet, zu ruhen. Warum wohl? Wir sprechen hier von einer energetisch interessanten Lage. Sie haben am Sonntag eine willensstarke Entscheidung getroffen. Sie und Ihr Kunde waren richtig aktiv. Da ist es doch naheliegend, dass man den darauffolgenden Tag zur Ruhe braucht, um alles zu durchdenken, das Organisatorische zu checken, Pläne zu schmieden, den Freunden Bescheid zu geben usw.
Diese Energie ist eingetaucht in GELB-GOLD.
Stille, Schweigen, Kontemplation, und Freude empfinden.
Und dann gilt es, hinauszugehen und das Neue auszuprobieren.

Ein Beispiel:
Sie haben ein Haus zu verkaufen und treffen mit Ihrem Willen eine Entscheidung. Sie zeigen es Ihren Interessenten am Sonntag.

Der Kunde trifft auch eine Entscheidung. Er will sich noch ein anderes Haus ansehen, bevor er sich entscheidet. Jetzt könnten Sie hergehen und sagen, dass die Sonntagsbesichtigung doch eine blöde Idee war oder Sie erkennen, dass es bei Ihrem Vorhaben nicht nur um den Verkauf ging, sondern dass die erste Besichtigung am richtigen Tag stattgefunden hat und somit die Chancen eines raschen Verkaufes größer sind.

Am Montag gehen Sie an die Planung des Verkaufes und füllen Ihre Gedanken mit Erfolg und Gelingen. Sehen Sie das Haus bereits als verkauft an, tun Sie so, als ob Sie schon auf dem Weg zum Notar zur Kaufvertragsunterzeichnung wären. Fühlen Sie sich als erfolgreicher Verkäufer dieses Hauses. Gehen Sie in Ihrer Vision alle Einzelheiten durch. Sprechen Sie mit dem Verkäufer, mit wem auch immer, Sie werden herausfinden, dass es noch einige Optionen gibt. Der Montag ist dazu da, um alle Visionen schon mal vorzuleben. In Gedanken, in Ruhe und Stille und in sorgfältiger Planung zur Durchführung. Der gold-gelbe Strahl wird dabei helfen, die Schwierigkeiten zu erkennen, damit man diese schneller aus der Welt schaffen kann. Oft kommt es vor, dass Fehler gemacht werden, und im Nachhinein sucht man die Fehlerquelle, um einer Wiederholung vorzubeugen. Die Vorausschau und „Visionen-Schau", wie ich Sie nenne, lässt jedoch ganz andere Blickwinkel zu als eine Replik.
Ich gebe zu, dass diese Vorgangsweise ein wenig Übung braucht, aber von jedem ganz leicht angewandt werden kann. Meine Erfahrung hat auch gezeigt, dass am Montagmorgen ein späterer Arbeitsbeginn mehr Erfolg brachte als die konservative Bürozeit.

DIENSTAG

Ist der Tag, an dem die ROSA STRAHLUNG zum Tragen kommt. Rosa ist hinlänglich bekannt als die Farbe der kleinen Mädchen. Das sieht so süß aus! Kann Farbe schmecken? Süß zum Beispiel? Ja, das tut sie tatsächlich. Es gibt Tests, die beweisen, wie Farbe auf den Geschmacksnerv wirkt. Rosa ist also süß!

Die rosa Farben-Strahlung und die Verbindung mit dem Mars lassen auf eine starke Energie schließen. Es ist dies die Stärke der Gemeinsamkeit mit anderen. Der Dienstag ist geradezu prädestiniert für Sitzungen, Diskussionen und das Zusammenarbeiten. Auch privat ist der Dienstag ein Tag, an dem sich eine Runde Golf mit Freunden viel besser anfühlt, als alleine zu sein. Das Kundengespräch ist heute geeignet, um etwas weiter auszuholen als üblich. Gehen Sie auf Ihren Kunden ein, lassen Sie ein paar private Szenarien ablaufen. Sie werden entdecken, dass Ihnen durch Ihr Entgegenkommen mehr Information zufließen wird, die Sie sicher bald gut nützen können. Der Dienstag ist auch der Tag der Künste und der Toleranz. An einem Dienstag ist der Hang zu Harmonie und zur Verträglichkeit viel ausgeprägter als an anderen Tagen. Also ein Tag für Handlungen! Ein Tag für Taten!

MITTWOCH

Ich sage immer, der Mittwoch ist der Tag der Makler! Er steht unter der Schirmherrschaft von Merkurius, dem himmlischen Vermittler höchstpersönlich, und der Strahl von Erzengel Gabriel ist auch am Mittwoch am größten. Dieser Erzengel ist der Engel mit der GUTEN BOTSCHAFT! Sie sehen, unter welch großartiger Führung unser Beruf steht! Was sollte da berücksichtigt werden? Der Mittwoch ermahnt uns, immer das Beste zu wollen, sowohl für uns selber als auch für unsere Kunden. Immer nur das Beste! Nach dem Motto: GUTES WOLLEN BRINGT GUTES GELINGEN.

Ich habe diese Worte auf einen Aufkleber drucken lassen und verteile diese an Kunden, Freunde usw. Über diese paar Worte habe ich schon so manche Diskussion geführt. Es wurde mir sogar ausgerichtet, dass das nicht stimme. Aber ich sage Ihnen, dass das Gesetz der Resonanz in diesen Worten zum Tragen kommt. Und wenn Sie nur Gutes wollen, wirklich wollen, dann wird Ihnen auch nur Gutes widerfahren!

Am Mittwoch werden wir daran erinnert, an uns zu glauben, an unsere Projekte und unsere Fähigkeiten! Stellen Sie die Absicht in den Vordergrund. Es gibt unumstößliche kosmische Gesetze, und eines davon lautet, dass man mit reiner Absicht und zum Wohle aller Beteiligten alles wünschen, fordern oder in Anspruch nehmen kann. Und so kann Gutes Wollen nur gutes Gelingen mit sich bringen!

Ein Makler sollte für beide Seiten ein guter Vermittler sein. Für den Abgeber und den Kunden gleichermaßen. Wenn der Makler also mit gutem Wollen an seine Arbeit geht und für alle Beteiligten das Beste will, so wird auch genau das eintreffen.
Hier an dieser Stelle, bei dem Versuch, Ihnen die Energien des Mittwochs zu beschreiben, ist es am offensichtlichsten, was für ein wunderbarer Beruf der Beruf des Maklers ist. Stellen Sie sich einmal vor, Sie sind der Überbringer der GUTEN NACHRICHTEN. Mit dieser Einstellung können Sie alles verändern, können Sie für alle das Beste und nur Gutes hervorbringen!

DONNERSTAG

Der Tag, an dem Sie die Möglichkeit haben, Gerechtigkeit walten zu lassen. An dem Sie große und Heil bringende Taten vollbringen können. Am besten geeignet, um sich der Vollkommenheit von allem, was Sie tun, zu überzeugen. Der grüne Farbstrahl und der Erzengel Raphael sind eine ungeahnte Hilfe, wenn man sich diese Kraft zu eigen macht. Grün ist die Farbe des Reichtums und des Erfolges. Es gibt ein altes Ritual für all jene unter Ihnen, die gerne mit Ritualen arbeiten.

Donnerstag-Ritual

Nehmen Sie am Donnerstag eine grüne Kerze und ein sieben Meter langes Band. Mit dem Band umwickeln Sie die Kerze, machen einen Knoten und lassen den Rest herunterhängen. Auf einem Blatt Papier schreiben Sie in kurzen aber prägnanten Worten, in welcher Angelegenheit Sie sich Erfolg wünschen. Darunter schreiben Sie: Es ist vollbracht. Nachdem Sie laut und mit der ganzen zur Verfügung stehenden Überzeugungskraft den Text drei Mal gesprochen haben, verbrennen Sie das Papier mit der Flamme der Kerze und lassen die Kerze ganz abbrennen. Den Rest des Bandes legen Sie in Ihren Timer oder Ihre Geldbörse, als Erinnerung an Ihre Anrufung. Seien Sie ganz zuversichtlich und sicher, dass es gelingen wird!

Falls es in Ihrem Leben einen Bereich oder eine Situation gab, die die Ursache von möglichen Misserfolgen war, so wird diese nun endgültig gelöscht, geheilt. Daran müssen Sie glauben, und es wird geschehen!

FREITAG

Die Woche hatte einige gute und neue Lichtblicke in Ihr Leben geworfen, die es nun gilt zu ehren. Ehren Sie das Leben und ehren Sie Ihren Beruf. Der Tag hat eine dynamische und erotische Schwingung. Rot ist die Strahlkraft und Rot ist die Farbe der Liebe. Rot ist stark und die Farbe, an die sich fast alle Menschen am besten erinnern. Rot ist die Farbe des ersten Chakras, wie Sie schon im vorigen Kapitel lasen und so wissen Sie auch, dass dies der Bereich ist, in dem wir all unsere Existenz gründen.

Ein Haus zu kaufen oder zu verkaufen, einen neuen Firmensitz zu suchen usw. sind einschneidende und existenzielle Unterfangen. Wenn Sie das wissen und ehren, kann Ihnen dieses Wissen neue und ungeahnte Perspektiven öffnen. Die Huna-Tradition macht das folgendermaßen. Dort wird den Managern erfolgreich gelehrt, dass Sie jedem und allem, was Sie sehen, einen Segen aussprechen oder alles, was sie sehen, für schön und großartig erklären. Das könnte so aussehen: Ich segne die Straße, auf der ich fahre, ich segne die U-Bahn, ich segne den U-Bahnfahrer, ich segne den Bäcker, der meine Frühstückssemmel gebacken hat, ich segne den Erbauer des Hauses, in dem ich arbeite, ich segne meine Kunden (man kann auch jeden einzelnen benennen), ich segne meinen Partner, ich segne meine Arbeit, ich segne ... ich segne ... Sie werden überrascht sein, was diese Übung nach einer Weile für Sie tut. Es werden die Segnungen, die Sie für alles und andere ausgesprochen haben, auf die eine oder andere Weise zu Ihnen zurückfließen. Ganz sicher.

SAMSTAG

Der Tag, an dem Sie violette Strahlkraft und die Macht von Saturn in Anspruch nehmen können. Saturn ist der Planet der Ordnung. Und die Farbe violett bringt auch alles in Ordnung, wenn man sich diese visuell über sich oder durch sich hindurch vorstellt. Durch das violette Licht bekommt man die Chance, alle disharmonischen Energien aufzulösen. Das können Sie für sich in Anspruch nehmen. Aber – und das ist sehr spannend für uns Makler – man kann es auch für alle Immobilien anwenden. Wenn Sie sich darin ein wenig üben, können Sie die Immobilie, die Sie zu vermakeln wünschen, von alten Energien befreien und so leichter vermarkten. In Sachen *space* – clearing© wird das violette Licht, die violette Farbe mit ganz besonderer Intensität eingesetzt. Wenn Sie allerdings nur für einige Momente daran denken, die Immobilie in violettes Licht einzutauchen, ist das sicher schon ein großer Fortschritt für Ihren Erfolg!

Hier ist jetzt Gelegenheit, sich über Ihre Tagesqualitäten Gedanken zu machen.

An welchem Wochentag sind Sie geboren?
An welchem Tag würden Sie gerne frei haben?
Welche Tage sind Ihnen als Tage der Inspiration und Kreativität in Erinnerung?
Die Qualität der Tagesfarben könnten Sie ausprobieren, in dem Sie in Ihrer Kleidung mit diesem Farbton in Resonanz gehen. Manches wird Sie unterstützen bei Ihrer Arbeit, und manche Farbe werden Sie ablehnen zu tragen. Hören Sie auf diese innere Stimme, denn es ist gut zu wissen, was man mag und vor allem, was nicht! Denn das „Nicht Mögen" birgt oft mehr Botschaft als die „Vorlieben".

WISSENS-Wert der Zahlen

Wenn man es genau nimmt, so ist unser Leben eine einzige Aneinanderreihung von Zahlen. Warum das Wissen über die Botschaft hinter einer Nummer, einer Zahl für Sie hilfreich sein kann, werden Sie nach einigen Experimenten sicher bald selbst herausfinden.
Zahlen sind mit einem Symbol dargestellte Tatsachen. Niemals verirren sich Zahlen in Ihr Leben. Sie sind immer in Resonanz mit allem in Ihrem Leben! Wahrscheinlich können Sie es schon gar nicht mehr hören bzw. lesen, aber es ist und bleibt eine Tatsache! Sie stehen mit allem in Resonanz und ziehen daher die Dinge in Ihr Leben, von denen Sie auch etwas anzubieten haben. So verhält es sich auch mit den Zahlen.
Es gibt unzählige Bücher und Studien, die Sie dazu erstehen können. Hier wird – wie zu allen anderen Themen auch – eben das bearbeitet, was für Sie im Immobiliengeschäft von Bedeutung ist.

Die Quersumme
wird errechnet, indem man an alle Zahlen in einer Konstellation so lange addiert, bis nur noch eine einstellige Zahl übrig bleibt. Dies ist dann die Quintessenz einer Zahlenkombination, eines Geburtstages, einer Hausnummer, einer Autonummer usw.

Beispiel:
Geburtsdatum: 22.3.1986
2+2+3+1+9+8+6= 31 - 3+1= 4
4 ist nun die so genannte Lebenszahl für diese Person. Die 4 und die darin liegende Lernaufgabe zu erkennen, obliegt der Interpretation des Suchenden.

Autonummer: W K 8888
W= 6 und K = 2
6+2+8+8+8+8= 32 = 5

Dies war lange Zeit meine Autonummer. Ich werde Ihnen meine Beweggründe für die Wahl dieser Nummer verraten. Erstens sind die 8 im Paar gesehen, also 88 ein Feng Shui-Glückssymbol für Erfolg. So habe ich mir dies zwei Mal gestaltet. Weiters zeigt die 8 das Lern- und Aufgabenpotenzial an. Die 8er unterstreichen den Wert des Immobilienmaklerberufes und deshalb auch mein Leben. Meine Arbeit ist meine Berufung, daher unterstreichen die 8er dies. Die Zahl 5 ist die Kernaussage dieser Autonummer. Die 5 als Quintessenz ist deshalb so wichtig, weil ich als Maklerin die Aufgabe habe, etwas zu verändern. Und die Zahl 5 ist die Zahl der Veränderung.

Es gibt Interpretationen bis zur Zahl 76, also 1,2,3,4,5,6,7,8,9,10,11,12,13,14,...... bis 76.
In der Regel nimmt man die Zahlen von 1 bis 10 oder von 1 bis 9, um eine Grundaussage zu erhalten. Die anderen Doppelzahlen haben eine Schwingung, die sich wiederum aus den einzelnen Ziffern der Doppelzahl zusammen ergibt. Die 7 aus 25 hat beispielsweise eine andere Schwingung als die 7 aus 43.
Für die Arbeit mit Ihrer Telefonnummer dem Auto oder den Hausnummern sind die ersten 10 Zahlen jedoch wirklich aussagekräftig und gut einsetzbar!

Grundaussagen der Zahlen von 1 bis 10

1 - I - EINS - one

Die Eins ist durch nichts zu ersetzen. In der Eins liegt die Schöpferkraft. Durch die Eins können wir den Urgedanken, den Urinstinkt, die Uridee erhaschen. Durch die Eins bekommen wir Zugang zu unserer eigenen göttlichen Instanz in uns. Die Eins ist wie das Handheben bei einer Versteigerung. Wenn die Hand erst einmal oben ist, dann ist das ein Signal – ein Signal, das besagt: JA, ICH WILL! Die Eins sagt klar und deutlich: JA, ICH WILL. Wenn jemand also in seiner

Quersumme die Eins als Resultat hat oder in seinen Nummern die Zahl eins oft vorkommt, so zeigt das an, dass man es mit einer willensstarken Persönlichkeit zu tun hat. Die Eins zeigt uns auch an, dass es noch so gut wie keine Angst gibt. Denn erst das Zusammenspiel mit den anderen Kräften gibt so manchem Anlass zur Sorge. Aber hier ist nur die Eins, der Anfang und der Enthusiasmus des „ersten Mals".
Eine Eins könnte auf den ersten Blick ein bisschen einschüchternd wirken, und dann wieder recht oberflächlich. Das sind auch Menschen, die sich recht schnell für etwas begeistern und dann rasch wieder abkühlen.

Glückstage:	Sonntag, Montag
Glückssteine:	Bernstein, Goldtopas und Gold
Farben:	Gold und Bronze
Leitstern:	Sonne

2 - II - ZWEI - two

Die Zwei ist durch nichts zu ersetzen. Die Zwei ist der Partner der Eins. Die Dualität ist geboren. Hier ist ein Zusammenspiel und ein Reiben an dem anderen. Die Eins kann gut und gerne allein sein, aber die Zwei braucht den Partner. Obwohl die Zwei es gern so hinstellt, als ob die Eins nichts ohne sie wäre. Hier gibt es auch ein ständiges Pendel – einmal hin, einmal her, einmal dies, einmal das. Wenn die Zwei keinen willensstarken Einser zur Seite hat, wird sie ständig im Wechselbad der Gefühle stehen und kann sich nicht entscheiden. Es ist auch ein bisschen mit einer Waage zu vergleichen. Wenn die Waagschalen auf gleicher Höhe stehen, ist alles harmonisch und im Gleichgewicht. Aber wehe, wenn auch nur ein Krümelchen auf einer Seite draufgelegt wird. Dann ist es schon wieder vorbei mit der Ruhe. Eine Zwei hat es nicht wirklich leicht, aber man braucht sie. Dieses Gebrauchtwerden ist auch eine ihrer stärksten Schwächen! Das Verständnis der Ausgeglichenheit liegt in der Zwei, und um die Dualität so richtig verstehen und leben zu lernen, muss man die Zwei annehmen. Die Zwei drückt Freude aus, die Zwei will Freude sein, die Zwei lehrt die Freude.

Glückstage:	Sonntag, Montag und Freitag
Glückssteine:	Mondstein und Jade
Farben:	Pastelltöne von Grün, Gelb und Weiß
Leitstern:	Mond

3 - III - DREI - three

Die Drei ist durch nichts zu ersetzen. Sie repräsentiert die Kraft, die aus Liebe geschaffen wurde. Durch die Schöpferkraft der Eins und die Hingabe der Zwei entstand in Harmonie die Drei. Die Trinität ist und war schon immer etwas Besonderes. Sie steht für Willen, Tatkraft und Liebe. Sie sorgt für Harmonie in allen Belangen. Die Drei mag keinen Streit und geht der Zwietracht tunlichst aus dem Weg. Manche nennen das Feigheit, aber sie nennt das Rationalität. Denn wer seine Zeit und Kraft mit Streit vergeudet, hat genau diese Zeit und diese Kraft für etwas Negatives verwendet, wo doch genau die gleiche Energie für Neues und möglicherweise Besseres genutzt werden kann. Die größte Herausforderung ist es, Körper, Geist und Seele in Einklang zu bringen. So findet man unter den Dreiern meistens Diplomaten, die es geradezu hervorragend verstehen, verschiedene Weltbilder miteinander zu vereinen.
Dabei ist es ihnen wichtig, nicht zu urteilen oder zu bewerten, denn dann könnten sie ja genauso gut eine der anderen sein, aber das sind Dreien nicht. Aber sie möchten so gerne anders sein! Sie erfinden immer wieder neue Szenarien und sind geradezu unersättlich, wenn es um Kreativität geht.

Glückstage:	Donnerstag, Dienstag und Freitag
Glückssteine:	Amethyst oder Lapislazuli
Farben:	Violett, Lila, Purpur, Magenta
Leitstern:	Jupiter

4 - IV - VIER - four

Die Vier ist durch nichts zu ersetzen. Die Vier ist die Zahl mit dem Vorzug, alles zu wissen. Die Vier hat sozusagen den Willen der Eins, die Hingabe der Zwei, die Kreativität der Drei und bringt selbst die Disziplin mit ein. Eine Vier kann ganz schön dickköpfig und starr sein. Es gibt keine weichen Rundungen, keine zarten Linien, keine Gefühlsduseleien. Eine Vier ist klar im Kopf und hat immer eine Antwort auf alle Fragen. Eine Vier versagt nie. Eine Vier ist wichtig und ein Fels in der Brandung. Luxus und Naschereien sind unangemessen in Zeiten wie diesen. Und es gibt immer „Zeiten wie diese“! Eine Vier ist wie eine Festung. Sie hält, was sie verspricht, und man kann sich immer darauf verlassen, dass eine Vier den Weg niemals verlässt. Auch wenn es für alle schon längst das Beste wäre! Eine Vier steht symbolisch für die vier Wände, das Heim und die Pflichten, die damit verbunden sind. Die Vier steht für die vier Himmelsrichtungen und die Elemente Feuer, Luft, Wasser und Erde. Wobei die Vier das Symbol der Erde ist. Sie ist also sehr gut geerdet, und man kann auf ein solides Fundament sein Haus bauen – oder eine Pyramide.

Glückstage:	Samstag, Sonntag, Montag
Glückssteine:	Saphir, Onyx, Opal
Farben:	Blau, Silber, Grau
Leitstern:	Uranus

5 - V - FÜNF - five

Die Fünf ist durch nichts zu ersetzen. Hier ist die Verbindung von Materie und Geist. Es ist die Zahl der Veränderung, die Zahl der Erkenntnis, der Geheimnisse. Wer kann schon sagen, warum der Mensch fünf Finger an der Hand hat und nicht vier?

Um sich mit dem Geistigen auseinanderzusetzen, bedarf es der Freundschaft, und die beginnt bei den Menschen. Daher ist der

Fünf die Besonderheit zu eigen, schnell und sehr charmant mit jedem in Beziehung zu treten. Für Fünfer gibt es keine Negativität, es gibt nur Ereignisse, die es zu überwinden gilt. Ein bisschen Jähzorn, ein wenig Ungeduld – ja, aber das vergeht! Engstirnigkeit wird mit Zähigkeit und Ausdauer gekoppelt zu einer Erfahrung, die eine wahre Veränderung mit sich bringt.

Glückstage:	Mittwoch und Freitag
Glückssteine:	Diamanten, Gold und Silber
Farben:	alle Farben in den schillerndsten Varianten
Leitstern:	Merkur

6 - VI - SECHS - six

Die Sechs ist durch nichts zu ersetzen. Es gilt, die Enge zu überwinden und in die Weite zu gehen, dann ist alles Licht und voller Freude. Es ist die Zahl der Sinnlichkeit ohne Anhaftung an das Irdische. Wenn Liebe ohne Anhaftung gelebt wird, kann sie ungeahnte Türen öffnen. Meistens wird es auf die reine Sexualität beschränkt, aber hinter dieser Scheinwelt kann sich eine wunderbare Türe mit Möglichkeiten öffnen, die nur eine freie Seele zu verstehen vermag. Es ist auch eine mütterlich fürsorgliche Energie in dieser Zahl. Sie kommt einer zu engen Umarmung oft nahe. Mütter lassen ihre Kinder nur ungern in die Welt hinausgehen, können nur schwer loslassen. Doch genau das braucht es, um dem Kind den größten Dienst zu erweisen. Es gibt außer den leiblichen Kindern auch geistige Kinder, Ideen, Visionen. Auch diese müssen zuerst empfangen, erzogen, geliebt und dann losgelassen werden, um zur vollen Reife zu gelangen. Dies ist die schwerste aller Aufgaben. Loslassen.

Glückstage:	Dienstag, Donnerstag, Freitag
Glückssteine:	Türkis, Smaragd
Farben:	Grün, Türkis
Leitstern:	Venus

7 - VII - SIEBEN - seven

Die Sieben ist durch nichts zu ersetzen. Mystische Zahl, magische, philosophische und religiöse Betrachtungsweise. Glückszahl. Eine soziale Verbindung mit der Zwei ist durchaus eine Option. Hat eine ausgeprägte Sinneslust, reist gerne und entdeckt die Welt mit seiner 7er-Art. Man reist stilgerecht und verlässt nie den Weg der guten Manieren, auch dann nicht, wenn alle anderen diese schon längst abgelegt haben. Wenn ein Siebener nicht über die nötigen Mittel zum standesgemäßen Reisen verfügt, dann wird die Welt via Fernseher bewundert. Ein Siebener ist ein Standorthalter. Das will heißen, dass er immer einen Ort der Zuflucht, einen sicheren Hafen braucht, um sich wohl zu fühlen. Sieben – reisen – in der Ferne die Heimat schätzen, sonnengleich, scheinend, glühend im Geist und in der Seele, einfach und wunderbar.

Glückstage:	Sonntag und Montag
Glückssteine:	Opal, Mondstein und Perlen
Farben:	Grün in allen Schattierungen

8 - VIII - ACHT - eight

Die Acht ist durch nichts zu ersetzen. Das Leitmotiv der Acht lautet: Die Überwindung des Leids. Wer eine Acht in seinem Leben hat, wird von vielen Menschen wegen seiner charismatischen Ausstrahlung geachtet. Jeder Achter weiß, dass er eine Lebensaufgabe zu erfüllen hat, einer Berufung nachgehen muss. Seine eher zurückhaltende Art beruht auf der Schwere, die er in sich trägt. Er hat auch oft die Tendenz, das Leid von anderen auf sich zu nehmen, ohne davon ein Aufhebens zu machen. Seine Erfahrungsvielfalt ist schon fast unmenschlich. Flexibilität und Einfallsreichtum machen ihn zu einer großen Stütze der Gesellschaft. Achter wissen viel, ertragen viel, helfen gerne, aber ohne das typische Helfersyndrom. Es ist eine Selbstverständlichkeit in diesen Personen, faszinierend und einfach schön.

Glückstage:	Samstag, Sonntag, Montag
Glückssteine:	Amethyst, dunkler Saphir, schwarzer Onyx, Diamant
Farben:	violett, grün, schwarz
Leitstern:	Saturn und weil sie viel mit der 6 verbindet auch die Venus

9 - IX - NEUN - nine

Die Neun ist durch nichts zu ersetzen. Arbeit, Arbeit, Arbeit ... das ist das Motto eines Neuners. Urlaub, Reisen Sport oder ähnliche Betätigungen müssen in Verbindung mit Arbeit stehen oder wenigstens einer Vernetzung dienen, ansonsten ist es für die Neun nur eine Freizeitverpflichtung, nichts weiter. Sie sind Kämpfer, im Gegensatz zu den Dreiern, die dem Konflikt tunlichst aus dem Weg gehen. Die Erde ist ein Planet der Arbeit und der Mühen, so sieht das der Neuner. Ungeduld und Intoleranz sind nicht selten unangenehme Begleiterscheinungen einer Neun. Aber, sie wird ihre wahre Erfüllung nur dann finden, wenn sie aufhört zu arbeiten und sich in den Mittelpunkt des Seins stellt. Vom Tun zum Sein!

Glückstage:	Dienstag, Donnerstag, Freitag
Glückssteine:	Granat, Rubin, Karneol und alle roten Steine
Farbe:	rot
Leitstern:	Mars

10 - X - ZEHN – ten

Die Zehn ist durch nichts zu ersetzen. Die Zahl der Fülle und des Wohlstandes. Eine weitere Glückszahl. Verkündet Ehre und Anerkennung. Eine Zehn bedeutet fast immer, dass sich der Träger weniger anstrengen muss, um etwas zu erreichen als jeder andere. Es fällt ihr praktisch alles in den Schoß. Es zeigt aber auch, dass die Zehn großzügig und erfolgreich ist, denn sie weiß, dass im Leben alles zu ihr zurückfließt, wenn sie davon nur reichlich etwas davon abgibt, was sie schon hat. Die Eins steht für seinen starken Willen und die Null für den Narren in ihr. Sie kann kindisch und naiv reagieren und doch genau wissen, was sie will. Das ist einzigartig.

Glückstage:	Sonntag, Freitag
Glücksstein:	Diamant
Farbe:	Gold-Gelb
Leitstern:	Sonne

Die Umrechnungstabelle der Buchstaben nach „Cheiro"

A	= 1	**N**	= 5
B	= 2	**O**	= 7
C	= 3	**P**	= 8
D	= 4	**Q**	= 1
E	= 5	**R**	= 2
F	= 8	**S**	= 3
G	= 3	**T**	= 4
H	= 5	**U**	= 6
I	= 1	**V**	= 6
J	= 1	**W**	= 6
K	= 2	**X**	= 5
L	= 3	**Y**	= 1
M	= 4	**Z**	= 7

Mit dieser Umrechnungsformel können Sie beispielsweise Ihren Namen in die Zahlenschwingung umrechnen. Jeder Name hat eine Botschaft, auch Ihrer!

Hier ein Beispiel:
M a r i a
4 + 1 + 2 + 1 + 1 = 9
Die 9 ist also die Zahlenschwingung von Maria

Was sagt uns die 9 über jemanden, der Maria heißt. Die 9 steht für arbeitsame Wesen, stehen oft unter Druck, bewahren sich aber trotz Schwierigkeiten einen feinen Sinn für Humor. Die Pflicht ist ihr Liebling, an ihr findet sie Halt. Liebe und Treue gehören für sie zusammen, aber wenn der andere die Treue bricht, ist das für sie kein Grund, die Liebe anzuzweifeln. Wer Maria heißt, kennt die Mühen des Lebens und weiß, sie zu nehmen. Von außen betrachtet wähnt man eine Bürde mit dem Namen Maria zu erkennen, aber für die Trägerin ist dieser Name mit Schönheit in der Arbeit verbunden. Sie sieht Würde in der Loyalität und Treue, ihr Empfinden, ihre Gefühle sind in allem angefüllt mit Liebe, Liebe zur Pflicht genauso wie Liebe zu den Menschen. Nur der Mensch tendiert oft dazu, diese

Liebe mit Undank zu belohnen, und das ist ihr wahrhaftes Schicksal.
Natürlich ist es keinem Menschen beschert, nur mit der Zahl seines Vornamens leben zu müssen. Es gibt da meistens auch einen zweiten oder dritten Vornamen. Bei der Berechnung nimmt man immer jede Zahl von einem Namen und schaut sich dessen Eigenschaften an, um dann die Zusammenhänge von allem zu erkennen. Das könnten zum Beispiel drei verschiedene Zahlen für die Namen sein und eine Geburtszahl.
Zu beobachten, wie sich diese Zahlen in ihrem Leben wiederholen, wäre sicher aufschlussreich und würde die eine oder andere „Lücke" auf der großen Erkundungsfahrt nach sich selbst schließen.

Machen Sie gleich hier Ihre Numerologie mit Geburtsdatum und Namen.

Vorname: ____________________

Nachname: ____________________

Geburtsdatum: ____________________

M(macht)ACHT

Macht leitet sich von machen ab.

Die Macht wird vom Wert bestimmt, aus dem die Macht wächst. Ich habe die Erfahrung gemacht, dass viele meiner Kunden mit dem Wort MACHT große Schwierigkeiten haben. Sie interpretieren das hinein, was landläufig als Missbrauch bezeichnet wird. Und genau genommen sind das die Erfahrungen von fast allen Menschen. Missbrauch von Macht prägt große Bereiche unserer Gesellschaft. Das fängt in der Familie an und endet quasi nie ... Am betrüblichsten finde ich den Gedanken, dass es sogar als selbstverständlich hingenommen wird, dass Kinder unter dem Vorwand „Erziehung" oder mit dem Ausdruck der Selbstverständlichkeit manipuliert und oft für persönliche Zwecke missbraucht werden. Dabei rede ich noch nicht einmal von körperlichem Missbrauch. Dieser wird zwar von der Gesellschaft missbilligt, kommt jedoch wesentlich häufiger vor, als man sich vorstellen kann.

Menschen, die sich nie missbraucht fühlten, kann man nur beglückwünschen. Es ist daher wenig verwunderlich, dass fast jeder Mensch eine innere Stimme wahrnimmt, die massive Einwände hat, sobald das Thema Macht auch nur ansatzweise angesprochen wird. Eine Aussöhnung mit der Macht hat schon viele davon überzeugt, wie schön es ist, wieder in der Wirkkraft und Strahlung der natürlichen eigenen Macht zu handeln, zu denken, zu empfinden, zu SEIN!

Macht und Wille hängen unmittelbar zusammen. Wer einen starken und ausgeprägten Willen hat, wird auch besser mit seiner und der Macht anderer umgehen können. Es sollte niemals ein „Machtspiel" sein, sondern immer ein energetisches Ausgleichen und Sich-Ergänzen.

Auf der energetischen Ebene finden wir das Machtzentrum im Solarplexus. Aus diesem Bereich geht unsere Kraft und wird im Außen angeknüpft an die Energie dessen, was in uns geprägt ist. Sind wir stark und unabhängig, werden wir mit starken und unabhängigen Menschen in Resonanz gehen, denn nur Gleiches verbindet sich mit Gleichem. Sind wir geprägt von Unterwürfigkeit, so werden wir im Außen von jemandem angezogen, der einen unterwürfigen Charakter braucht.
Der Wille in uns prägt das Ausmaß der Kraft in der Macht. Macht ist das Werkzeug für das, was uns Gott als einziges unumschränkt geschenkt hat. Den freien Willen! Wer den freien Willen anwendet, benützt dazu seine Macht und damit seine Kraft, die er entwickelt hat bzw. mit der er ausgestattet ist.

Natürlich kann man seinen Willen, das Wollen, seine Meinung ändern. Warum auch nicht? Aber das ist mitunter unangenehm für andere! Die Gründe, warum man seinen Willen, sein Wollen, seine Macht nur ja nicht ausspielen sollte, sind vielfältig und oft skurril oder ganz banal.
Da heißt es zum Beispiel: Das gehört sich nicht. Was soll das heißen, das gehört sich nicht? Wer sagt das, wann wurde das bestimmt, von wem und warum? Ein anderer Grund könnte lauten, weil es finanzielle Nachteile mit sich bringt. Ja und? Mit wie vielen Verlusten muss man rechnen, wenn man nicht zu seinem Willen steht? Wer hat denn den Schaden zu tragen? Doch meistens man selbst und nicht die Ratgeber, die „es doch nur gut meinen". Ich sage Ihnen, SIE DÜRFEN UND SIE SOLLEN JEDEN AUGENBLICK IHRE MEINUNG ÄNDERN!

Seinen Willen zu ändern, gehört zum Wachstumsprozess! Doch unsere Gesellschaft zeigt denjenigen unter uns, die es wagen, ihre Meinung zu ändern, unverhohlene Brüskierung.
Es gibt einen Film, der mir persönlich besonders gut gefällt. Darin wird deutlich gezeigt, wie man der Lächerlichkeit und der Peinlichkeit von allen möglichen Menschen ausgesetzt ist, wenn man sich erlaubt, seine Meinung zu ändern, seinen freien Willen zu leben, auf seine innere Stimme zu hören. Der Film heißt „Die Braut, die sich nicht traut".

Wer sich wie ich eine Weile mit Energie beschäftigt, wird früher oder später mit dem Meditieren beginnen.

Der Ausdruck Meditation ist ein Synonym dafür, dass man sich erlaubt, eine Weile aus dem Fluss des Denkens auszusteigen, und einzutauchen in einen Raum der im Innern zu finden ist. Dort gibt es Antworten, aber auch Fragen, die man sonst nur schwer oder gar nicht zu Gesicht bekommt.

Meditation kann in Gruppen stattfinden oder allein. Die Gruppenmeditation hat meistens einen Fokus, der allen Beteiligten an der Meditation dienen soll und wirkt daher dementsprechend dynamischer und stärker für alle. Das Meditieren für sich allein hat andere Vorzüge. Die Anleitungen, die Sie hier finden, sind eher geeignet, sie allein zu praktizieren. Wenn Sie gerne Laufen, im Wald spazieren gehen oder Rad fahren, so ist das eine besonders gute Möglichkeit, den Atem gekoppelt mit der Bewegung zu nutzen, um Reinigungsmeditationen durchzuführen. Um wieder an sein Machtpotenzial anzuknüpfen, kann ich Ihnen diese Meditation ans Herz (und an den Solarplexus) legen.

Bei dieser **Übung** können Sie gut Bewegung mit einfließen lassen, Sie müssen aber nicht. Der Grundtenor ist, alle „Missbräuche" von Macht zu erkennen und loszulassen. Wenn Sie frei sind von alten Mustern und nicht mehr zeitgemäßen Paradigmen, werden Sie wieder zu neuer Kraft und neuer Ausdrucksform gelangen. Das ist Ziel dieser Meditation.

Wir beginnen immer mit der Aufmerksamkeit beim Atmen.
Sie richten Ihre Aufmerksamkeit auf Ihren Atem.
Lassen den Atem fließen, wie er will.
Sie beobachten den Atem.
Beobachten, wie er einfließt und sich beim Ausatmen im Körper verteilt.
Sie lassen den Mund so gut Sie es schaffen geschlossen und achten auch darauf, dass die Lippen sanft aufeinander liegen.

Genießen Sie Ihren Rhythmus.
Genießen Sie Ihren Atem und sein Elixier, das er Ihnen zuführt.
Nach einer Weile des Genießens lenken Sie Ihre Aufmerksamkeit zirka 18 cm über Ihren Kopf. Dort befindet sich eine energetische Öffnung. Aus dieser Öffnung spüren Sie, wie weiß-blaues strahlendes Licht über und durch Sie hindurch fließt.
Das blaue Licht strömt durch Sie und um Sie herum.
Jeder Teil Ihres ganzen Wesens wird von diesem weiß-blauen Licht durchleuchtet.
Beginnen Sie ganz systematisch, Ihren Körper mit bewusster Aufmerksamkeit und mit Hilfe des Atems zu erkunden.

Sprechen Sie gedanklich mit.

Licht fließt aus der unendlich versorgenden göttlichen Ebene in mein Gehirn.
Licht fließt aus der unendlich liebenden göttlichen Ebene in meine Stirn.
Licht fließt aus der unendlich versorgenden göttlichen Ebene in meine Zirbeldrüse.
Licht fließt aus der unendlich liebenden göttlichen Ebene in meinen Hypothalamus.
Licht fließt aus der unendlich versorgenden göttlichen Ebene in meine Nebenhöhlen.
Licht fließt aus der unendlich liebenden göttlichen Ebene in meine Nase.
Licht fließt aus der unendlich versorgenden göttlichen Ebene in meinen Mund.
Licht fließt aus der unendlich liebenden göttlichen Ebene in meinen Hals.
Licht fließt aus der unendlich versorgenden göttlichen Ebene in meine Schultern
Licht fließt aus der unendlich liebenden göttlichen Ebene in meinen linken Arm.
Licht fließt aus der unendlich versorgenden göttlichen Ebene in meine linke Hand.
Licht fließt aus der unendlich liebenden göttlichen Ebene in meinen rechten Arm.
Licht fließt aus der unendlich versorgenden göttlichen Ebene in meine rechte Hand.
Licht fließt aus der unendlich liebenden göttlichen Ebene in meinen Brustraum.
Licht fließt aus der unendlich versorgenden göttlichen Ebene in meine Lungen.
Licht fließt aus der unendlich liebenden göttlichen Ebene in mein Herz.
Licht fließt aus der unendlich versorgenden göttlichen Ebene in meinen Solarplexus.

Licht fließt aus der unendlich liebenden göttlichen Ebene in meinen Bauchraum.
Licht fließt aus der unendlich versorgenden göttlichen Ebene in meinen quer liegenden Darm.
Licht fließt aus der unendlich liebenden göttlichen Ebene in meinen Dünndarm.
Licht fließt aus der unendlich versorgenden göttlichen Ebene in meinen Dickdarm.
Licht fließt aus der unendlich liebenden göttlichen Ebene in meine linke Niere.
Licht fließt aus der unendlich versorgenden göttlichen Ebene in meine rechte Niere.
Licht fließt aus der unendlich liebenden göttlichen Ebene in meine Leber.
Licht fließt aus der unendlich versorgenden göttlichen Ebene in meine Milz.
Licht fließt aus der unendlich liebenden göttlichen Ebene in mein Geschlechtsorgan.
Licht fließt aus der unendlich versorgenden göttlichen Ebene in meinen Beckenboden.
Licht fließt aus der unendlich liebenden göttlichen Ebene in meinen rechten Oberschenkel.
Licht fließt aus der unendlich versorgenden göttlichen Ebene in mein rechtes Knie.
Licht fließt aus der unendlich liebenden göttlichen Ebene in meine rechte Wade.
Licht fließt aus der unendlich versorgenden göttlichen Ebene in meinen rechten Fuß.
Licht fließt aus der unendlich liebenden göttlichen Ebene in meinen linken Oberschenkel.
Licht fließt aus der unendlich versorgenden göttlichen Ebene in mein linkes Knie.
Licht fließt aus der unendlich liebenden göttlichen Ebene in meine linke Wade.
Licht fließt aus der unendlich versorgenden göttlichen Ebene in meinen linken Fuß.
Licht fließt aus der unendlich liebenden göttlichen Ebene durch mich in die Erde hinein.

Genießen Sie den Fluss der versorgenden und liebenden Essenz aus dem unendlich Göttlichen. Jetzt lassen Sie das Licht über sich und um sich herum fließen und sprechen gedanklich zu sich selbst:

Licht fließt aus der unendlich versorgenden und liebenden göttlichen Ebene in und durch mich. Licht fließt aus der unendlich versorgenden und liebenden göttlichen Ebene durch meinen mentalen Körper.

Licht fließt aus der unendlich versorgenden und liebenden göttlichen Ebene durch meine Gedanken – durch jeden Gedanken, den ich je hatte, den ich habe und durch jene, die ich haben werde.

Licht fließt aus der unendlich versorgenden und liebenden göttlichen Ebene durch alle meine Gefühle.

Licht fließt aus der unendlich versorgenden und liebenden göttlichen Ebene durch alle meine Gefühle, Empfindungen und Emotionen, die ich je hatte, die ich habe und jene, die ich haben werde.

Licht fließt aus der unendlich versorgenden und liebenden göttlichen Ebene durch all meine Erinnerungen.

Licht fließt aus der unendlich versorgenden und liebenden göttlichen Ebene durch alle meine Begegnungen in diesem Leben und durch alle Begegnungen, die ich haben werde.

Hier ist noch Platz für Ihre ganz persönlichen Worte.

Es hat sich als sehr hilfreich erwiesen, wenn man sich die Meditation selbst aufnimmt, um sie wenigstens die ersten Male abzuhören. Dadurch wird der übereifrige, denkende Geist beruhigt und man kann sich ganz auf den Fokus des Energieflusses konzentrieren.

Wer schon ein wenig Übung hat, mag die Worte versorgend und liebend austauschen.

Beispiel:
Licht fließt aus der unendlich reinigenden und klärenden göttlichen Ebene
Licht fließt aus der unendlich schützenden göttlichen Ebene.
Licht fließt aus der unendlich reichen göttlichen Ebene.
Licht fließt aus der unendlich segensreichen göttlichen Ebene.
Es liegt in Ihrer Macht, zu bitten und mutig zu fordern.
ABER Sie müssen auch bereit sein zu empfangen!
Der Wert und die Qualität der Macht hängen von den Eigenschaften Ihrer Empfangsbereitschaft ab.
Zu prüfen bzw. zu überdenken, sind

1. - Ihre Einstellung
   - Ihr Einfühlungsvermögen
   - Ihr Mut, Ihre Stärke und Durchsetzungskraft
   - Ihre Leichtigkeit
   - Ihre Kompetenz und Ihr Wissen
   - Ihr Selbstvertrauen

2. - Ihr Auftreten

3. - Ihr spielerisches Talent

DER ERFOLG IST IN ERSTER LINIE EINE FRAGE DER EINSTELLUNG
Ihr GEDANKEN-GUT(haben) ist Creator Ihrer EINSTELLUNG

Sie kennen Ihre Einstellung?
Zu Ihrem Beruf?
Zu Ihren Kunden?
Zu Ihren Bedürfnissen?
Zu Ihren Erwartungen?

Was heißt überhaupt Einstellung?
Und überhaupt, wen geht meine (Ihre)
Einstellung etwas an?

Auch wenn wir uns darüber im Klaren sind, dass der Beweggrund einer Handlung eine private und ganz persönliche Angelegenheit ist, so benötigen wir manchmal eine wenig Hilfe, die Wahrheit zu finden. Ihre Kunden sind maßgeblich davon abhängig, welche Gedanken Sie haben. Sie stehen mit Ihrem Kunden in einer Beziehung, und somit haben Sie Stellung bezogen.
Warum also, fragt sich der Kunde, sollte er gerade SIE als Makler wählen, wo es doch eine ganze Menge Auswahl gibt?
Und sehen Sie, da ist Ihre Einstellung schon nicht mehr privat! Hier ist ganz klar, dass jener Makler den Vorzug bekommt, der mit seinem GEDANKEN(GUT) auf einer Wellenlänge mit dem Kunden liegt. Denn es gilt immer das Gesetz der Resonanz. Gleiches verbindet sich mit Gleichem.

Sie haben sicher oft selbst schon bemerkt, dass sich Menschen mit Geld fast ausschließlich mit anderen Menschen mit Geld gut verstehen, sich mit ihnen verbünden. Oder andersherum kann man beobachten, dass sich so genannte „schlechte Menschen“ immer mit gleichartigen zusammentun.
Sportler sind gerne mit Sportlern im Gespräch.
Politiker unterhalten sich mit Menschen, die sich politisch auskennen lieber als mit anderen.
Künstler verstehen sich mit Künstlern.
Blumenliebhaber haben anregende Gespräche mit Naturfreunden.
Raucher haben untereinander fast immer eine gute Unterhaltung, hingegen reagieren Nichtraucher auf Zigaretten manchmal regelrecht aggressiv.
An diesen Beispielen kann man ansatzweise erkennen, worauf ich hinaus will.
Sie werden es niemals schaffen, es allen Menschen recht zu machen. Sie können es nur sich selbst recht machen!

Ich habe mich mit sehr vielen Menschen unterhalten und Ihre Einstellung hinterfragt. Dabei ging es generell um den Beruf und alles, was damit zu tun hat. Die meisten arbeiten wegen des Geldes!
Jetzt nehmen wir einmal visuell einen Menschen und sehen ihn in Richtung Geld stehen. Hier ist der Makler, dessen Einstellung vom Gedanken des Geldverdienens geprägt ist, und ihm gegenüber steht sein ausgesendeter Gedanke – der Mann/die Frau (Kunde) –, das Geld repräsentierend.
Ja, Tatsache ist, dass fast immer Geld die Einstellung und die Motivation ist.
Wenn wir also davon ausgehen, dass das Motiv, Geld zu verdienen, ein gutes und legitimes ist, dann frage ich mich, warum so viele so wenig davon haben. Wo doch alle wie die Wilden arbeiten. Kunden gibt es genug, Immobilien werden jeden Tag verkauft und vermietet.
Wenn die Einstellung zum Beruf reines Geldverdienen ist, so wird sich der Erfolg in Grenzen halten.

Wenn wir die Einstellung ändern wollen, so wird sich auch unsere Sichtweise und somit auch Kundenkreis zu uns ändern.

Stellen wir uns einmal vor den Kunden hin

- einfühlsam für SEINE Welt,
- mutig, stark und Durchsetzungskraft ausstrahlend,
- mit Leichtigkeit,
- kompetent und wissend
- und – mit großem Selbstvertrauen.

Was glauben Sie: Macht das einen Unterschied zu einer anderen Person, die in erster Linie da steht und sich im „Mangelbewusstsein“ präsentiert? Denn wer nur wegen des Geldes arbeitet, ist im „Mangelbewusstsein“! Und das strahlt aus! Das kann man nicht sehen, wenn die Tarnung gut ist, sprich die Kleidung elegant, die Haare perfekt sitzen usw. Aber man kann es riechen, man kann es fühlen und – man kann es nicht leiden!

Menschen, die Geld brauchen, riechen anders. Menschen, deren erste Einstellung zum Beruf im Geldverdienen liegt, haben einen Blick, der am besten mit „stechend" zu beschreiben ist.
Wenn Sie sich gefühlsmäßig auf den Kunden ausrichten, ist es wichtig, sich Zeit zu nehmen, alle Beweggründe des Kunden zu erfragen. Das könnte sein: Wo arbeitet er/sie, wo ist die Schule der Kinder, welche Bedürfnisse haben alle Beteiligten?

Ich erzähle Ihnen eine Geschichte aus meinem Leben:

Als mein Entschluss feststand, das schöne Land Tirol zu verlassen und in Wien zu wohnen, fuhr ich jedes freie Wochenende nach Wien, um mir und meinen Kindern ein passendes neues Zuhause zu suchen. Dabei hoffte ich inständig auf die Mithilfe der „professionellen" und „kompetenten" Immobilienmakler. Die Enttäuschungen und Erfahrungen, die ich dabei erleben durfte, waren Hauptgründe, warum ich später diesen Beruf für mich wählte. Ich dachte mir, dass es unbedingt notwendig sei, dass es wenigstens einen Makler (nämlich mich) in Wien braucht, der sich mit den Kunden von ganzem Herzen austauscht und wenigstens versucht, die Wünsche zu verstehen und zu akzeptieren. Bei mir war es so, dass ich zuerst einmal in der für mich fremden Stadt alle möglichen Bezirke abfuhr, um herauszufinden, wo es mir am besten gefällt. Ich fand den 18. Bezirk am anziehendsten. Daraufhin erstellte ich eine Wunschliste.
Übrigens ist es hilfreich, so eine Wunschliste im Rohentwurf als Formular auch für die suchenden Kunden zu entwerfen, damit sich diese auch klar darüber werden, was denn für sie wirklich wichtig ist und wo sie eventuell Kompromisse eingehen müssen. Schreiben Sie eine solche Blanko-Wunschliste, Sie wird Ihnen im Kundengespräch wertvolle Dienste leisten.
Um meinen Wünschen gerecht zu werden, stellte ich fest:
Die Wohnung muss drei Zimmer haben, ganz in der Nähe von Schule und Kindergarten, damit ich nicht die Kinder dorthin fahren muss, um schon den ersten morgendlichen Stress zu vermeiden. Sie sollten allein und zu Fuß hingehen können.

Dann sollte die Wohnung in unmittelbarer Nähe eines öffentlichen Verkehrsmittels sein, denn man weiß ja nie, wann das Auto mal streikt. Vor dem Haus muss (!) wenigstens ein Baum stehen. Schließlich kamen wir aus einem Land, in dem Bäume die natürlichste Sache der Welt waren. Um allzu großem Heimweh ein wenig vorzubeugen, wollte ich einen Baum vor meinem Fenster. Es durfte auch die Häuserfront gegenüber nicht zu eng an meinem Haus stehen, denn das Gefühl für Weite war und ist mir immer noch sehr wichtig.
Die finanzielle Sicht wurde auch beleuchtet und ich wollte auf keinen Fall mehr als 6.000,- (damals noch Schilling) für die Miete inkl. Heizung ausgeben.
Mit diesen Wünschen ging ich von Makler zu Makler und wurde im besten Fall belächelt. Die meisten zeigten mir unverhohlen, dass sie mich für unrealistisch , um nicht zu sagen unzurechnungsfähig hielten. Und so war ich auf mich selbst angewiesen. Denn die erfahrenen Makler hatten kein Ohr für mich. Ja, wenn ich im 10. Bezirk was suchen würde, könnten sie mir helfen, aber auch da wäre die Wahrscheinlichkeit, eine solche Mietwohnung zu finden, sehr gering. Daraufhin kaufte ich mir Woche für Woche alle Zeitungen und suchte auf eigene Faust. Und ich fand, was ich suchte. Für nur 5.500 Schilling inkl. Heizung fand ich eine Drei-Zimmer-Wohnung in der Ferrogasse. Mit einem netten Garten und Bäumen vor meinem kleinen Balkon. Die Schule und der Kindergarten am Bischof-Faber-Platz waren zu Fuß ohne Kreuzung in zwei Minuten erreichbar. Die Straßenbahn hielt an der Herbekstraße gleich in der Nähe. Keine Ablöse und nicht einmal eine Kaution wurden verlangt. Die Vermieterin war sehr nett und ich bezahlte an ihren Makler gerne die drei Monatsmieten Provision. Es stellte sich heraus, dass er die Vermietung nur als Freundschaftsdienst machte und sein eigentliches Maklergeschäft andere Prioritäten hatte. Aber er wollte mir gerne helfen, in dieses Gewerbe hineinzukommen. Ich hatte also großes Glück mit meinem Makler! Und genau das wollte ich lernen! Ich war bereit, alles zu studieren, was man wissen musste.

Mut, Stärke und Durchsetzungskraft.

Wofür braucht ein Makler Mut? Warum sollte er Stärke haben? Oder Durchsetzungsvermögen? Ja, das klingt im ersten Moment unlogisch, denn wir kämpfen nicht, wir brauchen keine Muskelkräfte und gegen wen setzen wir uns durch?

Es ist der Mut zur Wahrheit. Wahrheit kann manchmal weh tun, Verlust anzeigen, Verzicht mit sich bringen. Die Wahrheit klingt manchmal verletzend, wenn derjenige, dem man sie sagt, nicht offen dafür ist. Aber, und das ist meine feste Überzeugung, Sie als Makler müssen alle Eventualitäten in Betracht ziehen, diese berücksichtigen und danach handeln. Die Wahrheit hat nicht nur für den anderen Auswirkungen, sie ist vor allem eine Entscheidungshilfe für Sie und Ihr Leben!
Bei den beiden folgenden Ereignissen durfte ich das selbst erfahren:
Das erste Ereignis war eine ganz normale Wohnungsbesichtigung im 11. Bezirk. Die Wohnung kostete 1,2 Mio. Schilling plus Nebengebühren. Die Wohnung wurde mittels Inserat beworben, in dem stand, dass eine Anzahlung von 400.000 Schilling benötigt werde und der Rest des Kaufpreises mit einem Darlehen zurückbezahlt werden könne. Ein junges sympathisches Paar kam und war gleich ganz begeistert. Sie waren wirklich sehr jung, er 22, sie 19 Jahre. Sie war ganz offensichtlich schwanger und von Beruf Friseurin. Er verdiente sein Geld als Automechaniker. Zusammen hatten sie ein Einkommen von 18.000 Schilling. Die Eltern versprachen, einen Beitrag von 200.000 Schilling zu geben und der junge Mann hatte gute Aussichten, viel Geld am Wochenende dazu zu verdienen, wenn er sämtliche Autos seiner Freunde und Bekannten bearbeitete, unversteuert. Das würden alle tun, wurde mir versichert, und er verdiene am Wochenende sowieso mehr als im normalen Alltag. Sie jobbte auch für Freunde und Bekannte am Abend und am Wochenende. Das gehe ganz leicht und so sollte jedenfalls die Rückführung des Kredites kein Problem sein. Es schauderte mir bei dem Gedanken und ich wollte auch nicht unhöflich sein, und schon gar nicht diejenige, die diesen netten Menschen erklärte, dass sie sich auf diese Weise doch nicht ihre Zukunft verderben sollten.
Ich setzte mich mit ihnen hin und fing damit an, das schöne und wunderbare Geschenk der Eltern erst einmal in ein schlechtes Rampenlicht zu stellen. Ich sagte, dass dies die Summe sei, die die Nebenkosten ausmachen würden und eventuell noch so viel überbleibe, den Umzug zu finanzieren, aber die Kaufsumme stehe immer noch voll da und koste pro Monat etwa 7.500 Schilling Rückführung. Dazu kämen die Be-

triebskosten und die Heizkosten von weiteren zirka 500 Schilling. Die Wohnung war leer und musste eingerichtet werden, was man natürlich auch mit Kredit finanzieren müsste, so würde es bei einer fixen Belastung von zirka 8.000 bis 9.000 Schilling für die nächsten 20 Jahren bleiben. Ich erklärte ihnen, dass ein Baby auch Geld koste, selbst wenn die Eltern ab und an etwas beisteuern würden, werde es mit der Zeit nicht leichter sondern eher schwieriger. Dann würde er nicht nur am Wochenende arbeiten müssen, was wiederum zu Problemen führen würde, denn wenn sie erst einmal im Mutterschutz sei, werde sie ihn vermissen und wollen, dass er auch mal Zeit für sie und das Baby habe. Er werde aber keine Wahl haben, denn das Geld werde immer zu knapp sein. Im schlimmsten Fall gehe die Ehe kaputt. Ich empfahl den beiden, die 200.000 Schilling der Eltern in eine schöne Mietwohnung mit einer geringen Miete zu investieren und dadurch vielen Probleme aus dem Weg zu gehen. Sie versprachen, darüber nachzudenken und wir verabschiedeten uns. Ich hatte einem potenziellen Kunden nicht das gegeben, was er wollte, obwohl es sicher machbar gewesen wäre. Aber ich konnte es nicht verantworten, tatenlos zuzusehen, wie sich zwei Menschen ins Unglück stürzen, so dachte ich zumindest.

Ein Jahr später.
Mein Chef schickte mich in den 11. Bezirk, um eine Wohnung in unser Verkaufsprogramm aufzunehmen. Als ich näher kam, erinnerte ich mich an die Geschichte mit den jungen Leuten und als ich klingelte, öffneten mir genau dieselben. Ich war ganz schön baff (erstaunt auf gut Deutsch). Auch sie waren ganz verlegen, als sie mich sahen. Doch dann gaben sie mir zu verstehen, dass sie in meiner Immobilienfirma extra nach mir verlangt hätten und hofften, dass ich ihnen jetzt aus der Patsche helfe. Als ich ein Jahr zuvor die beiden allein ließ, besichtigten sie mit einer Kollegin nochmals und machten mit ihr den Kauf perfekt. Sie erzählte es mir nicht, weil sie wusste, dass es nicht in Ordnung war, mit meinen Kunden zu besichtigen

und dann die volle Provision zu behalten. Sie hätte teilen müssen Und die jungen Leute sagten nichts, denn meine Kollegin war in ihrem Element, sie organisierte Kredite und fand das alles auch in Ordnung. Sie hatte mit keinem Wort erwähnt, wie schwierig es für die beiden sein könnte und sie betrog mich um meinen Provisionsanteil.

Das ist nur ein Beispiel, was unsere Branche leider immer wieder in den Ruf bringt, unseriös zu sein. Es war genau so gekommen, wie ich dem junge Paar vorher geschildert hatte: Kein Geld, immerfort Streit und er war Tag und Nacht am Arbeiten. Und doch war es immer zu wenig. Sie würden gerne wieder verkaufen! Und sie wollten meine Hilfe dabei!

MUTIG IN PARIS

Die zweite Geschichte ist noch delikater und spielte sich in Paris ab. Ich hatte schon seit einiger Zeit meine eigene Immobiliengesellschaft und war einigermaßen erfolgreich. Sagen wir mal so, ich war zufrieden.

Eines Tages rief ein Mann mit französischem Akzent an und fragte nach mir. Er wollte nicht sagen woher er mich kennt, aber ich sei ihm empfohlen worden. Er wollte, dass ich für seinen Chef ein Kaufvolumen von 500 Mio.Schilling zusammenstelle und dann mit den Unterlagen nach Paris komme. Sie können sich vorstellen, wie überrascht ich war. Nach einigen Tagen, in denen ich mit Kollegen zusammen viel gearbeitet hatte, war es so weit, dass ich für den Kunden fündig wurde. Mit schönen Objekten, aufbereitet mit Fotos und Expertisen im Aktenkoffer, flog ich nach Paris. Aber das war schon seltsam, denn ich durfte niemandem sagen, wo ich mich mit dem Kunden treffen werde, er wollte inkognito bleiben. Nur der Mann am Telefon wusste, wohin er mich bringen würde. Sollte ich Angst haben? Ja, vielleicht. Doch die Abenteuerlust war stärker. Ein Kollege von mir machte sich mehr Sorgen um mich als ich selbst oder sonst jemand. Er gab mir Instruktionen, wie ich mich zu verhalten habe, damit er mich finde, falls was passiert. Ich bekam sein Handy, für den Fall dass man mir meines wegnehme. Es war ganz klein und passte im Blazer in die Innentasche. Er bestand darauf, dass ich ihm sofort meinen Aufenthaltsort mitteilte, sobald ich ihn selbst

kannte. Und dann erwartete er im Stundenrhythmus einen Anruf.
Ich kam also am Flughafen in Paris an und wurde von diesem Mann abgeholt, der mich immer anrief. Er war schätzungsweise 30 Jahre alt, Ägypter, sehr gepflegt und hatte wirklich extrem gute Manieren. Das Auto, das uns in die Stadt brachte, war keinesfalls protzig. Es war hässlich, ungepflegt und roch schrecklich. Mein Instinkt sagte mir, dass ich es mit jemandem zu tun bekomme, mit dem ich besser nichts zu tun haben möchte. Der erste Eindruck ist ja so wichtig! Wir hielten vor einem wunderschönen riesigen, sehr eindrucksvollen Hotel, dessen Namen ich hier aus verständlichen Gründen nicht nennen werde! Wir fuhren hoch in die oberste Etage. Dort ließ man mich warten und warten und wenn ich nicht meinem Temperament Luft gemacht hätte, würde ich heute noch warten. Endlich kam „Er", der geheimnisumwobene Kunde! Klein, schmuddelig, ja ehrlich! Er war echt schmuddelig! Roch nach, ich weiß nicht, was es war, jedenfalls fremdartig und sehr unangenehm! Er grüßte mich mit einem Blick, der gar nichts Nettes an sich hatte. Und die Zähne! Anstatt sich welche mit seinem vielen Geld machen zu lassen, behielt er seine eigenen – gelb und lückenhaft. Ich hatte einige Mühe, dem Blick stand zu halten und höflich zu bleiben. Wir unterhielten uns in Englisch. Er war hoch erfreut, dass ich ihm ein Geschenk aus „good old Vienna" mitgebracht hatte. Eine echte Wiener Sachertorte. Das passte besonders gut zu seinen Zähnen! Wie peinlich! Er überflog die Unterlagen und forderte mich auf, mit seinem Mitarbeiter, dem Ägypter, Mittagessen zu gehen, damit er die Unterlagen in Ruhe durchsehen könne. Wir sollten in drei Stunden wieder kommen.
Auf dem Weg in die Lobby kam mir ein Gedanke. Es war das erste Mal, dass ich in Paris war und wollte hier was erleben! Ich bat den Ägypter, mich zum Eiffelturm zu bringen. Er telefonierte mit dem Boss und schon waren wir im stinkenden Auto unterwegs zum Wahrzeichen von Paris. Ich war begeistert. So hat sich die Reise wenigstens privat schon mal gelohnt! Natürlich wollte ich Bilder von dem großen Ereignis „Christa in Paris" machen. Ich bat, mich zu fotografieren, und dann bat ich den Chauffeur, uns beide abzulichten. Wir fuhren zur ersten Etage hoch, da kam ein Anruf für ihn. Ach ja, habe ich schon erwähnt, dass es meistens vor dem Eiffelturm stundenlange Wartezeiten gibt? Als wir kamen, mussten wir gar nicht warten. Ich hatte also wirklich Glück. Der Anruf war ziemlich mysteriös. Der Film meines Fotoapparates wurde mir rausgenommen, denn er, der Ägypter, dürfe nicht auf meinem Film sein! Interessant, wir wurden also beobachtet!

Ich überließ ihm den Film und zwang ihn, wieder hinunter zu fahren und am Kiosk einen neuen zu kaufen, denn ich ließe es mir sicher nicht nehmen, auf dem Eiffelturm zu stehen und Fotos zu machen! Er war ganz beschämt, es wirkte echt. Ich genoss den Rest des Ausflugs und ließ mir die Laune nicht verderben.
Als wir wieder beim „500 Millionen Kunden" im Hotel waren, offenbarte er mir, dass er alle Objekte kaufen möchte, wenn ich für ihn die Geschäfte in Wien übernehmen würde. Ich sollte in seinem Namen kaufen und das Geld in bar über die Grenze bringen. In bar! Ich allein! Der spinnt doch, dachte ich mir! Wo bin ich hier gelandet?
Natürlich hatte ich in der Zwischenzeit immer wieder Kontakt mit meinem Kollegen in Wien. Er wusste, wo ich war, aber er wusste keinen Namen, so wie ich!
Ich blieb ganz cool und erklärte dem kleinen Mann, dass ich sein Vertrauen zwar schätzen würde, er aber sicher besser beraten wäre, die Geldangelegenheiten mit einem Anwalt durchzuführen. Nachdem wir eine Stunde lang diskutierten, wie man das Geld am besten nach Österreich bringen könnte, wurde mir klar, dass ich einen Weg finden musste, um hier unbeschadet raus zu kommen. Ich schlug also vor, nach Wien zurückzufliegen, um mir dort einige Wege auszudenken. Ich traute mich nicht, an Ort und Stelle eine Absage zu machen. Es schien mir sicherer, Nein zu sagen, wenn ich wieder auf Heimatboden stand.
Und so kam ich gesund und heil wieder nach Hause, beschenkt mit einer Riesenschachtel Parfum von Cartier und Fotos vom Eiffelturm. Das Geschäft haben sicher andere gemacht, ich war froh, da heil raus gekommen zu sein.

MUT – ein Immobilienmakler braucht MUT, um zu sich selbst zu stehen, um seinem Gewissen zu folgen und um NEIN sagen zu können, wenn es sich falsch anfühlt JA zu sagen.

Leichtigkeit

ist ein Begriff, der den meisten Maklern ziemlich fremd ist. Sie sind es gewöhnt, mit Druck und Stress im Alltag umzugehen. Doch gerade eine gewisse Leichtigkeit gibt dem Kunden das Gefühl von Freiheit und persönlichem

Spielraum. Den sollte man ihm unbedingt vermitteln, denn eine Umstellung und Neuorientierung im Lebensraum ist ein großer Schritt, der für ihn ganz genau stimmen und passen soll und muss. Wenn der Makler leicht und frei ist von – den meist eigenen – Druckgefühlen, dann ist es ein Geschäft zum Wohle aller Beteiligten und wird zu zufriedenen Kunden führen, die gerne wieder mit Maklern zu tun haben und auch entsprechende Empfehlungen weitergeben werden.

Wie erreicht man denn Leichtigkeit?

Leicht ist das Gegenteil von schwer. Wenn Sie sich das Leben schwer machen oder schwer machen lassen, ist es schwer, sich leicht zu geben.

Als erstes müsste man sich sein eigenes Privatleben anschauen und dort die „Schwere" auskundschaften. Das kann ein finanzieller Engpass sein, der auf das Gemüt drückt. Das kann die Familie sein, die es einem schwer macht. Das ist oft auch eine leidvolle Liebesbeziehung oder eine schwere Krankheit.

Ich kenne einen Kollegen, der sehr krank und dadurch ziemlich gehandicapt im Umgang mit Menschen ist. Er macht es sich leichter, indem er sich angewöhnt hat, die Geschäfte von seinem Zimmer zu Hause aus zu dirigieren und mit den Kollegen zusammenzuarbeiten. Jeder, den ich kenne, schätzt diesen Mann und arbeitet gerne mit ihm.

Ich kenne eine Maklerin, die ihren Mann verloren hat und dadurch in eine große Traurigkeit verfiel. Ihr Leben wurde erst dann leichter, als sie anfing, den Tod ihres Mannes zu verarbeiten und sich eine kleine Auszeit nahm. Danach wurde sie wieder so erfolgreich, wie sie es vorher schon gewesen war. Man muss auch erkennen, wann man sich Zeit für sich selbst nehmen muss, um Kraft zu tanken und wieder frohen Mutes an die Arbeit zu gehen.

Finanzielle Schwierigkeiten beim Makler führen oft zum Druckausüben auf den Kunden. Dieser merkt das unbewusst und reagiert mit Abneigung. Lassen Sie Ihre Sorgen bei jeder Besichtigung, bei jedem Termin außen vor und bleiben Sie locker. Jeder Termin bringt eine Erfahrung mit sich, die sich manchmal erst im Nachhinein als positiv herausstellt.

Wie heißt es so schön: Wenn eine Türe zugeht, öffnet sich eine andere – meist bessere!

Es gibt auch eine gute **Übung für Leichtigkeit**:

Jeden Morgen vor Beginn des Arbeitstages einige Minuten bewusstes Atmen.
Ich atme Leichtigkeit ein – bis drei zählen beim Einatmen.
Ich bin leicht – Atem anhalten, bis drei zählen.
Ich atme Leichtigkeit aus – bis drei zählen und spüren,
wie der Atem sich im Körper verteilt.
Ich bleibe leicht – Atem anhalten – bis drei zählen.

Diese Übung geht leicht auch zwischendurch, z.B. wenn Sie versucht sind, sich über eine Verspätung von jemandem zu ärgern. Bleiben Sie in jeder Situation locker! Es wird sich als sehr erleichternd erweisen!

Beim Vermitteln ist es auch der Vermittlungsauftrag, der Ihnen dabei helfen kann, leicht und locker an die Aufgabe heranzugehen, die von Ihnen erwartet wird.
Erklären Sie Ihrem Kunden, wie wichtig es ist, einen Auftrag zu haben. Warum das wichtig ist und dass der Auftrag auch ihn als Vermieter oder Verkäufer schützt. Die meisten Kunden denken, dass sie über ihr eigenes Objekt besser Bescheid wissen, dass nur sie Auskunft geben können. Es liegt an Ihnen zu erläutern, wie Ihre Neutralität, Ihr Wissen, Ihre Kompetenz und Ihre ganze Persönlichkeit ausschlaggebend für den Erfolg sind! Und dazu brauchen Sie einen Auftrag! Je genauer Sie mit der Bestandsaufnahme sind, umso größer sind die Chancen, schnell und erfreulich für alle Beteiligten zu handeln.

Kompetenz und Wissen

Kompetenz und Wissen stellt sich heraus, wenn Sie ungefragt Antworten geben, alle Themen von Vornherein bei einem Termin erörtern. Lassen Sie sich nicht alles aus der Nase ziehen, helfen Sie Ihrem Kunden mit dem, was Sie erkundet haben und dem, was Sie gelernt haben.
Zögern Sie niemals!
Zugeben, dass sie etwas nicht wissen, ist keine Schande. Nur dumme Menschen geben vor, alles zu wissen. Doch alles lässt sich finden! Alles lässt sich erkunden!
Sie sind derjenige, der vermittelt. Das bedeutet, Sie müssen Diplomatie walten lassen. Jedoch ist auch zu bedenken, dass zu viele Worte ein Zeichen von Unsicherheit sind.
Ihre Worte müssen besonnen und wohl überlegt sein!

Selbst-Vertrauen

Eine ganze Industrie lebt vom geringen Selbstvertrauen der Menschen. Und eine andere Industrie lebt davon, das angesammelte Momentum von Selbstvertrauen so schnell wie möglich wieder zu eliminieren. Selbstvertrauen zu haben, ist ein Gut, das oftmals mit dem Ausspielen von Macht verwechselt wird. Es macht einen großen Unterschied, ob jemand seine Position erkennt und ausnützt oder jemand seinen Wert erkennt und diesen lebt.

Selbstvertrauen – sich selbst vertrauen – vertrauen – trauen

Dieses Wort in Einzelteile zerlegt hat schon seinen Reiz.

Selbst

Wer oder was ist dieses Selbst? Interessant ist möglicherweise auch, dass das Selbst weder weiblich noch männlich ist. Es ist quasi androgyn. Also ist das, worauf wir hier bauen sollen, gar nicht ich oder Sie, denn es ist etwas anderes – es ist ES. Und auf dieses ES sollten wir nun vertrauen? Na, da braucht es aber schon Mut, um auf ein ES zu vertrauen, das wir ja eigentlich gar nicht

kennen und was noch schlimmer ist, das wir nicht verurteilen (auch nicht teilen) können und es ist weder eine Frau noch ein Mann.
Da haben wir auch nicht mehr die Ausrede, dass man den Genen zuschreiben kann, zu wenig von dem oder dem Elternteil bekommen zu haben. Es ist ES und hat damit gar nichts zu tun!
Über das SELBST nachzudenken, lohnt sich. Da kann man eine ganz schöne Weile damit verbringen. Das Ziel, das hier verfolgt wird, Sie damit zu konfrontieren, dass das SELBST-Vertrauen keinesfalls so SELBST-verständlich ist wie man meinen könnte.

Vertrauen

Teilen wir in ver und trauen. Fangen wir mit dem ver an.
Kennen Sie Wörter, die mit ver anfangen?

vergeben
verzeihen
verhandeln
versuchen
verlieben
usw.

Darauf folgen fertige Ist-Zustände wie

verlobt
verheiratet
vergeben

Sie sehen, dass vergeben hier zwei Mal angeführt ist. Das „ver“ steht meistens für eine Tat, eine Handlung. Es steht vor der Tat und dann nach der Tat. Vergeben ist eine Handlung. Bedenken Sie, auch eine geistige Handlung kann einen Tatbestand herbeiführen!
Wenn man aber sagt,

- ich bin verkorkst.
- ich bin veranlagt.
- ich bin verkauft.

beschreibt man einen „Tat"-Bestand, der schon stattgefunden hat und noch besteht.
Warum ist mir so wichtig, Ihnen dieses SELBST-VER-TRAUEN auseinander zu klauben? Es geht bei Energiearbeit auch sehr stark darum, was Sie sagen, denn Worte sind das stärkste Instrument, das Sie und alle anderen anwenden. Worte sind die ausgesprochene Energie, die sich auf Grund der vorangegangenen Gedanken manifestiert hat. Dies wird auch wissenschaftlich bestätigt.

Und um hier das SELBST-VER-TRAUEN zu finden, wird es notwendig sein, auch das gleiche SELBST-VER-TRAUEN von Ihrem Kunden zu erkunden.
Es wird von Ihnen ERWARTET, dass Sie nur so strotzen vor „Selbstvertrauen".
Ihr Kunde muss sich sicher sein, dass Sie genau wissen, was Sie tun, wann Sie es tun, wie Sie es tun warum Sie es tun und mit wem Sie es tun ...
Es tun! ES TUN! E s t u n !

Aber Ihr Selbstvertrauen ist davon abhängig, wie gut Sie sich selbst kennen und wie gut Sie Ihr SELBST im Leben und Wirken des anderen integrieren können.

Das Auftreten

Seien Sie Sie selbst. Das ist der beste Rat, den ich zu geben vermag. Es gibt unzählige Coachings über dieses Thema. Besuchen Sie einen, kennen Sie alle. Man wird Ihnen viele gute Tipps geben, die umzusetzen meistens einen Persönlichkeitsverlust mit sich bringen. Trotzdem kann man viel lernen. ABER, ich bleibe bei meiner Meinung, seien Sie Sie selbst. Nehmen wir die Kleidung. Sagen Sie ehrlich: Ist es Ihr Geschmack, den Sie auf Ihrer Haut tragen oder ist es der von Werbung oder vom Establishment geprägten Gesellschaft? Nur wenn Sie erkennen, dass Sie unverwechselbar sind in Ihrem Outfit, werden sie auch unverwechselbare Erfolge erzielen. Oder Ihre Sprache: Wie drücken Sie sich aus? So gekünstelt und verschnörkelt, wie man es in den Trainings beigebracht bekommt oder ist es Ihre Art, so zu sprechen?
Gott, ich war in den ersten Monaten in Wien ein solches „Landei". Mein erster Auftritt bei meiner ersten Firma war ein regelrechtes Desaster, eigentlich eine richtige Lachnummer. Heute weiß ich, dass es gerade meine manchmal ein bisschen direkte Art ist, die die Menschen an mir mögen. Als ich in dieser Firma

begann, arbeitete ich etwa zwölf Stunden täglich. Ich lernte und war unglaublich fleißig. Bei jedem Termin entschied ich mich aufs Neue, mein Bestes zu geben. Resultat war, dass ich sehr, sehr viele Alleinvermittlungsaufträge schrieb. Warum wohl? Das kann ich Ihnen verraten. Ich tat nie so, als ob ich jemand anderer wäre. Ich ließ den Menschen, die ich traf, Ihre eigene Meinung, unterhielt mich gerne und ausführlich mit allen über ihre Sorgen und über ihre Wünsche. Zu Hilfe kam mir, dass mir durch meine unkonventionelle Art und der Tatsache, dass ich aus dem „heiligen" Land Tirol kam, die Leute vertrauten.

Nach einigen Wochen in der Firma wurde ich vom Personalchef vor versammelter Mannschaft zur Rede gestellt. Er sagte Folgendes: „Liebe gnädige Frau, könnten Sie wohl so nett sein und sich endlich der deutschen Sprache bemächtigen? Dieser Tiroler Dialekt ist ja furchtbar!" Ich war so peinlich berührt, dass ich aus dem Zimmer lief, mich im Klo versteckte und hoffte, dass mich niemals mehr jemand ansah. Können Sie sich vorstellen, wie es ist, wenn man aus einfachen ländlichen Verhältnissen in eine Großstadt kommt und keine Ahnung hat, wie man das alles schaffen soll? Ich hatte mir solche Mühe gegeben und nun das! Ich war am Boden zerstört. Wie soll ich es bloß anstellen, dass ich hier Anerkennung finde, mit einer Sprache, die eigentlich einen Dolmetscher gebraucht hätte?
Nach sehr langer Zeit schlich ich mich aus dem „stillen Örtchen" und fuhr nach Hause. Am nächsten Tag war ich wieder die alte (Christa). Gleich am Morgen verlangte ich ein Gespräch mit dem Chef. Diesem zeigte ich meine Aufzeichnungen über die bereits getätigten Geschäfte und die, die ich bereits als Vertrag eingeholt hatte, die nur noch verkauft werden müssen. Und es waren viele! Nun fragte ich ihn neben dem Personalchef, ob es ihm lieber sei, dass ich eine erfolgreiche Maklerin bei der Konkurrenz werde oder ob er eine Tirolerin mit Dialekt behalten wolle. Ich blieb!

Seien Sie Sie selbst und treten Sie auf, wie Sie sind!

Spielerisches Talent

Das mit dem Spielen ist eine ganz heikle Sache. Spielt man gerade bei einem Spiel mit, das man besser lassen sollte oder spielt man mit dem Feuer ...

Ich bin Steinbock im Sternzeichen und Steinböcke spielen nicht. Sie gewinnen immer, auch ohne zu spielen. Steinböcke sind pingelig genau, Arbeit ist ihr Leben, und sie nehmen alles tierisch ernst. Für raffinierte Nuancen ist da wenig Spielraum. Das kann ich bis heute noch nicht. Small Talk oder so etwas ist mir ein Gräuel. Ich bringe die Dinge auf den Punkt, rede nicht lange drum herum. Ob das gut ist? Na ja, ich weiß nicht so recht. Meistens jedenfalls! Dass ich mich für die Belange der Menschen interessiere und ihnen gerne zuhöre, ist mir wichtig und keinesfalls gespielt, aber wenn ich auf gesellschaftlichen Empfängen so tun muss, als ob ich mich für Politik, Mode und Gott behüte für Sport interessiere, dann brauche ich schon einen guten Grund, um das durchzustehen. Um eines klar zu stellen, ich kenne viele Politiker und auch Sportler. Sie haben alle meine höchste Bewunderung, denn ich finde, jeder ist auf seine Weise einzigartig. Am meisten Mitgefühl empfinde ich für die Spitzensportler, die aus irgendeinem Grund nicht auf dem Siegerpodest stehen. Denn ich finde, dass alle, die wir im Fernsehen so gespannt beobachten, unsere Bewunderung verdienen würden. Jeder Einzelne! Doch es wird uns so moderiert, dass wir Partei ergreifen. Und das entzieht uns Energie! Wussten Sie das?

Bei diesen Themen werde ich also oft zur Spielerin. Es ist nun mal so, dass diese Themen für viele Menschen Wichtigkeit haben, und Sport oder Politik aus unserem Leben schwerlich wegzudenken sind. Also spiele ich mit, so gut ich kann.

Wo spielen Sie in Ihrem Leben? Wo stellen Sie sich hin und sind Darsteller in einem Szenario, das ganz und gar außerhalb Ihrer Lebensphilosophie liegt? Im Immobilienberuf ist es ständig notwendig, über etwas Bescheid zu wissen, von dem Sie wenig oder gar keine Überzeugung haben. Doch es ist wichtig, die verschiedensten Interessen zu kennen. Ich sage Ihnen warum: Jeder Kunde, und ich meine wirklich jeder Kunde, hat das Recht, in seinem Leben das zu verehren, was ihm wichtig ist.

Und sei es noch so abgefahren, sei es noch so abwegig, sei es noch so spanisch. Wenn Sie dazu einen spielerischen Zugang haben, wird es Sie nicht belasten, wenn Sie aber anfangen, es zu bewerten, zieht es Sie runter. Um Ihrem Klienten ein wirklich guter Makler zu sein, ist es unumgänglich, auch vor dem Respekt zu haben, was ihn bewegt. Wenn Sie es spielerisch angehen, ist es eine Bühne, auf der Sie agieren. Wenn Sie gut sind, werden Sie tosenden Applaus ernten.
Wenn Sie aber heucheln, wird die Vorstellung für alle Beteiligten zu einer unangenehmen Erfahrung. Können Sie den Unterschied erkennen? Hier möchte ich Sie ermuntern, mehr Erfolg zu erzielen, indem Sie absichtlich dazu bereit sind, in bestimmten Fällen eine Bühnenaufführung zu erlernen, zu spielen und dann wieder zu Ihrem Leben zurückzugehen.
Es ist sicher ein heikles Thema und ich gestehe, ich habe lange mit mir gehadert, dies hier aufzugreifen. Doch es geht um Energien in diesem Buch. Und ich finde es wichtig!

Wenn wir uns im Immobiliengeschäft umsehen, dann sind wir relativ oft mit Energien und Schwingungen konfrontiert, die sagen wir mal mit unschönen Dingen und Situationen zu tun haben. Da gibt es Scheidungen, in denen wir mitten drin stehen, da gibt es Konkurse, die wir miterleben, da gibt es schwierige Schlichtungsverfahren, die wir mitansehen usw.

Wenn sich eine Person mit diesen Problemen herumschlagen muss und Sie dabei Partei ergreifen, sind Sie energetisch mit eingebunden. Um das zu verhindern, ist es hilfreich, sich unparteiisch zu verhalten. Das wiederum ist selten möglich. Aus diesem Grund kann es Ihnen helfen zu erlernen, sich als Darsteller zu beobachten und in der Beobachterrolle so lange zu verharren, bis das Theater den letzten Vorhang fallen lässt. Versuchen Sie es einmal und Sie werden feststellen, dass Sie abends viel mehr Energie haben oder für Ihren Sport mehr Ausdauer mitbringen. Denn diese Energie wird Ihnen nicht mehr entzogen durch die Menschen, die Sie so unglaublich gut beraten und für die Sie so erfolgreich die Immobilien vermitteln!

Seien Sie ein „Schau“spieler – das heißt schauen Sie sich zu. Seien Sie Schauspieler und Zuschauer in einer Person. Je mehr Sie aufhören, sich mit den Problemen anderer zu identifizieren, umso mehr Energie bleibt für Sie selbst übrig. Ein unendlich großer

Gewinn für Sie! Die dadurch frei gewordene Energiekapazität können Sie für noch mehr Geschäft oder für ein freudvolles Privatleben einsetzen.

Es wird ein wenig Übung brauchen, aber es lohnt sich, daran zu arbeiten. Ganz zu schweigen davon, dass jemand, der sich nicht so leicht „einbinden" (was auch mit „einsperren" verglichen werden kann) lässt, ein kompetenterer Seher und Wissender ist. Logisch, wenn er nicht mitten drinnen steckt in der Soße der Emotionen. Sie werden jetzt einwenden, dass Sie sich sowieso nicht ins Privatleben Ihres Kunden einmischen und von daher außen vor sind. Gerade das versuche ich hier in ein differenziertes Licht zu rücken. Es geht eben darum, mehr und intensiver am Leben des Kunden teilzunehmen. Trotzdem müssen Sie Distanz genug haben, um das Geschäft vorurteilsfrei abzuwickeln. Die Distanz wird aber von den Menschen als, sagen wir mal, unangenehm empfunden, oft auch als Desinteresse ausgelegt. Wenn Sie aber lernen, sich als Schauspieler ganz und gar einzulassen, dann gehen Sie mit der Energie anders um. Der Kunde nimmt Sie anders wahr. Warum glauben Sie, gibt es Kinofilme, die zu Tränen rühren oder uns nachdenklich stimmen, uns zornig und aggressiv machen? Man möchte meinen, das sind doch nur Schauspieler, es ist nur ein Film.

Als ich das erste Mal den „Exorzisten" gesehen habe, konnte ich wochenlang nicht schlafen, so sehr regte er mich auf. Dabei ist das, was wir im Kino ansehen, nur Fantasie oder?

Seien sie bei Ihrem nächsten Auftrag ein echt guter Schauspieler.
Die Gage hängt von Ihnen ab! Hollywood lässt grüßen!

Aber: Wer braucht Hollywood ...

GELD

Zeit ist Geld, das ist das Motto von heute.
Und was machen wir mit der Zeit, die so kostbar ist?

An dieser Stelle des Buches will ich Ihnen erzählen, wie ich meine Zeit und mein Geld investiert habe. Möglicherweise ist auch eine Erzählung, auf die Sie verzichten können, aber ich denke Sie haben schon viel von meinem Leben gelesen und so sollten Sie auch von meiner weiteren Entwicklung wissen, nachdem ich in Wien ankam und was ich dann aus den Jahren gemacht habe.
1986 kam ich also in Wien an. Meine Kinder kamen in die Schule und ich begann in einer Immobilienkanzlei zu arbeiten. 40 Mitarbeiter und viel zu tun. Ich arbeitete von früh bis spät in die Nacht. Dafür musste ich mich von den Kollegen immer wieder hänseln lassen – über meinen Dialekt und über meine konservative Kleidung. Es passte so gar nicht in das üblich Yuppie-Gehabe und das gefragte stark dekolletierte Frauenbild. Schon bald stellte ich fest, dass es den meisten immer nur darum ging, Provisionen zu kassieren, um anschließend Party zu feiern. Nicht allen, aber fast allen.
Ich wollte nur für die Kinder sorgen und meinen Lebensunterhalt sichern. Bald hatte ich einen Autounfall, der mich in finanzielle Schwierigkeiten brachte. Doch auch das ging vorbei. Dann musste ich an beiden Füßen operiert werden. Als ich da so im Krankenhaus lag, wurde mir klar, dass ich auch nicht besser war als jene, von denen ich mich immer wieder klein kriegen ließ. Da bekam ich das erste Mal das Angebot von einem Freund aus Tirol, einem Rechtsanwalt, der mir anbot, eine eigene Firma zu gründen. Ich lehnte ab und fing nach meiner Genesung fürs Erste in einer anderen Firma zu arbeiten an. Dort war es ruhiger und gemütlicher. Man ließ mich sein, wie ich bin.
Ein paar Monate später verletzte sich mein Sohn Werner an beiden Armen. Jeder Arm war zwei Mal gebrochen. Ich musste bei ihm zu Hause sein, um ihn zu versorgen. Da nahm ich dann das Angebot des Anwalts an. Er half mir, indem er die Firma gründete. Ich ließ mich dazu verleiten,

während der Wartezeit auf die Genehmigung der Gewerbebehörde eine Wohnung zu vermitteln. Was natürlich von der ersten Firma entdeckt wurde und ich daraufhin mit einer Klage wegen unlauteren Wettbewerbs zu rechnen hatte. Sie wollten darauf verzichten, wenn ich ihnen 50.000 Schilling bezahlen würde. Sie waren immer noch wütend, dass ich die Firma verlassen hatte, denn schließlich war ich die schlecht gekleidete Top Nummer 1 im Team mit sage und schreibe bis zu 40 Alleinvermittlungsaufträgen in der Woche! So jemanden hatten sie nie vorher und wohl auch nach mir nicht.

Anscheinend wurde ich beobachtet, denn wer sonst wäre wohl wegen einer einzigen Wohnungsvermittlung auf die Idee gekommen, mir was anzuhaben. Okay, ich wusste, dass es falsch war, aber die Zeit vom Antrag bis zur Konzessionserteilung war sieben lange Monate und ich musste ja von etwas leben. Als ich bei anderen Firmen anfragte, ob sie mir Arbeit geben, wollte niemand, dass ich nur für ein paar Monate bleibe, um dann selbstständig zu werden. Und ich, naiv wie ich nun mal war (oder bin?), habe von Vornherein immer die Wahrheit gesagt.
Ich bezahlte also die hart ersparten 50.000 Schilling und musste unterschreiben, dass ich keinen Finger rührte, bis ich es offiziell durfte. Doch dann war mein erstes Geschäft ein echter Glückstreffer. Ein Schwede kam nach Wien. Er war ein Klient meines Anwalts. Das hätten Sie erleben sollen. Sogar für einen fantasievollen Menschen wie mich war das ein Erlebnis erster Sahne. Der Mann saß auf dem Rücksitz meines BMW und bewunderte ein Haus nach dem anderen, bis er plötzlich ganz außer sich auf ein Jugendstil-Zinshaus in der Wienzeile zeigte und sagte, er wolle das unbedingt kaufen. Wir gingen in den Flur und fanden auf dem schwarzen Brett die Adresse der Hausverwaltung, riefen dort an, und eine Stunde später saßen wir beim Notar. Dort gab es einen speziellen Zwischenfall. Plötzlich wollten alle Provision haben. Vier Makler, und es gab nur drei Prozent vom Käufer! Das Geschäft drohte zu platzen! Oder doch nicht? Ich entsann mich meiner Aufgabe und nahm mir eine kleine Auszeit (auf dem Klo!). Dort, an diesem heiligen Ort, ging ich in mich, wurde ganz still und sagte (in Gedanken natürlich): „Bitte Herr, hilf uns! Möge das Beste für alle Beteiligten geschehen!“ „Möge das Beste für alle Beteiligten geschehen!“ „Möge das Beste für alle Beteiligten geschehen!“ Das wiederholte ich eine ganze Weile und blieb

dabei aufrichtig und offen in meinem Herzen. Es ist ein klares Gefühl, das man bei solchen so genannten Anrufungen bekommt. Und man weiß auch genau, wann es Zeit ist, aufzuhören und den Dingen ihren Lauf zu lassen.
Ich ging wieder zurück zu den anderen und wie aus heiterem Himmel fragte mich der Kunde, was denn nun noch zu tun wäre und warum alle so aufgeregt seien. Ich erklärte ihm, dass wir durch den Kauf des Hauses mit anderen Kollegen die Provision teilen müssten und dass es da noch Unstimmigkeiten gäbe, denn jeder glaubte, dass ihm mehr vom „Kuchen" zustehe. Da lachte er und beendete die Situation mit einem Satz: „Ich bezahle 6 % Provision! Das müsste dann wohl ausreichen für alle, oder?!"

Es geschah „das Beste" zum Wohle aller Beteiligten! Alle waren glücklich und zufrieden. So, jetzt hatte ich Geld und zwar viel Geld! Was machte ich nun damit?
Zeit ist Geld.
Also investiere ich in Zeit?
Was tut man mit Zeit?
Ich kam zum Entschluss, das Geld in meine Ausbildung(szeit) zu investieren.
Von da an machte ich Ausbildungen zum Energetiker, Radiästhetiker, Geomant, zur Feng-Shui-Expertin. Ich lernte viel über Astrologie, Numerologie und die Zahlenkabbala, Farben und die Harmonielehre von Aura Soma. Um auch dem physischen Körper meiner Kunden etwas Gutes zu tun, erlernte ich die Methode von Dorn und Breuss, Samvahan, die Lehre des Schwingens im Klang nach indischer Tradition, das Sprechen von Mantren und eine Ausbildung für Geistiges/Mentales Heilen. Mein vieles Geld in die Zeit der Ausbildung zu stecken, war für mich zu diesem Zeitpunkt die beste und wertvollste Investition. Was ich lernte, und ich auf den verschiedensten Reisen erlebte und wen ich kennen lernen durfte, hat mein Leben auf großartige Weise bereichert.
Nach nur zehn Jahren entwickelte ich durch die Gabe, die ich in diese Welt mitbrachte, und die vielen erlernten Methoden eine zusammenfassende Energiearbeit, die ich persönlich
s p a c e - clearing© nenne.

**Geld ist Energie.
Energie folgt der
Aufmerksamkeit.**

Auf was ist Ihre Aufmerksamkeit gerichtet?
Ist es die Sorge oder ist es die Freude, an der Sie arbeiten?
Das Geld ... ist es immer zu wenig oder ist es gerade ausreichend?
Wenn Sie etwas wirklich haben wollen, ich meine aus tiefstem Herzen, wo ist Ihre Aufmerksamkeit? Denken Sie dann unentwegt an Ihren Wunsch oder denken Sie, dass das Geld dafür nicht reicht?

Auch hier möchte ich Ihnen eine wahre Begebenheit erzählen.
Ich war auf einem Zwei-Tage-Kongress in München bei einem indischen Meister. Er ist spezialisiert auf Heilen mit Mantren. Es fühlte sich richtig an, dorthin zu fahren, denn ich hatte kurz zuvor eine Unterweisung in Samvahan, das auch aus dem Indischen kommt. Ich wollte mehr darüber erfahren. Alles lief wie am Schnürchen. Es gab ein schönes Zimmer gleich neben dem Kongresszentrum für mich, das Wetter war wunderschön, der Platz, den ich zugewiesen bekam, war in der ersten Reihe. Ich sah Swami zum ersten Mal und wusste nur, dass er mit „Worten“ heilen konnte.
Die Begegnung mit ihm war überwältigend. Ich spürte am ganzen Körper eine Erleichterung und ein angenehmes Kribbeln, als er zu uns allen sprach. Die Stunden flogen nur so dahin. Die Uhr schien anders zu ticken. Er sprach die Einladung aus, seinen Ashram in Penukonda für einen Monat zu besuchen. Er wollte nur Ärzte und Heiler mit seiner Methode vertraut machen. Ich wäre da gerne dabei gewesen, aber gerade da hatte ich die Mittel nicht. Ich fuhr nach Hause, ohne Bedauern, ohne Wehmut, dass ich es mir nicht leisten könnte. Meine Gedanken waren eher: Wenn es mir bestimmt ist, ein solches Seminar zu besuchen, dann wird es schon so sein! Und ja, ich möchte das machen! Wie? Ich vertraue darauf, dass das Richtige geschieht.

Als ich wieder in Wien war, bekam ich nach zwei Tagen einen Anruf von einer Bekannten, dass ihre Mutter ein Grundstück geerbt habe. Sie fragte, ob ich für ihre Familie das Erbstück verkaufen könnte. Einen Tag später machte ich einen Termin und bekam einen Alleinvermittlungsauftrag. Auf dem Grund war ein kleines Haus, in dem ein riesiges Klavier stand. Das Ding war so monströs, dass ich Bedenken hatte, die Interessenten könnten sich an ihm stoßen. Außerdem wirkte es kaputt. Ich fragte, was damit geschehen solle. Da es niemand haben wollte, kam mir der Gedanke, einen meiner ältesten Stammkunden zu bitten, dieses Musikinstrument zu entsorgen. Vielleicht kann man ja noch etwas davon wiederverwerten. Ist doch möglich! So wäre allen gedient. Am nächsten Tag auf der Fahrt ins Yogastudio rief ich den Mann an und erzählte ihm von dem Haus und dem Klavier. Er war Feuer und Flamme. Wieso? Naja, er kannte das Grundstück, das Haus, die verstorbenen Besitzer, das Klavier, das er sehr oft gestimmt hatte, und er wollte das kleine Anwesen unbedingt haben.

Normalerweise reagiere ich auf großes Interesse mit Spontaneität. Aber an diesem Tag war ich nicht aus der Ruhe zu bringen. Ich wollte zum Yoga, anschließend essen und ruhen. Dann, und erst dann könne besichtigt werden. Der gute Mann fasste sich in Geduld und wir verabredeten uns für 14 Uhr.

Im Nachhinein betrachtet finde ich es immer noch recht amüsant, dass ich meine Bedürfnisse in den Vordergrund gestellt hatte. Als ich nach Hause kam, war mein Sohn da und wollte unbedingt zu diesem Termin mitkommen. So kamen wir also zu zweit dort an. Der Kunde, der eigentlich nur das Klavier entsorgen sollte, wartete bereits ganz aufgewühlt. Er ging schnurstracks in die Küche und wollte sofort das Anbot unterschreiben. Okay, dachte ich, jetzt setze ich dem Ganzen noch eins drauf. Ich sagte ihm, dass ich eine Anzahlung von 10 Prozent bis zum nächsten Tag von ihm haben möchte. (Dazu hatte ich selbstverständlich die schriftliche Erlaubnis der Eigentümer.) Er lachte, griff in die Sakkotasche und zauberte drei Umschläge hervor. Dann schickte er höflich meinen Sohn hinaus. Wir müssten jetzt noch etwas Finanzielles klären, war sein Einstieg in das wohl interessanteste Gespräch, das ich je mit einem Kunden führen sollte. Zuerst gab er mir die Anzahlung. Dann meinte er, wir müssten über die Provision reden ... Ich begann sofort mit Erklärungen, dass der Preis ausgesprochen fair sei, dass ich einen nie enden wollenden Alleinvermittler habe usw. Er lächelte und übergab mir das zweite Kuvert. Es enthielt die volle Provision zuzüglich der gesetzlichen Mehrwertsteuer. Und dann gab er mir das dritte Kuvert mit einer Aussage, die mich heute noch sehr stark berührt.

„In diesem Kuvert ist ein Geschenk für SIE, und nur für SIE! Es darf nicht zum Auffüllen der Kasse verwendet werden! Es darf auch nicht für die Kinder verwendet werden! Ich kenne Sie nun schon so viele Jahre und ich war immer sehr zufrieden mit Ihrer Arbeit. Ich gebe Ihnen dies, damit Sie es für sich verwenden. Sie sollten sich damit einen Wunsch erfüllen, den Sie sich sonst nicht erfüllen könnten! Und ich möchte, dass Sie erst zu Hause allein nachsehen!“

Ich flog nach Indien!

Mit Gedanken können Sie alles verändern. Ihre Welt entsteht in Ihrem Kopf!

Geld ist ein Tauschmittel!

Als die Menschen noch keine Münzen und Scheine zum Zahlen hatten, tauschten sie untereinander das aus, was für beide Beteiligten am stimmigsten war. Heutzutage sehr überholt, wo es doch Kreditkarten gibt. Aber nichtsdestotrotz ist Geld ein Tauschmittel. Und leider ist es oft so, dass der Tausch alles andere als stimmig ist.

Wenn Sie also Geld für eine bestimmte Sache ausgeben, dann erwarten Sie dafür eine angemessene Gegenleistung oder eine Ware, die dem Wert des Geldbetrages entspricht, den Sie dafür hergeben. Aber ist das immer so? Und wie gehen Sie damit um?

Es liegt mir fern, jemanden persönlich anzugreifen, doch für ein Beispiel nehme ich einmal das heraus, was mir persönlich am wenigsten stimmig erscheint. Bankgeschäfte. Die Bank lebt von dem was wir verdienen, meistens hart verdienen. Davon kaufen sie riesige und man muss schon sagen ausgesprochen schöne Gebäude, in denen sie uns mit großer Unverfrorenheit ihre so genannte Dienstleitung anbieten. Jeder, der eine Bank betritt, weiß, dass dort das Geben und Nehmen absolut nicht im Einklang ist. Und doch halten sich alle brav an die Spielregeln, die die Bank vorgibt. Und wie gehen die meisten damit um? Sie ignorieren ihr Bauchgefühl und spielen weiter.

Die aufgestauten Gefühle, die man auch als Wut bezeichnen könnte, werden unterdrückt und wenn sie mal hochkommen, wird ein bisschen gezetert, geschimpft, oder was noch schlimmer ist, man redet sich ein, dass es richtig gut angelegt ist – Ihr Geld. In IHRER Bank!
Es gibt einen Spruch, der besagt: „Wenn Du Geld brauchst, überfalle keine Bank, gründe eine Bank!“ Ich will das Banksystem nicht angreifen, das wäre mir zu einfach, ich möchte Sie nur gerne, wenn wir schon von Geld reden, darauf aufmerksam machen, dass Geld Energie ist, die gleichmäßig und harmonisch verteilt eine wunderbare Sache sein kann. Und dass Geld mit Geben und Nehmen zu tun hat.
Wer mit Geld in Berührung kommt, hat meistens ein Problem damit. Es ist fast immer zu wenig! Warum das so ist, stellt sich mir relativ einfach dar. Wir werden rund um die Uhr mit Konsumartikeln konfrontiert, die wir eigentlich überhaupt nicht brauchen. Sie werden uns auf sehr schmackhafte Weise und mit bunten Bildern vor Augen geführt, sodass wir mit der Zeit kaum noch schlafen können, ohne Fernseher, ohne Internet, ohne Handy unter dem Kopfpolster usw. Da hat mir der Gedanke mit dem Sparstrumpf voll Geld unter dem Polster schon ein bisschen besser gefallen. Was tun wir mit dem hart verdienten Geld? Wir schmeißen es mit vollen Händen zum Fenster raus. Und warum tun wir das?
Weil wir meistens gar nicht darüber nachdenken, und weil wir dadurch das Gefühl suggeriert bekommen, „glücklicher“ zu sein. Ich bin ganz und gar für den Luxus, und ich bin auch eine Freundin von Fernsehen, schnellen und schönen Autos ... aber um glücklich zu sein, brauche ich das alles nicht. Ich finde, dass Geld dazu dienen sollte, ein wenig Glück zu verbreiten. Ich finde auch, dass wir wieder den Unterschied erfühlen lernen sollten, ob das Geld uns dient oder ob wir Diener des Geldes sind.

Es gibt **ein paar Regeln aus dem Feng Shui und auch aus der Numerologie**, die dazu beitragen, ein Gefühl für Geld zu bekommen. Lassen Sie uns doch einmal einen Blick in Ihre Geldtasche werfen:

1. Farbe: Sie sollte rot sein (was bei Herren ein bisschen komisch aussieht). Wenn sie nicht rot ist, gebe ich in die Geldtasche eine rote Karte (das könnte z. B. ein Bild vom Symbol Geben und Nehmen sein oder ein laminiertes Blatt mit IHRER Affirmation drauf) – wenn nicht rot, dann grün oder schwarz! Violett ist die Farbe der Wandlung, rosa die Farbe der Harmonie, gelb die des Geistes (in diesem Fall des Denkens) und blau die Farbe des Schutzes. Warum Sie diese Farben eher nicht nutzen sollten, hängt mit dem Unterbewussten zusammen. Wenn Sie angenommen eine blaue Geldtasche bevorzugen, programmieren Sie Ihre Gefühle darauf, Angst vor Dieben zu haben, denn Sie schützen ja Ihr Eigentum (mit dem Blau). Aber Ihr Gedanke der Angst vor dem Dieb war zuerst da und so wird dieser auch zuerst in Erfüllung gehen.
2. Das Innenleben einer Geldtasche entspricht dem Geldverhalten des Besitzers.
3. Es sollte immer Bargeld in der Geldtasche sein.
4. Ein Zettel mit dem Vermerk: „Ich bitte um Vermehrung“ zwischen den Scheinen kann Wunder wirken.
5. Niemals Schuldscheine in der Geldtasche!
6. Niemals Visitenkarten von anderen Menschen! Es ist IHRE Geldtasche und lassen Sie nicht zu, dass jemand mit seiner Energie in Ihren „Geldhaushalt“ reinkommt. Manche Visitenkarten haben sogar Fotos drauf, das hat noch mehr Saugkraft!
7. Wenn geht, auch keine Fotos von Angehörigen und Freunden/innen.
8. Wie schon gesagt, betrachten Sie Ihre Geldtasche als IHRE!
9. UND sie ist nur für Geldangelegenheiten da!
10. Bezahlen Sie so oft wie möglich BAR, denn Geld ist Energie, die berührt werden will! Und je liebevoller Sie berührt wird, umso lieber und umso schneller kommt sie wieder zu Ihnen zurück.

11. Auch das Reden mit dem Geld hat sich schon oft als sehr wertvoll herausgestellt. Ich sage immer zu meinen Scheinen: „Freut mich, dass Ihr dazu beitragt, dass ich mir heute etwas kaufen kann, aber kommt wieder und bringt Eure großen Brüder mit!"

12. Verschenken Sie auch ab und an ein bisschen Geld! Natürlich kauft sich der „Sandler" Schnaps dafür, aber ist es nicht auch sein freier Wille? Geben Sie Geld l e i c h t aus, aber mit der Besonnenheit des klugen Menschen, der Sie nun mal sind!

DIE VISITENKARTE

Sie sollte etwas Besonderes sein, zu Ihnen passen und Ihr Zielpublikum ansprechen.

1. Wählen Sie eine Farbe, die anziehend wirkt.
2. Wählen Sie eine Größe, die aus dem Rahmen fällt.
3. Wählen Sie so wenig Worte wie möglich.
4. Ein Logo spricht das Unterbewusste an – und in diesem Fall das des Kunden!
5. Wählen Sie ein Logo, das der Berufung entspricht und schön ist.
6. Understatement können Sie sich leisten, wenn Sie reich sind, was noch kommt, denn sonst wären Sie wohl kaum an diesem Buch interessiert.
7. Also tragen Sie ruhig ein bisschen auf!

Nun noch ein paar Worte – die sowieso selbstverständlich sind!

- saubere Schuhe
- saubere Kleidung
- sauberes Auto
- saubere (eigene) Wohnung …

Das bringt eine saubere Arbeit in Ihr Leben.

- regelmäßiges Essen
- regelmäßiger Ausgleich (Sport, Ruhe, Sex ...) bringen regelmäßigen Erfolg und regelmäßiges Geld, denn die Energie folgt immer den Vorzeichen.

Ein kleines aber effektives Ritual um Ihren Wohlstandswunsch zu manifestieren:

Vorbereitung:
1 grüne lange Kerze, 1 grünes 7 m langes Band. Legen Sie einen Geldschein zurecht.
Der Geldschein ist sehr wichtig und ich bitte Sie dies alles vorzubereiten, bevor Sie die Anleitung lesen!
An einem Donnerstagabend bei Vollmond oder Neumond oder zunehmendem Mond ist der geeignetste Zeitpunkt.
Sorgen Sie dafür, dass Sie ungestört sind und schalten Sie auch vorsichtshalber das Handy aus.
Setzen Sie sich ruhig und entspannt an einen Ort, an dem Sie sich gerne aufhalten. Das kann vor dem Kamin sein, auf Ihrem Lieblingssofa, auf der Terrasse, am Wasser ... Es gibt bestimmt einen Ort, an dem Sie aus eigener Erfahrung sehr leicht ins Träumen kommen.
Nun wickeln Sie ein Ende des grünen Bandes leicht um die Kerze, sodass der längste Teil davon noch übrig bleibt. Diesen Teil binden Sie ganz leicht um Ihren linken Mittelfinger.
Um den Geldschein herum machen Sie die dritte Schlaufe und schließen mit dem Rest des Bandes wieder mit einer Schlaufe um die Kerze.
Nun entzünden Sie die Kerze und nehmen den Geldschein in Ihre rechte Hand. Energetisch gesehen sind Sie nun in einem Dreieck, verbunden durch das grüne Band mit der Kerze (dem Feuer) und Ihrer linken Seite und dem Geldschein an Ihrer rechten Seite. Ihr Körper ist ein Teil des Dreiecks und verbindet alles miteinander.
Schließen Sie die Augen und lassen Sie erst mal Ruhe einkehren. Die Vorbereitung hat Sie bereits mit dem Vorhaben in die richtige Konzentration gebracht.
Lassen Sie den Atem fließen, wie er will.
Lassen Sie für eine Weile auch allen Gedanken freien Lauf.
Nach einer Weile des „Sich-treiben-lassens“ richten Sie Ihre Aufmerksamkeit auf Ihre rechte Gehirnhälfte. Fühlen Sie Ihr Gehirn, vermessen Sie es geistig. Ihre rechte Gehirnhälfte – nu r I h r e rechte Gehirnhälfte – ist in Ihrem Konzentrationsfeld.
Jetzt lassen Sie zu, dass dort alle möglichen Fantasien durchkommen. Fantasien, die Sie haben in

Bezug auf Wünsche ... Wünsche, die Sie möglicherweise absurd finden, oder geheime Wünsche, die Sie niemals erzählen würden ... Es ist Ihre freie Stunde! Die Stunde, in der Sie nicht gestört werden! Die Stunde Ihrer „Wahl"! Es ist so wie bei einer politischen Wahl, Sie sind allein und niemand kann sehen, für was oder für wen SIE sich entscheiden!
Nachdem Sie sich nun auf Ihre ganz persönliche Wunschliste einlassen, erkennen Sie ganz klar, welcher der Wünsche für SIE ganz oben steht. Für diesen Wunsch MÜSSEN Sie sich ENTSCHEIDEN. (Ohne Entscheidung – keine Erfüllung!)
Nachdem Sie jetzt wissen, was Sie wünschen, geben Sie sich ein paar Momente der Entspannung.

Nun richten Sie Ihre Aufmerksamkeit auf die linke Gehirnhälfte. Vergewissern Sie sich, dass Sie ganz und gar in der linken Seite des Gehirns sind.
Geben Sie nun dieser Hälfte des Gehirns den Wunsch ein, wie beim Computer. Sie sagen es dem linken Gehirn, Sie teilen sich ihm mit. LAUT!
Nachdem Sie das getan haben, hören Sie aufmerksam zu, was es „einzuwenden" hat. Sie sind nicht zum Diskutieren da in diesem linken Gehirn, Sie hören nur zu! Nach einer Weile des aufmerksamen Zuhörens bedanken Sie sich für alle „Einwände" und lassen es einfach so stehen.
Auch jetzt brauchen Sie eine Weile des Ruhens und der Entspannung. Atmen Sie ruhig ein und aus und lassen einfach die Aufmerksamkeit beim Atmen verweilen.
Nach ein paar Atemzügen der Erholung konzentrieren Sie sich auf die Stelle zwischen den Augenbrauen, genau in der Mitte. Dann versenken Sie sich zwei Zentimeter hinter die Stirn zwischen den Augenbrauen.

Dort kommen alle Gedanken und Vorstellungen zusammen und ergeben ein Ganzes.
Nun ist Ihr Wunsch gedacht, gesprochen und angehört worden.
Bitten Sie nun Ihren geistigen Führer um Hilfe. Er möge Ihren Wunsch sehen, hören und anerkennen. Bitten Sie nun den geistigen Führer, dass er Ihnen ein Symbol für Ihren Wunsch zeigt.
Dieses Symbol lassen Sie nun ganz langsam und bedächtig hinuntergleiten in den Hals ...
Fühlen Sie das Symbol bei jedem dieser einzelnen Stationen genau an und erst wenn Sie sicher

sind, dass Sie es auch wirklich annehmen können, lassen Sie es weiter hinuntergleiten.
Weiter durch den Brustraum ...
Weiter in den Solarplexus …
Weiter hinunter in den Bauchraum, zwei Finger breit unter den Nabel und noch weiter bis an das Ende der Wirbelsäule ...
Bis Sie auf Ihrem Symbol quasi sitzen!
Nach einer Weile, die für jeden unterschiedlich lange oder kurz sein kann, lösen Sie sich aus der geistigen Übung, öffnen die Augen und betrachten die Flamme der grünen Kerze.
Auch der Zeitraum zum Betrachten der Flamme ist für jeden unterschiedlich. Nehmen sie sich so lange Zeit, wie Sie brauchen oder wie Sie wollen.
Zum Abschluss entwickeln Sie zuerst den Geldschein.
Dieser wird nun mit einer für Sie am besten zum Ausdruck gebrachten Hingabe an der Flamme VERBRANNT!
Dann entwickeln Sie das Band an dem linken Finger und an der Kerze selbst, um auch das Band zu VERBRENNEN.
Die Kerze bleibt so lange brennen, bis sie von selbst ausgeht, doch Sie müssen dabei nicht unbedingt zusehen, das kann ganz von allein geschehen ...
Das Symbol malen Sie sich auf ein Blatt Papier, um es zu dem Zeitpunkt zu verbrennen, wenn Ihr Wunsch in Erfüllung gegangen ist.

Wenn Sie gestatten, möchte ich Ihnen dieses Ritual ein bisschen näher erläutern:
Die Kerze symbolisiert das Feuer und es wird immer Feuer benötigt, um etwas aus der universalen Energie auf der Erde zu manifestieren.
Grün ist die Farbe der Heilung, der Wahrheit, für Reisen und des Wohlstandes. Heilung ist angemessen, denn es bedarf der Heilung von alten und nicht mehr angemessenen Mustern. Hier ist es unnötig, darüber nachzudenken, was für Muster das sind. Es reicht, die gute Absicht dahinter zu stellen, dass Sie davon geheilt werden möchten. Denn hätten Sie nicht den Wunsch, wäre da kein Muster! Die Tatsache, dass Sie einen noch unerfüllten Wunsch haben, der Sie veranlasst, ein doch relativ aufwendiges Ritual zu vollziehen, zeigt an, dass Sie bisher nach einem Muster gelebt

und gehandelt haben, das diesen Wunsch noch unerfüllt ließ. Also muss das darunter liegende Muster geheilt werden, um einer neuen Art des Handelns Platz zu machen.

Wahrheit

Die Wahrheit tut manchmal weh. Die Wahrheit ist auch manchmal schwer zu ertragen. Wenn Sie das Ritual ehrlich und aufrichtig machen, wird es eine Wahrheit in sich bergen, die Ihnen klar wird. Dies wird Ihnen zeigen, wie oder warum so manches in Ihrem Leben noch nicht erreicht wurde. Stellen Sie sich dieser Wahrheit, so kann das im ersten Moment möglicherweise einen Schock auslösen. Doch genau diese Wahrheit wird Sie auch befreien. Alte Verhaltensmuster sind keineswegs schlecht. Sie sind nur meistens nicht mehr zeitgemäß oder was noch öfter der Fall ist, es sind die Wahrheiten, die wir uns von anderen Menschen angeeignet haben. Diese Menschen lebten mit dieser Ihrer Wahrheit und wiederholten diese ständig in Ihrer Gegenwart, so oft, bis auch Sie daran glaubten. Aber es war nicht IHRE Wahrheit. JETZT erkennen Sie das vielleicht und es eröffnet Ihnen einen neuen Weg, den Sie beschreiten können, um sich und Ihre Wahrheit zu finden.

Hier sei angemerkt, dass es durchaus vorkommen kann, dass Sie, wenn Sie ein sehr lange gelebtes Muster erkennen, so stark erschüttert werden, dass das Ritual abgebrochen werden muss. Dann braucht es ein paar Tage, um damit zurecht zu kommen. Das macht nichts, denn es hindert Sie niemand daran, an sich zu arbeiten. Wie lange Sie brauchen, liegt ganz an Ihnen. Der Weg ist das Ziel. Und der Weg sollte besonnen und mutig, aber immer freudvoll gegangen werden.

Reise

Es ist eine Reise in Ihr inneres Selbst, eine Reise zu sich Selbst. Diese Reise kann spannend und „gefahrvoll“ sein. Seien wir doch mal ehrlich, bei den Wünschen ist es doch so: Wir wünschen uns etwas und aus der Erfüllung erwächst der nächste Wunsch usw. Bei diesem Ritual geht es um die Erfüllung von tief liegenden Wünschen, solche, die nicht nur eine simple Oberflächlichkeit zufrieden stellen. Was unter uns gesagt aber genauso funktioniert. Ich hätte Ihnen auch anraten können, dass Sie sich etwas ausdenken und nachdem Sie wissen, was Sie wollen (wünschen), mit dem Ritual beginnen. Doch darum geht es nicht. Vielmehr geht es darum, einer Wahrheit auf die Spur zu kommen, die Ihnen sagt, was Sie bislang zu oft „falsch“ gemacht haben. Dadurch entstand der Wunsch!

Um die Wahrheit zu finden, benötigen wir manchmal ein wenig Hilfe.
Der Erzengel Raphael ist der Hüter des grünen Strahls und er ist der Beschützer aller Reisenden, der inneren Reisen und der äußeren Reisen. Wenn Sie wollen, dann können Sie ihn anrufen, damit er Ihnen bei dieser – für manche ist es die erste – Reise dieser Art seinen Begleitschutz anbietet. Ich habe es mir zu Gewohnheit gemacht, ihn anzurufen und hatte dabei auch immer das Gefühl, dass ich wirklich und wahrhaftig beschützt und begleitet bin. Ich überlasse es Ihnen, diese Information zu nützen oder es einfach nur als praktisch anzusehen, dass Grün eine Farbe für Reisende ist.

Wohlstand und Reichtum

ist das Resultat, das Ziel, wenn man alle vom grünen Strahl mitgebrachten Geschenke annimmt. Wohlstand ist in vielerlei Dingen und Situationen zu finden. Reich zu sein oder Geld zu besitzen, sind zwei ganz verschiedene Dinge. Wenn Ihr Wunsch etwas mit Liebe zu tun hat, dann sind Sie ein wahrlich reicher Mensch, wenn Sie die Liebe gefunden haben und wenn Sie die Liebe leben, annehmen und weitergeben können.

Nur wer gibt, bekommt auch etwas ...
Und darum geht es beim Geldschein den Sie im Ritual mit einbinden. Man könnte ihn auch als Samen betrachten. In fast allen alten Kulturen und sogar in der Bibel wird von Opfergaben gesprochen und von Verbrennungen. Wenn ein Lamm geopfert wurde, so zeigt uns der Mythos nur an, dass für die damaligen Verhältnisse das geopfert wurde, das für die Menschen zu dieser Zeit am wertvollsten war. Heute ist es Geld, und

Scheine brennen besser als Münzen. Das ist eine rein praktische Vorgangsweise! Das Prinzip dahinter ist, dass man etwas ins Feuer gibt, damit es sich wandle. Wenn Sie zu wenig von etwas haben, dann geben Sie von dem Bisschen etwas als Opfer ins Feuer. Es wird sich wandeln und kann vielfach wieder zu Ihnen zurückfinden. Die Absicht und die völlige Hingabe ist Voraussetzung. Wie es zurückfließt, liegt nicht mehr in Ihrem Ermessen, es liegt vielmehr in Ihrem Vertrauen!

Das grüne Band liegt als Schleife um die Kerze und um die beiden Mittelfinger. Zuerst sage ich Ihnen, dass der berühmte Mittelfinger der energetische Finger für die Verbindung zur unermesslichen Fülle Gottes oder dem universalen Reichtum darstellt. Also, wenn Sie das nächste Mal das Verlangen haben, diesen Finger jemanden zu zeigen, sollten Sie wissen, was Sie tun ...

Wie dem auch sei, dieser Finger an der linken Hand ist verbunden mit Ihrer rechten Gehirnhälfte. Die rechte Gehirnhälfte ist verbunden mit unserer Intuition, mit der weiblichen und meist sensiblen Seite unseres Seins. Der Mittelfinger an der rechten Hand ist verbunden mit der linken Gehirnhälfte, die wiederum mit unserem logischen und analytischen Denken einhergeht. Wenn Sie nun das Bild vor Augen haben – Kerze, Feuer und Licht vor Ihnen, ein Band geht zur einen Hand, der Körper stellt die Linie bzw. die Energie dar und in der anderen Hand führt das Band wieder zurück zur Kerze –, so kann man ein Dreieck sehen, wenn man sich vorstellt, dass die grüne Farbe durch den Körper fließt. Das tut sie tatsächlich, denn wie Sie aus dem Kapitel über die Chakren wissen, ist das Herz-Chakra grün und mit den Händen verbunden. So ist es auch ganz logisch, obwohl nicht sichtbar, und trotzdem wahr. Es ist ein Dreieck aus grünem Licht (die Kerze ist das symbolische Licht).

Ihre Herzenswünsche kommen so ans Licht,
werden gesehen und können sich jetzt manifestieren.

Noch eine Kleinigkeit: DAVOR & danach im Immobiliengeschäft

Es ist sehr häufig der Fall, dass man das Geld der Provision schon ausgegeben hat, bevor es überhaupt verdient ist. Es ist für die Realisierung eines Geschäftes von immenser Bedeutung, dass Sie das Geschäft so gut wie abgewickelt sehen! Das verleiht dem Ganzen einen unglaublichen Aufschwung.

GLAUBEN SIE AN DIE SACHE FANTASIEREN SIE DAVON, WIE ES IST, WENN SIE DEN ABSCHLUSS TÄTIGEN!

Das ist ein Erfolgsgarant! Aber geben Sie nicht das Geld aus, das Sie noch nicht in der Hand haben. Jedoch einen SAMEN zu setzen, ist genial!

Ein gutes Programm lautet: ICH SCHAFFE ALLES MIT LEICHTIGKEIT!

Jetzt möchte ich Ihnen noch zu Ihrem Entschluss gratulieren, einen solch außergewöhnlichen Beitrag zum Wohle aller Beteiligten zu leisten, und wünsche Ihnen viel Freude bei der Umsetzung dieser Techniken.
Senden Sie mir IHRE Erfolgsmeldungen, und ich werde diese gerne in einem späteren Werk einfließen lassen.

space - clearing©

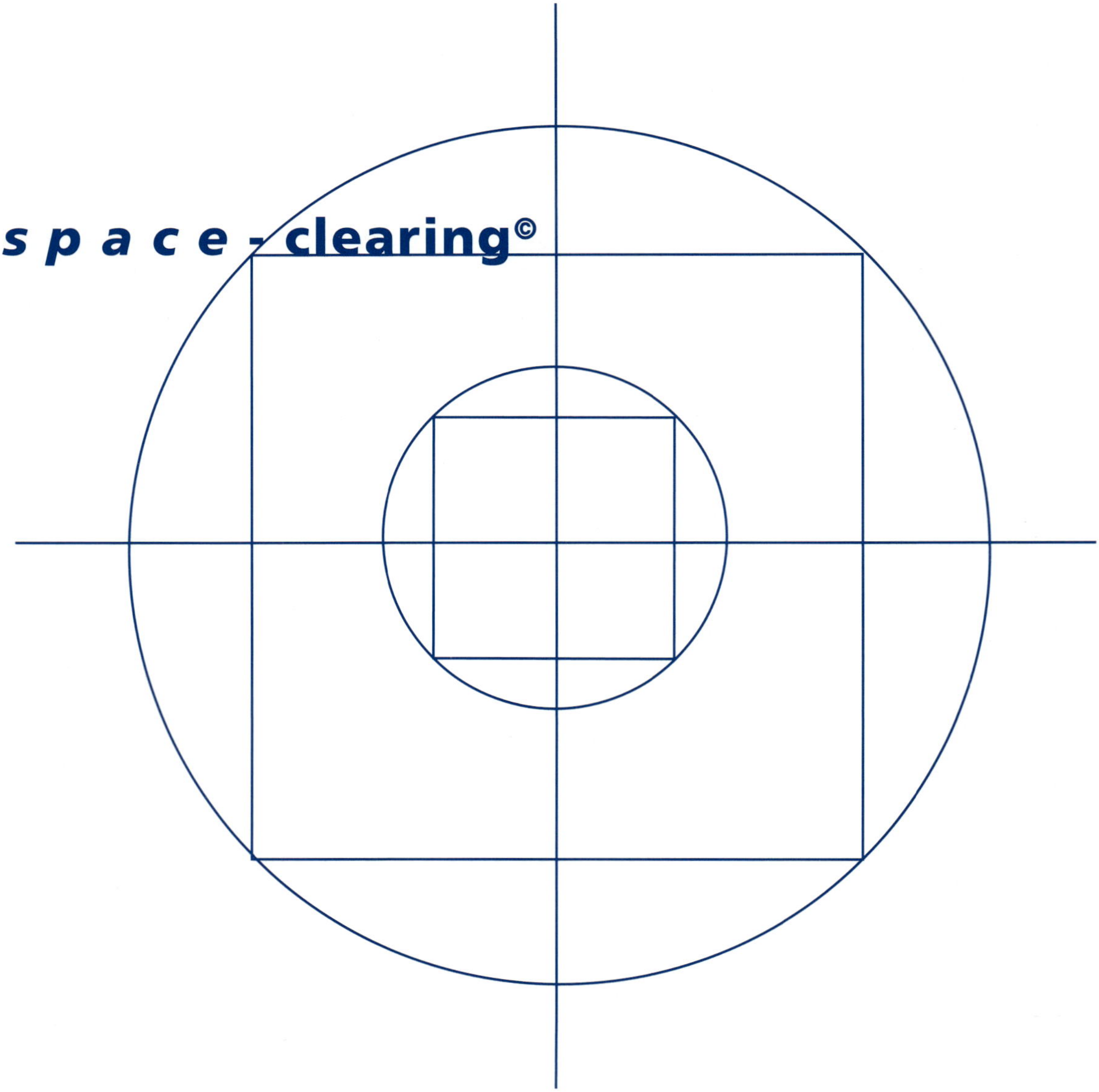

s p a c e - clearing©

für Mensch & Raum
eine besondere Form von Lebensraum-Management

Reinigung auf feinstoffliche Art

Reinige Deine Atmosphäre
und die Atmosphäre heilt Dich

(Veden)

Alte Tradition neue Werte

Warum ICH?
mein Zugang zu *s p a c e* - clearing©

Lieber Leser,
liebe Leserin!

Ich danke Ihnen allen, danke Ihnen von ganzem Herzen dafür, dass Sie sich für das Empfinden der Atmosphäre, in der wir leben, öffnen. Die Atmosphäre wird erschaffen, gebildet und angereichert vom Menschen, durch seine Gefühle, Empfindungen, Gedanken und Erinnerungen. Die Atmosphäre ist ständig Schwankungen ausgesetzt, welche von den vier Körpern des Einzelnen ausgehen. Im Energiebereich spricht man von einem physischen, einem mentalen, einem emotionalen und einem kausalen Körper.
Diese vier Körper jeder Person sind voneinander abhängig und ununterbrochen in Kommunikation miteinander.
Ist das Gleichgewicht zwischen ihnen gestört, kommt es zu Unstimmigkeiten in allen Bereichen. Dies wirkt sich auf die betreffende Persönlichkeit genauso aus wie auf ihre Umgebung und die Menschen in ihrem Umfeld.
In der Raumenergie ist es genauso. Auch diese hat unterschiedliche Ebenen, die miteinander in Kontakt stehen. Wird eine davon beansprucht suchen sich die anderen einen Ausgleich. Vor allem wird in einem Raum alles gespeichert, was in ihm passiert. Und damit meine ich wirklich alles. Und das bleibt dort so , bis es gereinigt wird. Es verhält sich ganz und gar gleich wie beim Menschen. Auch er ist ein riesiger Computer. Nicht nur das Gehirn hat eine Speicherfunktion, es sind vielmehr alle Zellen, jede einzelne, die alles, wirklich alles speichern. Die Erinnerung eines Körpers ist gigantisch! So auch die eines Raumes. Daher ist es von ungeheurer Wichtigkeit, sich immer wieder zu klären, zu reinigen, sowohl geistig als auch körperlich!

Immer, wenn ich über *s p a c e* – clearing© rede, komme ich ins Schwärmen.
Seit Jahren dreht sich mein Denken und Handeln um dieses Thema. Dabei war es anfangs gar keines. Es begann damit, dass ich herausfand, dass es neben den geophatischen Gegebenheiten auch veränderliche und lösbare Störfaktoren gibt.
Das erste Mal stellte ich das fest, als ich für eine Wohnung betete. Ja, sie lesen richtig: Ich betete. Tue ich übrigens heute noch. Damals handelte es sich um eine wirklich entzückende Wohnung. Doch niemand wollte sie kaufen. Über ein Jahr lang gab es keine Chance, einen Käufer ausfindig zu machen. Ich hatte allerdings keine Ahnung davon, als ich von meinem damaligen Chef dorthin geschickt wurde. Der Eigentümer hat mir davon erzählt, dass sicher schon 100 Interessenten durchgegangen sind, ohne Erfolg. Es lag nicht am Preis, es lag auch nicht an der Lage. Es schien einfach wie verhext.

Damals wandte ich nur meine Instinkte an, von Raumklärung oder *s p a c e* – clearing© im Sinne einer Profession war ich noch weit entfernt. Was ich an diesem Abend machte, überrascht mich heute noch, wenn ich daran denke.
Wir, der Eigentümer und ich, saßen auf dem Sofa in dieser netten Wohnung, die keiner wollte, und ich benahm mich plötzlich, als wäre ich in Trance. Ehrlich, ich wusste in dem Moment nicht wirklich, was da abging. Ich stand plötzlich auf, ging hin und her, bewegte meine Handflächen nach allen Richtungen. Griff ins Leere und spürte doch etwas fast Materielles, dann wieder wie einen Luftzug. Ich nahm eine starke Präsenz wahr. Das verflüchtigte sich wieder und ich ergriff eine andere luftige Materie. In den Räumen war echt dicke Luft. Nachdem ich mir selbst innerlich sagte, dass es nun sicher bald einen peinlichen Rauswurf geben werde, setzte ich dem Ganzen noch eins drauf.
Ich ließ mich auf den Stuhl gegenüber dem Herrn Wohnungsbesitzer fallen, schaute ihm in die Augen und begann zu beten. Dabei schaute ich ihn unentwegt an. Ich rief Gott an und bat ihn laut und deutlich, etwas zu tun, sodass diese Wohnung endlich verkauft wird. Als Gegenleistung werde der Herr Wohnungsbesitzer auch etwas Außergewöhnliches tun, sagte ich – und starrte ihn an. Fragend wartete ich, bis ihm endlich auffiel, dass er etwas tun sollte. Verlegen rutsche er hin und her, dann kam – als wenn ihm plötzlich etwas Wichtiges einfiele –

die Antwort: Er geht zum Friedhof und wird sich bei seiner Mutter entschuldigen. Dann schossen ihm die Tränen aus den Augen. Ohne sich dessen zu schämen erzählte er mir die Geschichte, die ihn schon so lange plagte. Jedoch nicht stark genug, um zu bemerken, wie sehr sie sein Leben beeinflusste. Einige Tage nach diesem Besichtigungstermin kam eine junge Frau, die sich unwahrscheinlich über diese Wohnung freute. So wechselte die Wohnung den Besitzer und alle waren überaus glücklich.

Dieser Abend brachte in mein Leben eine ebensolche Wende, wie in das Leben dieses Mannes. Zum ersten Mal seit langer Zeit erinnerte ich mich wieder an meine Kindheit und an das, was ich da gelernt hatte.
Mit den Erinnerungen kam auch der Wunsch, diesen Dingen weiter auf den Grund zu gehen. Zu begreifen, was da passierte. Und ich begann nicht nur nachzuforschen, ich begann auch wieder zu beten. Richtig zu Gott zu sprechen. Fast so wie ein Kind, das ein Anliegen hat und ganz unbefangen seine Bitte ausdrückt, mit dem Vertrauen darauf, dass das Erwünschte auf jeden Fall erhört und erfüllt wird. So kam es, dass ich mich ständig mit scheinbar unverkäuflichen Objekten konfrontiert sah und dass ich es in vielen Fällen auf eine fast unerklärliche Weise schaffte, diese zu veräußern. Aber eben nur fast unerklärlich, denn ich hatte ja eine Erklärung.
Bei mir stellten sich neue Empfindungen ein. Ich hatte oft tagelang ziemliche körperliche Beschwerden, nachdem ich die Wohnungen oder Häuser betreten und zu beten begonnen hatte. Nach einer Weile fand ich heraus, dass es leichter zu ertragen war, wenn ich vorher 1-2 Tage sehr wenig aß.

Mit der Zeit lernte ich, mit dem, was geschah, umzugehen. Um es mir und den Kunden leichter zu machen, erlernte ich in diesem Zusammenhang das Fachwerk der Rutengeher und der Geomanten. Auch das hatte ich schon als Kind geübt, doch nun erwarb ich mir auf diesem Gebiet ein Diplom und darf mich inzwischen Radiästhetin nennen. Im Grunde genommen sind das unwichtige Dinge und doch wird man mit einem Papier mit Stempel und Siegel in der Hand ernster genommen. Ich erinnere mich auch an die Tradition in Tirol, als wir zu Hause am Heiligen Abend das Haus, das Grundstück, den Stall, die Scheune, ja sogar den Wald geräuchert haben. Zu dieser Zeit des Jahres immer mit Weihrauch – und mit Salbei im Frühjahr zum Osterfest. Daran nahm soweit es möglich war die ganze Familie teil und es wurde gebetet. Es war immer schon mein Lieblingsgebet, dieses Vater unser ... ich gab den einzelnen Worten und Zeilen meine eigene Schwingung hinzu und fühlte mich hinein, in das, was ich da sprach. Ich liebte es, wenn ich nur hörte. Dabei spielte auch der Klang der Stimme eine Rolle. Von einer Männerstimme klingt es ganz anders, als von einer Frau gesprochen. Als Kinder wurden wir angehalten, mitzubeten, aber ich mochte es lieber, wenn ich zuhörte. Ich schwebte im Klang der Stimme dessen, der es sprach; es verlieh mir eine Art von Leichtigkeit. Wenn ich so zuhörte, konnte ich allerdings auch genau hören, wenn jemand nicht ganz bei dem Gebet war, sondern nur sprach, leierte sozusagen. Das spürte ich sofort und da begann ich dann aus vollem Herzen zu beten, damit ich das „Geleier“ übertönte. Kindisch, nicht wahr? So war ich als Kind schon tief im Gebet und tief im Empfinden.

Ein Gebet ist für mich das, was es im Wort andeutet: GEBE(T) ist GEBE(N) – GEBE(!) ist eine Aufforderung – ist wie ein erster Schritt in Richtung eines Kontrollverlustes!
GEBE – was? Ich gebe mein ganzes Herz in das Gebet, lege mein verstandesorientiertes Handeln weg. Übergebe die Führung an die Göttliche Instanz. Meist beten die Menschen und verwechseln es mit BITTEN. Und übersehen, dass eine Bitte naturgemäß gebunden ist. An einen Austausch nämlich!
Und das ist für mich Beten – ich (über)gebe – von ganzem Herzen und erhalte das, was in subtiler Form in der Bitte, im Wunsch beinhaltet ist.

Und das ist meine ganz persönliche Interpretation des großen Gebetes:

Vater unser,
es ist so gut, dass Du unser aller Vater bist,
auch für jene bist Du Trost, die keinen weltlichen Vater haben, die einen strengen oder rohen Vater spüren ...
Vater, es tut so gut zu wissen, dass Du in mir, um mich und in Allem, was ist, bist. Es gibt mir so unendlich viel Vertrauen, es verleiht mir Kraft und Mut.
Meinen innigsten Dank – Dir Vater, Dir allein

der Du bist im Himmel,
Solange ich darauf vertraue und weiß, dass es Dich gibt, ist der Himmel , wo ich Dich sehe, allüberall, in jedem Menschen, jeder Pflanze, wohin mein Auge blickt, anerkenne ich Deine Schöpfung.
Mein Herz quillt über im Dank für Deine himmlischen Gaben.
Danke Dir ...

Geheiligt werde Dein Name,
der Name, der unaussprechlich ist und doch so bekannt, denn Dein Name ist mein Name. Dein Name ist der Klang des Windes, ist der Verlauf des Bergrückens, die Stimme der Liebe, der Silberne Schaum einer Welle. Dein Name, der unaussprechliche, ist der Name all unserer Kinder, all dessen, was wir noch nicht kennen, der Wunder, die noch geschehen werden.

Dein Reich komme,
Es ist dies mein Versprechen, alles dafür zu tun, dass Dein Reich hier im Jetzt und mit meinen mir zur Verfügung stehenden Gefühlen, Gedanken, Worten und Taten in Erscheinung tritt.

Dein Wille geschehe,
Das will ich und nur das ... Deinen Willen zum Ausdruck bringen, mit all meiner Kraft will ich sein was Du, mein Vater, für mich willst! Gutes Wollen wird mein Kredo sein, Gutes Wollen will und werde ich leben und beherzigen!

Wie im Himmel also auch auf Erden ...
mein Bestreben, Deinen Willen zu erkennen, wird mein Herz öffnen, meinen Geist frei machen, damit die Erde erfüllt wird von Deiner Energie, die Du bereitwillig durch mich sendest. Ich will stets die Verbindung prüfen, indem ich auf die Harmonie zwischen den 4 Körpern* achte. Es ist die Waagschale meines Gewissens, die mir helfen wird, Deinen Willen von meinem zu unterscheiden. Auf diese Weise lebe ich ...

Unser tägliches Brot gib uns heute
Freudig will ich in Empfang nehmen, was Du für mich bereit hältst – in dem Wissen, wenn ich Dich für mich sorgen lasse, bleibt für mich genügend Zeit, um Dich zu suchen, Dich zu sehen, Dich zu spüren in Allem, was Ist.

Und vergib uns unsere Schuld, wie auch wir vergeben unseren Schuldigern
Gleiche aus meine Schwankungen im Gemüt, sodass ich keine Schuld auf mich lade, welche ich mir selbst so schwer vergebe. Mit dieser Minute will ich versprechen, meine Absichten rein zu halten, meinen Verstand auf Gleichgewicht zu prüfen, meinen Körper zu stärken und meine Erinnerungen von allen disharmonisch beeigenschafteten Ereignissen frei zu machen. Meine Begegnungen mit den Mitmenschen stets als erfrischende neue Erfahrung zu erleben, wird sie und mich befreien, von jeder Schuld entlasten.

* die 4 Körper: Physischer Körper, emotionaler, mentaler und kausaler bzw. ätherischer Körper

Und führe uns nicht in Versuchung
Lass mich keine Zeit mit der Suche nach falschen egoistischen Zielen verlieren.

Sondern erlöse uns von dem Übel.
Welches sich stets in erster Linie im Gedanken zeigt. So will ich Klarheit und Reinheit in meinen Gedanken fordern!

Denn Dein ist das Reich und die Kraft und die Herrlichkeit, in Ewigkeit
So will ich Dir alles zurückgeben, das Gute und das Gefehlte.
Mit Deiner Kraft wird alles gewandelt, in Deiner Herrlichkeit fortbestehend und FREI in alle Ewigkeit.

Amen – so sei es – so ist es!

Sie sehen, dass das Beten einen wesentlichen Teil darstellt, um für mich, meine Kunden und Mitmenschen und für die Räume das Optimale zu erreichen. *s p a c e* – clearing© ist ein moderner und ein wenig pfiffigerer Ausdruck für etwas, was es schon seit vielen Jahren in allen Traditionen zu finden gibt. Nicht nur in Tirol wird zu Weihnachten und Ostern geräuchert!

Mit dem *s p a c e* – clearing© wird einerseits etwas gereinigt und andererseits wird der Atmosphäre in dem Bereich, in dem man dies tut, ein gewisser Respekt gezollt.

In den uralten Veden steht geschrieben, dass wir den Grund und Boden auf dem wir uns bewegen ehren sollen. Dass da, wo die Sonne hin scheint, der Mensch ein Recht hat, etwas zu errichten, im Namen und zu Ehren Gottes, aber mit Rücksichtnahme auf die vorhandene Natur und ihre Gegebenheiten. Für unsere Ahnen war nicht nur Sitte, mit dem Grund und Boden und mit Mutter Erde zu reden, bevor sie auf ihr etwas bauten oder sich auch nur hinsetzten, um ein Feuer zu entzünden. Ein Baum wurde zum richtigen Zeitpunkt gefällt. Erst wenn der Mond richtig stand

und es die umgebende Landschaft nicht aus dem Gleichgewicht brachte, wurde mit dem Abholzen begonnen. Es entschied nicht der Architekt, wie und wo ein Haus gebaut wurde. Es gab dafür eigene Leute, die sich mit dem Fluss der Energie, die vorherrscht, auskannten. Diese speziellen Menschen bestimmten, in welche Himmelsrichtung gebaut wurde, an welchem Tag begonnen wurde, wie hoch das Gebäude sein durfte, damit es auch in alles, was schon da war, hineinpasste. Den Einklang mit dem Boden und dem Licht herzustellen hatte einmal Priorität. Aus dieser Zeit stammen Bauten, die Jahrhunderte überdauerten und zum Teil immer noch zu bewundern sind. Heutzutage entscheiden die Erträge, wie viel Quadratmeter und wie hoch gebaut wird. Es entscheidet die Bank, wie viel Mittel zur Verfügung stehen und wie viel Zinsen dafür bezahlt werden müssen. Davon ist ein Bauwerk heute abhängig. Nicht von dem, was uns das Herz sagt und schon lange nicht mehr von dem, was Mutter Natur dazu zu sagen hat.
Wer hört denn noch auf die Natur? Kann sie denn sprechen? Oh, ja! Und sie tut das schon ziemlich laut. Nur will es keiner hören! Oder sagen wir mal so, es hören sie nur sehr wenige!
Beschwerden gibt es viele. Über die Vulkanausbrüche, zu viel Wasser, zu viel Wind, zu viel Erdrutsch, zu viel oder zu wenig von diesem oder jenem. Ständig ist der Mensch am meckern. Seine eigene Handlungsweise in Frage zu stellen ist aber das Letzte, was er tut.
In diesen wenigen Zeilen ist alles gesagt und es soll bei Gott von mir keine Kritik sein, denn auch ich bin mir einiger Schuld bewusst, durch welche ich Mutter Natur beleidigt haben könnte. Ich fahre Auto und das auch noch gern. Am liebsten würde ich einen Maserati fahren, den man auch Benzinschluckspecht nennen könnte. Ich liebe Kaminfeuer und ich habe lange Zeit dem Laster des Rauchens gefrönt. Ich schimpfe ab und an wie ein Marktweib. Früher konnte ich sogar ziemlich schnell in Wutausbrüche verfallen. Was dies mit der Natur zu tun hat? Sehr viel! Denn alles ist Schwingung. Und mit der Eigenschwingung stehen wir mit allem, was ist, in Verbindung. Es hat also alles, was man tut, sagt, ja sogar denkt Auswirkungen auf Alles und Jeden. Ich will hier nicht zu sehr abschweifen und fortfahren mit dem, was ich in diesem Kapitel zum Ausdruck bringen will.

Es geht darum, dass es schon immer Riten gab und gibt, die dazu beitragen, dass wir den neu geschaffenen Raum ehren. Genaugenommen ist es ein Raum im Raum.

Die Grundsteinlegung

ist ein Ritual, das fast immer von einem Pfarrer abgehalten wird. Danach kommt die sogenannte Firstfeier. Da wird der Abschluss der Dachgleiche gefeiert und in vielen Fällen auch von einem Priester gesegnet. Man dankt dem Herrn, dass alles reibungslos, unfallfrei, eben mit Gottes Hilfe soweit gekommen ist.
Das Rutengehen ist seit Jahrtausenden eine Möglichkeit, die Natur mit den Vorhaben des Menschen in Einklang zu bringen. Zu wissen, wo sich im Untergrund die Wasseradern oder die verschiedenen Erdbewegungen, Verwerfungen und Energielinien befinden, hat schon so vielen einen gesunden und erquickenden Schlaf beschert. In allen Ländern der Welt gab und gibt es genauso wie in den alten Bergdörfern von Tirol schon immer weise Menschen, die sich vor einem Eingriff in die Mutter Erde von einem sensitiven Menschen Rat holten.
Wer sich für eine Ausmessung interessiert, braucht nur im Internet unter „Radiästheten“ zu suchen!

Auch die Sternsinger sind ein lang gehegter Brauch. Sie haben etwas mit Raum und Raumreinigung zu tun. Wussten Sie das? Sternsinger sind Jugendliche, die als die heiligen drei Könige aus dem Morgenland verkleidet an Ihrer Türe klopfen, um für Ihr Heim oder Ihre Firma um Segen zu bitten. Es sind diese zumeist christliche Kinder aus der Pfarrgemeinde und sie verbringen ihre Freizeit jedes Jahr von Neujahr bis nach dem 6. Jänner damit, in Häuser zu gehen, zu singen und zu beten. Danach schreiben sie an den Türbalken der Eingangstüre mit geweihter Kreide die Buchstaben, die Kurzfassung der eigentlichen Bitte: 20*C+M+B+ mit der jeweiligen Jahreszahl.
Die Bedeutung wird oft missinterpretiert. Die meisten Menschen gehen davon aus, dass es die Aufzählung der Namen der heiligen drei Könige, Caspar + Melchior + Baltasar ist. Dabei haben die Kreuze weniger mit dem Aufzeigen von einem „und“ zu tun. Sie sind vielmehr

Boten der himmlischen und Naturgesetze, dass nämlich immer, wenn Drei eine Einheit bilden, daraus eine Materialisierung erst möglich ist. So sind die drei + gleichschenklige Kreuze, Zeichen für die heilige Dreifaltigkeit, Gott Vater, Gott Sohn und Gott Heiliger Geist. Der Stern ist das Zeichen der Wanderschaft jedes einzelnen in diesem Universum. Jeder hat eine Bestimmung und einen Weg, den er zu gehen hat. Ist man angekommen, dann weiß man das, dann spürt man es. Dann ist Heilung vollkommen.
Der Stern ist auch das Zeichen des Schicksals. Die Aufforderung zur Hingabe. Die Erkenntnis dessen, was es bedeutet zu lieben. Und dass immer einer da ist, der Liebe gibt. Dass man die Zeichen erkennen, sehen und für sich gewinnen darf.

Als ich über den Stern von Bethlehem nachdachte, ihn zu erfassen versuchte, da fielen folgende Worte **in mein sich öffnendes Herz:**

Ein Stern ist mein Zeichen
Er wird den Kelch Dir reichen
Wo Gott ist
Ist Freiheit und Freude
Und so auch ein Hauch Deiner
Gib Dir einen Reif von bescheidener Form
Er wird Dir geben die richtige Norm
Zu drehen und wenden die Dinge der Zeit
Das zu tun ist nicht mehr Dein Leid
Jetzt bist Du frei
In Gottes Namen
Zu tun was Du tun willst
Amen

Die Buchstaben C, M und B sind aus dem Lateinischen abgeleitet: „Christus mansionem benedicat" – „Christus segne dieses Haus!".
In vergangenen Tagen benutzte man die über Kreuz gelegten Finger um das „Böse" zu bannen. Und die Worte der Macht wurden gesprochen! Ein Segensspruch aus tiefstem Herzen gerufen wird niemals seine Wirkung verfehlen! Schon allein deshalb wischen die Menschen die Zeichen an der Türe nicht gerne weg. Sie sollten tunlichst bis zum nächsten Besuch der heiligen drei Könige dranbleiben.

Die Kraft des Raumes

Sicher kennen Sie das, wenn Sie einen Raum betreten: Entweder Sie fühlen sich wohl oder Sie möchten am liebsten auf dem Absatz kehrt machen. Die Atmosphäre in einem Raum kann manchmal so extrem angereichert sein, dass der Mensch das einfach spürt, egal ob er sensitiv und feinfühlig ist oder nicht. Das geschieht, wenn in einem Raum eine starke Energie gerade vorherrscht. Diese kann durch andere Mitmenschen verursacht sein oder aber durch eine ausgeprägte Einrichtung.

Die Kraft allen Lebens kann sich überall schwingungsmäßig bemerkbar machen. Diese unbeseelte Materie ist durchdrungen von dem Bewusstsein all jener, die sie erzeugt und jemals benutzt haben.

So gesehen wohnen wir in Tempeln der Vergangenheit. Wir bewohnen Räume angefüllt mit Materie, die mit für uns fremden Energien durchdrungen ist. Vom Hersteller eines Möbelstückes bis zu Ihnen nach Hause sind unzählige Hände mit dem, was Sie um sich haben, vertraut geworden. Dies ist so, ob Sie es gut heißen oder sogar abstreiten.
Wie das funktioniert? Nehmen wir an, Sie sind beim Friseur. Dieser Friseur hat heute Morgen die Beziehung mit seiner Freundin beendet. Sie hat sich ihm gegenüber nicht loyal verhalten, so kam es zu dieser Entscheidung. Er ist jedoch immer noch stark mit ihr verbunden. Die Trennung hat damit nichts zu tun. Es wird eine Weile brauchen bis er sich damit abgefunden hat. Sein Kontrollmechanismus ist auf Hochtouren. Er hat den Bruch auf mehreren Ebenen erfahren. Einerseits als emotionale Enttäuschung, andererseits als Beleidigung seiner Intelligenz, ganz zu schweigen vom Vertrauensbruch. Heute ist seine Erschütterung frisch, er badet geradezu im Frust und in seinem „Beleidigt sein".
Sie betreten das Geschäft.
Sie sind sein Kunde!

Noch bevor er an Ihrem Kopf Hand anlegt, sind Sie mit seinen Empfindungen konfrontiert. Ob Sie wollen oder nicht, es wird sich ein Teil seiner Gefühle auf Sie übertragen. Das ist nur ein Beispiel, wie sich das Leben anderer unmittelbar auf Sie auswirkt. Hoffen wir, dass der Friseur Profi genug ist, um Ihnen Ihr Aussehen nicht zu vermasseln.
In vielerlei Hinsicht sind wir immer wieder mit dem, was andere erleben, konfrontiert und müssen uns quasi damit abfinden. So z.B. stehen wir an der Kassa im Geschäft und unsere Lebensmittel werden von einer unterbezahlten (das ist meine Meinung!) Kassiererin berührt. Ihre Energie überträgt sich auf das, was wir dann essen. Ich halte hier ausdrücklich fest, dass ich für jede Frau und jeden Mann, die für das geringe Gehalt dort arbeiten, große Hochachtung und Respekt hege! Jedoch ist auch auffallend, dass Leute, die wenig Geld verdienen, sehr viel weniger gute Laune an den Tag legen, als solche, die mit Ihrer Arbeit viel verdienen.
Sie sehen, wir sind im Alltag wie selbstverständlich mit allen möglichen Energien konfrontiert. Wenn wir also von s p a c e – clearing sprechen, so bin ich bemüht, den Raum von all dem, was jemals in ihm geschah zu reinigen und darüber hinaus auch die Möbel, das Geschirr und jede

andere Materie wieder in den Ursprung von Reinheit und Klarheit zu versetzen. Da ich ein menschliches Wesen bin, kann ich auch nur menschliche Verhaltensregeln dafür benutzen.
Es liegt aber auch in der Natur des Menschen, dass er an manchen Tagen Bäume ausreißen könnt, und an anderen gerade mal mit Mühe am Morgen den Kopf vom Polster hochkriegt. So ist es auch mit allen Energiearbeiten. Sie sind sehr bereichernd für alle Beteiligten, aber es kommt auch mal vor, dass meine persönliche Energie weniger stark ist und ich aus diesem Grund ein *space* – clearing© absage. Denn es ist von überaus großer Wichtigkeit, dass der Ausführende, in dem Fall ich, ganz und gar bei sich bleiben kann.

Ich gehe auf diesen Seiten darauf ein, wie *space* – clearings© bei mir funktionieren. Aber ich gebe auch Tipps, wie Sie selbst Reinigungen vornehmen können. Es verhält sich wie mit vielen anderen Bereichen des Lebens: Es gibt für das eine oder andere einen Profi, den man engagiert, und dann gibt es für denselben Bereich auch selbst zu erfüllende Maßnahmen. Ein Beispiel hierfür ist der Zahnarzt. Sie gehen regelmäßig zum Zahnarzt und lassen alles durchchecken, gönnen sich eine spezielle Mundhygiene und wenn etwas kaputt ist, wird es repariert. Das ist ganz einfach! Niemals kämen Sie auf die Idee, selbst ein Zahnimplantat zu legen. Aber, und das ist sehr wichtig, Sie pflegen Ihre Zähne selbst. Niemand geht jeden Tag zum Zahnarzt und lässt sich von ihm die Zähne putzen. Oder? Das machen Sie allein, zu Hause in Ihrem Bad. Und in vielen Fällen empfiehlt Ihnen der Zahnarzt auch, zusätzliche Tools zu verwenden, wie z.B. eine Mundddusche oder Zahnseide. Mit Hilfe von Zahnpaste, Zahnbürste, Mundddusche und Zahnseide kümmern sich die meisten von uns das ganze Jahr über allein um die Zähne. Und wenn wir das hingebungsvoll und kontinuierlich machen, uns zusätzlich auch noch mit der Ernährung im Rahmen halten, hat der Zahnarzt meistens recht wenig Arbeit. Trotzdem kann eine professionelle Mundhygiene 1- bis 2-mal pro Jahr sehr erfrischend und angenehm sein.

So ist es auch beim *space* – clearing©. Ich als Profi rate meinen Kunden, während des Jahres an der Atmosphäre selbst klärend Hand anzulegen. Dafür gibt es einerseits Hilfsmittel und andererseits Verhaltensregeln.

Beides lässt sich leicht beherzigen und gut durchführen. Genauso, wie wir mindestens 1-mal pro Tag unsere Zähne putzen (besser noch 2-mal!), genauso sollte man sich wenigstens 1-mal pro Tag an der Reinigung der Atmosphäre beteiligen. Denn das geschieht auch nicht von selbst!
Anhand eines Beispiels kann ich Ihnen wohl am besten deutlich machen, wie ich ein *s p a c e* – clearing© erlebe, wie und was ich dabei fühle und warum ich es als meine Aufgabe sehe, dies zu tun.

Weiter vorne im Buch konnten Sie Zeuge einer Energieverwandlung in einer Wohnung werden, die nur durch ein innig gesprochenes Gebet plötzlich leicht verkauft wurde. Sicher wäre sie auch auf andere Weise verkauft worden, möglicherweise war aber eben das, was wir getan hatten, was ich getan hatte, der ausschlaggebende Faktor. Vorher/Nachher ist ein beliebtes Bild bei vielen Demonstrationen. Man kann einfach besser erklären, was geschehen ist, es besser zeigen, es leichter verständlich machen. Durch die Erfahrungsberichte, die Sie lesen werden, wird klar verständlich, warum manchmal eine außenstehende Person mehr Erfolg hat als die eigenen Bemühungen. Es ist ein entscheidender Unterschied, raumenergetische Sauberkeit aufrecht zu erhalten oder ein *s p a c e* – clearing© zu machen.
Der Unterschied ist tatsächlich gravierend.
Am Anfang steht meist ein Anruf. Die Person hat zumindest ein Problem, ansonsten käme sie erst gar nicht auf die Idee, jemanden wie mich zu suchen. So auch die Dame, die ich für unser Demonstrationsbeispiel nehmen werde.

Sie ruft an einem Donnerstagabend an. Sie ist ganz aus dem Häuschen. Sie will, dass ich so schnell wie möglich in ihr Haus komme, um ein *s p a c e* – clearing© zu machen. Sie habe von mir gehört und ich sei ihre letzte Hoffnung, dass doch noch alles gut werde. Was gut wird? Ich weiß es zu diesem Zeitpunkt selbst nicht. Nach Prüfung des Terminkalenders stellen wir fest, dass mein Besuch bei ihr erst in einer Woche sein kann. Also Donnerstag!

Jetzt müssen Sie wissen, werte Leser, dass in dem Augenblick, in dem ein Kunde bei mir einen Termin einholt, das *s p a c e* – clearing© bereits beginnt. So betrachtet liegt es in meinem eigenen Interesse, wenn der Termin so schnell wie möglich statt findet. Denn während dieser Tage bis zum eigentlichen physischen Besuch bin ich auf einer feinenergetischen Art und Weise bereits dauernd vor Ort. Dazu ist nicht erforderlich, dass ich den Ort kenne! Es geschieht auf der morphogenetischen Ebene. *

In unserem Beispiel sollte das *s p a c e* – clearing© also eine Woche dauern.

Am Sonntagabend begann mir der Bauch schrecklich weh zu tun. Ich dachte an verdorbenes Essen. Dann bekam ich Kopfschmerzen. Oh je, jetzt werd bloß nicht krank, redete ich mir zu. Am Montagmorgen war es so schlimm, dass mir nichts anderes übrig blieb, als den Arzt zu konsultieren. Meine Beschwerden wurden so stark, dass ich das *s p a c e* – clearing© absagen musste. Sobald ich das getan hatte und für den darauf folgenden Donnerstag einen erneuten Termin vereinbarte, war alles wieder bestens. Zu diesem Zeitpunkt vermutete ich nicht wirklich einen Zusammenhang. Erst als sich am Sonntag wieder Bauchweh, Kopfweh und extreme Übelkeit einstellten, wurde ich stutzig. Ich vertiefte mich mental in die Energie, die mich in diesem Augenblick durchströmte und ließ sie in einer violetten Flamme aufgehen. Dabei erlebte ich starke Schmerzen und einen gewaltigen Widerstand.

* Das morphogenetische Feld:
Es besteht die nicht wissenschaftliche hypothetische Ansicht, dass es ein Feld gibt, das am Verhalten und der Koordination mit allen Wesen beteiligt ist. Eine Verbindung, die man auch morphische Resonanz nennen könnte, kann zur Ursache von Veränderungen an diesem Muster führen oder sie klären.
Diese Ausführung, vereinfacht dargestellt, ist ein in meinem Anwendungsgebiet gebrauchtes Phänomen, das ich persönlich nicht kann. Ob die Wissenschaft das anerkennt oder nicht spielt keine ausschlaggebende Rolle. Für mich zählt das was ich erlebe und was ich erreiche.

Es war sehr bedrohlich, fast unheimlich! Es erforderte große Konzentration und ich möchte sagen auch Mut, diesen Energien, die da auf mich einwirkten, zu begegnen und sie dabei ruhig und sachlich zu beobachten. Denn wenn ich das beim *s p a c e* – clearing© nicht tun kann, bin ich selbst in echter Gefahr. So aber vertraue ich darauf, erstens geschützt zu sein und zweitens mit Klarheit erkennen zu können, was getan werden muss.

In diesem Fall erklärte ich mit Worten, die tief empfunden aus mir kamen, dass ich auf jeden Fall kommen würde, egal, was mich dort in diesem Haus erwarten würde! Und wenn ich noch so starke körperliche Widrigkeiten auferlegt bekäme, ich würde am Donnerstag dort sein! Und mit einem Mal war alles gut. Keine Schmerzen, keine Beschwerden!

Donnerstag: *s p a c e* – clearing©

Die Adresse war leicht zu finden. Es war ein wunderschönes Anwesen. Ein Dienstmädchen empfing mich und führte mich in den Wohnsalon. Als die Dame des Hauses kam, konnte ich an ihrer Art, mich zu begrüßen, erkennen, dass sie außergewöhnlich nervös war. Sie fragte mich, ob ich etwas wissen müsse bevor ich beginne. Es war offensichtlich, dass sie das Gespräch suchte. Sie wirkte verletzlich, aber vor allem spürte ich ihre Einsamkeit. Eigentlich wäre es für die Kundin wichtig gewesen zu reden und angehört zu werden. Aber dafür war ich nicht engagiert worden. Ich war hier, um ein *s p a c e* – clearing© zu machen. Und um dies zu tun, ist es für mich wichtig, dass ich frei bleibe. Frei von Erzählungen oder Erläuterungen, frei von all den Sorgen und Ängsten, die die meisten Menschen dazu bewegt, ein *s p a c e* – clearing© überhaupt machen zu lassen.
Und so lehnte ich bestimmt aber höflich jede Konversation ab. Es bringt mich einfach aus dem Gleichgewicht. Und es würde mich voreingenommen machen. Was für die Arbeit äußerst kontra produktiv ist.
Das verstehen die meisten meiner Kunden!

Ich erkläre ihnen auch fast bis ins Detail genau, was ich mache. Die Menschen sollen wissen, so gut es geht, was geschieht und wie es geschieht.
Und so erkläre ich hier für Sie, liebe LeserInnen das Prozedere ganz ausführlich. Mit den innerlich gesprochenen und den geäußerten Worten, mit den Gefühlen und den dahinter stehenden Informationen, Gedanken, Ideen etc.
Zuallererst begebe ich mich in einen Schutzkreis. Dieser wird im Außen angezeigt, indem ich in allen Himmelsrichtungen eine Kerze entzünde. Das ist zwar ein Viereck, aber visuell halte ich einen Kreis um dieses Viereck. In der Mitte steht eine 5. Kerze und die Schale mit dem Räucherwerk. In den meisten Fällen verwende ich dazu Weihrauch, Salbei und manches Mal auch eigens dafür gesammeltes Harz.

Das Räuchern ist allerdings erst ganz zum Schluss an der Reihe.
Ich beginne also damit, dass ich die Kerzen anzünde. Dabei wende ich mich mit geistiger, also mentaler Stimme an die Wächter der verschiedenen Himmelsrichtungen. Ich spreche nicht laut, sondern in Gedanken mit ihnen. Lasse mich von meinem Herzen leiten, wie ich das während des ganzen *space*– clearings© mache. Die Worte sind immer ein wenig unterschiedlich, aber es könnte sich in etwa so anhören:

Ich verneige mich vor dem Wächter des Nordens und danke für alle Deine Kraft und bitte Dich, mich in meiner Arbeit zu unterstützen. Mir die Konzentration zu geben, die ihren größten Fokus im Norden hat. Das Zusammenziehen und das Fokussieren sind Deine Stärke! Lass mich daran teilhaben und beschütze mich, während ich in der Konzentration bleibe. Ich danke Dir dafür. Als Gabe zünde ich eine Kerze an. Sie erinnert mich, dass Du, der Wächter des Nordens, mich und das, was ich tue, unterstützt und mich bewachst.

Ich verneige mich vor dem Wächter des Ostens und danke für all Deine Kraft und bitte Dich, mich in meiner Arbeit zu unterstützen. Mir die Erinnerung zu erhalten, wenn ich

zögere; mich dazu zu ermuntern, dass alle Vergangenheit hier und jetzt entsteht und vergeht. Du erinnerst mich, dass ALLES im Jetzt IST. Mit diesem Atemzug erzeuge ich Vergangenheit. Und mit diesem gleichen Atemzug kann ich alles, was war, vergeben. Ich danke Dir, Wächter des Ostens, dass ich auf Deine Unterstützung zählen kann und darf. Es ist mir eine Ehre und eine große Freude, hier und jetzt bei einem Neuanfang dabei sein zu dürfen. Als Gabe zünde ich eine Kerze an. Sie erinnert mich, dass Du, Wächter des Ostens, mich und das, was ich tue, unterstützt und mich bewachst.
Ich verneige mich vor dem Wächter des Südens und danke für all Deine Kraft und bitte Dich, mich in meiner Arbeit zu unterstützten. In mir das Feuer der Leidenschaft und die Fähigkeit zur Begeisterung zu erhalten, damit ich mit großer Hingabe und wenn es nötig ist auch mit Mut meine Aufgabe erfülle. Die Kraft der Sonne, wenn sie in Deiner Region, im Süden steht, ist in Resonanz mit der Kraft meines Solarplexus. So soll es sein, das gibt mir Kraft und Durchhaltevermögen, stärkt mein Vertrauen! Als Gabe zünde ich eine Kerze an. Sie erinnert mich, dass Du, Wächter des Südens, mich und das, was ich tue, unterstützt und mich bewachst.

Ich verneige mich vor dem Wächter des Westens und danke für all Deine Kraft und bitte Dich, mich in meiner Arbeit zu unterstützten. Im Lichte Deiner Gegenwart ist Heilung möglich. In der Gegenwart steckt die höchste konzentrierte Kraft der Kreativität und Flexibilität. Der Ausdruck von Spontanität und jugendlicher Frische ist Dir eigen. Wenn Du mich bei diesem Prozess begleitest, bin ich eingehüllt in diese Energie, die mir so viel bedeutet. Als Gabe zünde ich eine Kerze an. Sie erinnert mich, dass Du, Wächter des Westens, mich und das, was ich tue, unterstützt und mich bewachst.

Ich begebe mich in eine für mich komfortable Position inmitten der Kerzen und entzünde die Kerze in der Mitte direkt vor mir.

Dies ist das Licht der Mitte, der Einheit von Allem, was Ist. Ist man bereit in die Einheit zu gehen, wird alles ganz klar und ist mit einem Mal von jeglichem Missklang befreit. Klingt das zu simpel? Ja, das klingt so – und ist so!

Um diese Einheit herzustellen, bin ich gekommen. In diesem Zustand erreiche ich nichts, erklimme ich keine geistigen Höhen oder Tiefen. Es wird auch nichts getan oder gesagt. Es ist einfach nur ein Zustand. Zugegeben, ich nenne es den Zustand der „Gnade". Sobald ich in diesen Bewusstseinszustand komme, werden Dinge aus allen möglichen Zeiten, die einen Raum jemals belastet haben, quasi beleuchtet und ohne einen Widerstand losgelöst. Hätte ich Widerstand bei dem, was ich sehe, rieche, höre oder fühle, würde das was ich sehe, rieche, höre oder fühle mit mir in Resonanz gehen und hätte auf diese Weise eine weitere Möglichkeit, sich aufs Neue zu manifestieren. Da ich aber nur unbeteiligter Zuschauer bin, ergibt sich die Chance für die alten und inzwischen nicht mehr angemessenen Energien im Raum gerade über die ungenützte Resonanz eine Leiter in die Freiheit zu benutzen.

Ich spüre oft Schmerzen, Stechen, echte Qualen während so einer Sitzung. Aber solange ich mich auf der Beobachterseite befinde und das, was geschieht, nur betrachte, geschieht mir nichts. Das ist überaus wichtig. Denn ich darf mich nicht einbringen. Ich bleibe still, ganz still in mir. Der Körper und seine Geräusche werden sodann Teil dieser Einheit von Stille. Das dauert so lange, bis ich fühle wie es immer weiter und größer wird, in mir und um mich herum. Es ist sehr schwer zu beschreiben, was da abläuft. Am besten versucht man zu verstehen, dass letztlich alles Eins ist und wieder in diese Einheit zurückkehrt. Beim *space* – clearing© verhält es sich so, dass ich im Prinzip nur eine Leiter für das Unbewusste im Raum bin.

Alle Materie ist Energie, das ist soweit kein Geheimnis mehr.
Auch der Mensch besteht nur aus Energie – und seinem Geist, der auch Energie darstellt.

Wenn alles Energie ist, dann ist es auch verständlich, dass sich Gleiches mit Gleichen verbindet – Resonanz erzeugt.

Wenn jemand – ein Mensch – mit einer unbeseelten Materie in Berührung kommt, so werden alle Berührungsmomente in dieser gespeichert. Worte in einem Raum gesprochen dringen in die Materie genauso ein wie in Menschen und werden gespeichert. Ein Mensch reagiert immer wieder aufs Neue, wenn er in Resonanz mit einer einmal gemachten Erfahrung ist. Das macht er so lange, bis es ihm bewusst wird und er eine neue Entscheidung trifft. Ja und sogar dann wird er sich immer wieder mal dabei ertappen, wie er in die gleiche Situation (Falle) tappt, bis es eine konditionierte Freiheit von dem Muster gibt. Das heißt, auch das Loslassen von alten Mustern ist ähnlich wie ein *s p a c e* – clearing©. Nur beim Raum geht es wesentlich schneller. Er leistet keinen Widerstand, wie es der menschliche Geist und die ach so menschlichen Gefühle so gut und gerne machen.

Wo waren wir bei unserem Beispiel? Bei den Vorbereitungen im Haus der Dame ...
Noch bevor ich beginne, die Kerzen der Reihe nach anzuzünden, habe ich mir die Dinge vorbereitet, die ich sofort brauche, aber auch das, was ich erst nach der geistigen Arbeit benötige. Das Räucherwerk.
Sobald ich die Kerze in der Mitte vor mir anzünde, ist dies das Zeichen, dass niemand, unter gar keinen Umständen (!), mich in diesem Kreis stören darf. Mein Körper führt einen Tanz auf, der nicht immer schön ist und es könnte der Eindruck entstehen, dass man mir zu Hilfe kommen muss, genau das darf auf keinen Fall geschehen.
Bevor ich also das Licht vor mir entzünde, will ich, dass für alle Beteiligten klar ist, dass sie einfach ruhig bleiben sollen. Dass diese Arbeit auch für jeden Menschen im Raum eine Möglichkeit bietet, seine inneren Räume in diese Einheit mit einzubeziehen. Dies hat sich schon bei vielen *s p a c e* – clearings© als wahrhaftige Heilung für so manche somatische Beschwerde herausgestellt.

Ich zünde also die Kerze in der Mitte an und tauche in diese innere Kammer ein, in diesen inneren Raum, der unendlich ist, der Raum ohne Türen, der Moment, in dem alles versinkt.

Zuerst sinke ich und dann schwebe ich in mir. Betrachte mich beim Beobachten so lange, bis sich das Zuschauen und das Sehen vereinen, Eins werden. Ich sehe das Geschaute, in dem ich mir beim Schauen zusehe, solange bis das, was ich sehe, aus dem Geschauten auf mich schaut, solange bis das Geschaute und ich, der Zuschauer, in einer Erfahrung verschmelzen, die ich fühle, um zuzusehen wie ich fühle und das Gefühlte sich in mir auflöst; in dem ich das Gefühlte bin und das solange, bis ich fühle, dass ich nur zusehe beim Fühlen, und höre wie ich höre, dass ich höre und mir zuhöre wie ich höre was ich höre. Das geht ein in die gefühlte und gesehene als zugeschaute und zugehörte Gefühlserfahrung, die dies so lange wiederholt, bis alles ein einziges in sich Zusammenziehen und sich wieder Ausdehnen ist. Es dehnt sich so lange aus, bis es klar und rein dasteht, gesehen, gehört und gefühlt. Unausgesprochen, ungehört und ungefühlt wird dies als Erfahrung (des Raumes) geschaut, im Lichte betrachtet. „Es“ erkennt sich und erkennt auch, dass es da keine Trennung gibt und daher auch keine Anhaftung. „Es“ wird mehr und mehr frei und entfaltet sich hinein in die Ewigkeit, in das Sein, in das, was Alles ist. Es bleibt und ist doch weg. Es ist Eins mit dem Sein.

Das ist *s p a c e* – clearing©.

Mir ist bewusst, dass das oben Geschriebene wirr und unverständlich klingt. Es ist auch nicht leicht zu erfassen, was ich erlebe. Am besten ist es, wenn Sie auch anfangen in sich hinein zu sehen und die Dinge aus dieser Beobachterstellung zu betrachten. Sie werden möglicherweise nach ein paar Trainingsminuten pro Tag sehr schnell erkennen, wie sich die Welt aus diesem Bewusstseinszustand heraus anders anfühlt, vielleicht sogar leichter zu ertragen ist, als vorher, vor dieser Übung.

Ich will damit sagen, dass jeder Mensch in der Lage ist, das zu tun, was ich tue. In meinen Augen ist es sogar sehr wichtig, dass viele die Grundlagen des *s p a c e* – clearings© lernen und alle Menschen in der Lage sind, für sich selbst eine solche Reinigung durchzuführen. Natürlich gibt es Ausnahmen. Und dafür holt man sich einen Spezialisten oder eine Spezialistin. Doch für den Alltag und für sich selbst sollte jeder die Grundkenntnisse erfahren, um aus einem Raum einen Lebensraum zu schaffen.

Kommen wir wieder zur Villa zurück.

Ich habe die Kerze in der Mitte entzündet und mache meine Arbeit wie vorher beschrieben. Ich sehe und höre, aber ich darf mich davon nicht beeindrucken lassen. Das ist das eigentliche Geheimnis!

Ich sehe und spüre ungeheure Gewalt. Es riecht nach Blut, es riecht nach Alkohol. Aber es ist auch eine andere „Sache“ da und macht sich in Form von Schwindel sichtbar, wie ich ihn noch nie zuvor gespürt hatte. Haben Sie schon mal einen Schwindel gesehen? Gespürt ja, aber gesehen? Man glaubt sich in einer Drehung und dann erwischt man sich beim Stehen im Drehen. So ungefähr! Ich roch Erbrochenes und hatte dabei das Gefühl zu ertrinken.
Immer, wenn bei meiner Arbeit etwas für mich Neues auftaucht, bin ich natürlich versucht das, was ich erlebe, zu bewerten oder zu kritisieren. So auch an diesem Tag. Und sofort komme ich aus meiner Mitte heraus und werde in den Strudel der Dualität hineingezogen. Es braucht schon eine gewisse Routine, um sofort zu erkennen, dass ich mich wieder in die innere Beobachterstellung begeben muss, um erfolgreich zu sein.
Das kann bei einer Sitzung sogar öfter passieren. Aber im Laufe der Jahre habe ich mir die passende Technik zugelegt, die mir erlaubt froh und locker zu bleiben, während mein Körper mit all seinen Sinnen dies alles mitmacht.

Nachdem ich mit der geistigen Arbeit fertig war, entzündete ich die Holzkohle und gab das – in diesem Fall – Harz dazu, das ich aus Indien mitgebracht hatte. Mit dem Räucherwerk ging ich durch das ganze Haus und auch in den Garten. Nachdem dies getan war, setzte ich mich wieder in die Mitte des von mir errichteten Lichtkreises, das eigentlich ein Viereck war, und begann damit, die Schutzgeister und Schutzlichter an den Grundstücksecken zu visualisieren.

Dazu spreche ich in ähnlicher Weise wie mit den Wächtern der Himmelsrichtungen, um sie zu bitten, dieses Anwesen zu schützen. Ich rufe das Licht an, sich zu zeigen, sich zu manifestieren.

Es gibt einen bestimmten Moment, in dem ich ganz sicher bin, dass es möglich ist,

Anrufungen zum Wohle aller Beteiligten zu machen. In diesem Moment der Klarheit, Schönheit und Reinheit, der sich ausgebreitet hat, entsteht eine Art Zugang zu höheren Sphären und eine Einladung, diese Stille und Erhabenheit zu materialisieren, indem man sie in Worte fasst. Denn Worte sind mächtig und wichtig für neue Realisierungen der Räume!

Und so spreche ich im Namen der „Ich bin"-Gegenwart und rufe das Licht, die Liebe, das Glück, die Harmonie, die perfekte Kommunikation, vollkommene Gesundheit an Körper, Geist und Seele, die Reinheit und Klarheit, die Fülle und den Segen Gottes, die geistige Führung und den Göttlichen Schutz für alle Bewohner dieses Hauses und jeden, der mit ihm je zu tun hatte oder zu tun haben wird.
Nachdem ich dieses Ritual gemacht hatte, das bei allen *s p a c e* – clearings© ziemlich ähnlich abläuft, setzte ich mich mit der Dame des Hauses zu einer Tasse Tee ins Wohnzimmer. Sie erzählte mir jetzt, warum sie mich anrief und weswegen sie so große Hoffnungen in dieses Reinigungsritual gelegt hatte.

Sie war schon seit langem mit Ihrer Familie in dem Haus und seit genauso unendlich langer Zeit wurde sie von ihrem Mann geschlagen und missbraucht. Ihr Sohn hatte angefangen Drogen zu nehmen und ihre Tochter hatte bereits im Alter von 17 Jahren das Haus verlassen. Es war ein Leben in der „Hölle". Niemand in der Familie hatte den Mut, sich gegen den Herrn aufzulehnen. Viele Male hätte sie versucht, ihn zu verlassen, ohne Erfolg! Was nun geschehen würde, fragte sie mich. Ich konnte ihr keine ehrliche Antwort geben, denn es passieren nach einem *s p a c e* – clearing© immer die seltsamsten Dinge, die einfach nicht vorhergesagt werden können.

Nach etwa einem Monat bekam ich einen Anruf von der Dame.

Sie erzählte mir, dass er nach meinem Besuch völlig ausgerastet sei. Es sei ein schlichter Alptraum gewesen.

Doch zu seiner Überraschung blieb sie davon wie unberührt. Er schrie, sie blieb ruhig. Er betrank sich und schlug sie erneut. Sie beschrieb es so: Sie hatte Schmerzen, sie weinte, sie zitterte und wurde sich ihrer Ohnmacht erst so richtig bewusst. Ja, sie hatte das Gefühl ihm ausgeliefert zu sein auch schon vorher gehabt, aber es war diesmal, als ob sie sich und ihn in einem Spiegel sehen könnte. Sie sah sich bei all dem, was um sie herum und mit ihr geschah mehr zu, hatte das Gefühl, nur Zuseherin zu sein. Es war, als ob sie ein schreckliches Schauspiel zu sehen und zu hören und zu spüren bekam. Und sie erkannte urplötzlich, dass es eigentlich ganz einfach war. Sie rief eine Freundin an. Diese lebte in Spanien und hatte schon öfter ihre Hilfe angeboten. Nun war sie soweit, diese Hilfe in Anspruch zu nehmen und endlich zu erkennen, dass nur sie ihr Leben in die Hand nehmen konnte. „Kein anderer kann das für mich tun!" Das waren ihre Worte. Sie verabschiedete sich von mir und bedankte sich nochmals für das, was ich getan hatte. Sie lebt nun in Spanien und ist dort endlich frei!

Warum hatte ich schon im Vorhinein solche Schmerzen? Weil alles Eins ist. Weil ich bereits mit der Zusammenarbeit der kosmischen Einheit anfange, sobald sich jemand entschließt, meine Hilfe beziehungsweise das, was ich tue, in Anspruch zu nehmen.
Es erstaunt auch mich immer wieder, wenn ich es erlebe und doch ist es ganz und gar simpel!

Wenn ein *s p a c e* – clearing© zu Ende ist, bin ich zumeist für eine Weile ziemlich ausgelaugt. Warum dies nicht so einfach an mir abprallt, habe ich mich auch schon oft gefragt. Zumeist denke ich sehr mitfühlend mit den Kunden, was natürlich mit sich bringt, dass ich doch Energie verbrauche.
Um einen Ausgleich herbei zu führen, nehme ich in erster Linie die Elemente Wasser und Luft in Anspruch. Das heißt, ich laufe spazieren, gehe baden. Dabei lasse ich zuerst zu, dass die Dinge nochmals Revue passieren, um dann einen angemessenen Abstand zu erreichen. Dies geschieht häufig dadurch, dass ich mich voll und ganz der Natur oder einer anderen mir lieben Sache widme. Manchmal ist es gut, Musik zu hören oder zu malen. Wichtig ist nur, dass ich etwas mit Freude Erfüllendes mache.

Es kommt auch vor, dass ich mich für einige Tage komplett zurückziehe. Und bei anderen Arbeiten ist alles nach einer Stunde schon so weit von mir weg, als ob nichts geschehen wäre. Das ist, wie Sie sehen können, sehr unterschiedlich.

Bei dieser Art von Raumreinigung kommt es auch vor, dass man es mit Geistern zu tun hat. Mit verstorbenen genauso so wie mit lebenden!

Ich möchte auch an dieser Stelle wieder mit Beispielen aufzeigen wie sich das zeigt:
Eine Kundin, die ich schon seit Jahren kannte, lud mich zum Kaffee ein. Sie war seit einigen Jahren verheiratet. Sie erzählte mir, dass ihre Ehe in einer Krise stecke, aus der sie beide keinen Ausweg mehr sähen. Ihr Mann wolle genauso wenig eine Trennung wie sie, aber sie hätten einfach keinen gemeinsamen Nenner mehr. Dazu kam, dass sie sich sehnlich ein Kind wünschten und obwohl bei beiden gesundheitlich alles in bester Ordnung war, klappte es einfach nicht. Ich schlug ein *s p a c e* – clearing© vor.
Wir vereinbarten einen Termin und schon bald danach hatte ich das Gefühl, von mysteriösen Augen beobachtet zu werden. Überall Augen! Ich gebe zu, das war schon ein bisschen unheimlich! Als ich nach ein paar Tagen zu ihrem Heim aufs Land hinausfuhr, erwischte ich mich dabei, eine Ausrede zu erfinden, um absagen zu können. Wieder eigenartig! Das ist so gar nicht meine Art. Schon deshalb fuhr ich tapfer weiter und erreichte zum vereinbarten Zeitpunkt mein Ziel. Es war ein hübsches und sehr heimelig eingerichtetes Einfamilienhaus.

Ihr Mann war da und beide machten den Eindruck, dass es ihnen sehr ernst mit der Hausreinigung war. Ich konnte sehen, dass gewisse Feng Shui-Kriterien berücksichtigt wurden und wie mit großer Liebe an allen möglichen Plätzen Blumen gediehen. Das ist doch immer ein gutes Zeichen! Wenn die Blumen sich wohl fühlen!

Ich machte mich an die Arbeit.
Alle Vorbereitungen wurden getroffen und ich

begann, in mich zu gehen. Dieses in sich hineingehen, wie ich es nenne, kann auf unterschiedliche Arten funktionieren. Bei mir ist es so, dass ich mich auf die Atmung konzentriere und ein Mantra rezitiere, solange die Gedanken noch auf Hochtouren laufen. Ein Mantra kann lang sein, kurz oder nur ein Wort. Es gibt sehr viele Mantras – so wie es viele Gebete gibt. Der Unterschied zwischen einem Gebet und einem Mantra ist in meinen Augen der, dass ich bei einem Gebet auch die Gelegenheit habe, eigene Worte zu gebrauchen. Das Mantra lässt dies nicht zu. Da gibt es einen genauen Wortlaut, der auch genau eingehalten werden soll, denn es verliert die Kraft, wenn man es ändert. Ein Mantra ist ein Gebet. Da ich bei einem indischen Meister gelernt habe, verwende ich das Mantra in Sanskrit. Es gibt natürlich Mantras in anderen Sprachen wie zum Beispiel das „Om mane pad me hum". Ich bevorzuge Sanskrit deshalb, weil es einerseits sehr oft Wirkungen hervorbringt, die für mich manchmal sehr erstaunlich sind. Zum anderen zwingt es mich durch seine sprachliche Differenzierung, auf eine starke Weise konzentriert zu bleiben. Die restliche Gedankenflut in meinem Gehirn wird leise und verflüchtigt sich ziemlich schnell bis hin zum Zustand der absoluten Stille.

Sobald diese Stille eintritt, startet eine Art Umkehrfunktion im ganzen Körper. Wenn ich vom ganzen Körper spreche, dann ist damit das Vier-Körper-System gemeint: physischer, mentaler, emotionaler und ätherischer Körper.

Sicher sind Sie nicht überrascht, wenn ich Ihnen sage, dass dieser Bewusstseinszustand schwer zu beschreiben ist. Trotzdem will ich den Versuch wagen, es Ihnen zu vermitteln. Kann gut sein, dass sich für Sie eine Türe auftut, obwohl noch nichts geschieht, außer, dass Sie dies lesen.
Die Umkehrfunktion ist eine Umschreibung für das kontrollfreie, schwerelose Geschehen lassen. Das Atmen ist keine Aktion mehr – „es" atmet mich – „es" trägt mich – „es" schaut mich – durch mich – „es" IST.

„Es" drückt aus, dass ich in dem Moment keine Identifikation brauche. Das körperliche Ich ist aufgegangen in mir selbst und gleichzeitig ist es ein befreiendes Loslassen in ein unendlich liebevolles in sich Ruhen. Interessant ist auch das Phänomen, dass ich mich bewusst wahrnehme so wie alles, was um mich herum geschieht; wie durch eine Lupe betrachte ich ganz und gar losgelöst von dem, was man wahrnimmt, ohne jegliche Beteiligung. Das war am Anfang, vor vielen Jahren, noch ein wenig komplizierter. Denn ich hatte ja keine Ahnung von all den schrecklichen und teilweise ekeligen Dingen, die von Menschen verursacht und hinterlassen werden. Und so kam es zu Beginn manchmal zu Komplikationen, die sich körperlich und seelisch als Niedergeschlagenheit und manchmal auch als Krankheit zeigten. Es hat schon eine gewisse Übungszeit gedauert, bis ich in dem bewussten unbeteiligten Bewusstsein zu bleiben vermochte, und von dem, was ich durch mich sah, hörte und fühlte keinen Schaden mehr zu nehmen.

An diesem speziellen Nachmittag war es auch so.
Ich war in dieser Präsenz von Klarheit und konnte mich kaum beruhigen, denn um mich herum schwirrte es nur so von Augen. Das wäre ja noch gegangen, aber sie sahen mich an, als ob sie mich persönlich anklagen würden. Der Blick, ohne Gesicht, ohne Worte kann einen ganz schön in Schrecken versetzen. Ununterbrochen hatte ich eine Gänsehaut und mir war schrecklich kalt. Diese Kälte mitten im Sommer, wo jeder schwitzte! In diesen Emotionen eingebettet und gleichzeitig frierend. Es war also kein leichtes *s p a c e* – clearing©.
Schließlich wurden meine Nerven ruhig und das ununterbrochene Rezitieren von Mantren tat auch seine Wirkung. Und plötzlich ist alles still, klar, leicht.

Ich sehe die Augen, die Augen sehen mich, ich sehe wie die Augen durch mich hindurch sehen und ich beobachte, wie ich immer stabiler und doch freier werde, indem ich mehr und mehr zum Beobachter werde. Die Augen kommen dicht an mich heran und interessanterweise kann ich zum ersten Mal verstehen, dass Augen sprechen können obwohl das Sinnesorgan zum Sehen und nicht zum Sprechen gedacht ist. Und jetzt wo ich die Augen sprechen sehe, kann ich auch hören, dass ich höre, was Augen sprechen. Es ist nicht etwa so, dass ich empfinde oder fühle, was sie zu sagen haben, nein, ich kann es richtig hören.

Und, das was ich höre ist im gleichen Moment Teil dessen was sie, die Augen, hören. Augen, die sprechen und hören können. Schon verwirrend. Aber was ist das schon? Es ist „ein Teil“ – Betonung auf „EIN“ – dessen, was mir ermöglicht, ALLES in Einem zu erhaschen, wenn ich aufhöre zu werten, zu bestimmen, was wann wo sein soll.

Dadurch, dass ich in „meiner“ Betrachtungsweise eine Veränderung, die mehr einer Wandlung gleichkam, zuließ, verließen mich die Augen. Sie wanderten durch den Raum, den unendlich tiefen schwerelosen Raum der Ewigkeit, bis sie ganz und gar weg waren. Zurück blieb ein tief greifendes Gefühl von Frieden.

Was soll ich Ihnen sagen? Nach der Sitzung bekamen meine Klienten ein Baby. Es ist heute etwa 7 Jahre alt und die beiden sind immer noch glücklich verheiratet.

Erst nachdem das Baby zu Welt gekommen war und ich Mutter und Kind besuchte, erzählte sie mir etwas sehr Spannendes. Von einer Nachbarin hatte sie erfahren, dass es schon drei Ehepaare in dem Haus aufgegeben hatten Kinder zu bekommen. Und dass sie deswegen wegziehen mussten, weil die Ehen daran zerbrachen.

Die zweite Geschichte handelt von einem lebenden Geist der sich genauso in einer Wohnung noch aufhalten kann, als wohnte der dazugehörige Mensch noch da.

Es war eine mir fremde Kundin, die mich telefonisch um einen *space* – clearing© Termin bat. Sie gab mir die Adresse in Pressbaum, einem nahen Ort vor Wien. In diesem Fall schien es sich um eine einfache Sache zu handeln, sie wollte das nur tun, um sicher zu sein, dass sie in ihrem Leben alles nur erdenkliche tut, um ein gesundes Leben zu führen.

Sie gab mir die Schlüssel der Wohnung und fuhr ein paar Tage in Urlaub. Sie wollte, dass ich die Reinigung in ihrer Abwesenheit durchführe.

Ich betrat das Haus zum ersten Mal.

Im Erdgeschoß konnte man ungehindert vom Wohnzimmer in ein Arbeitszimmer und in die Küche gehen. Im Obergeschoß waren zwei Schlafzimmer und ein Bad. Das eine wurde offensichtlich zum Schlafen genutzt und das andere … na ja, schwer zu sagen, wofür das verwendet wurde. Die Wände waren in vier verschiedenen grellen Farben gestrichen: orange und gelb, grün und violett mehr ins lila gehend. In dem Zimmer sah es aus, als ob ein Hippie aus den 70er Jahren sein „Zeugs“ vergessen hätte. Von „peace“ Zeichen, zu Hare Krishna-Büchern, einer Trommel, einer riesigen Stereoanlage und natürlich Jimmy Hendrix war es ein echtes El Dorado für Fans aus dieser Zeit. Ja, so wird es sein, einer der beiden hat einen Faible für die Zeit aus meiner Jugend, dachte ich. Ich konnte es kaum fassen, was ich da sah und ich gebe zu, es berührte mich auf eigentümliche Weise. Es war klar, dass ich in diesem Raum mein Ritual abhalten würde.

Zuerst konnte ich mich kaum einrichten, denn es gab wenig Platz. Aber wo ein Wille, da ein Weg. Noch heute bin ich berührt von der Sammlung und so können Sie sich wohl denken, dass es schwierig war, sich auf eine unbeteiligte Reise zu begeben, um zu klären und zu reinigen, was aus dieser Epoche nicht mehr hierher gehörte. Noch dazu wo alles, was mich dort umgab, einen Freudentanz mit meinen Gefühlen aufführte. Ich war eine leidenschaftliche Jugendliche gewesen. Mit Rock und Pop, Gitarre und langen wehenden Haaren, die nur durch ein Lederband gezähmt wurden. Meine Eltern hatten einige Mühe, mit meiner Vorstellung von Mode und Musik zurecht zu kommen. Und hier war in einem einzigen Raum alles, was mich an diese Zeit zurückerinnerte. Und immer wenn ich merke, dass ich in einer Gefühlsebene hängen bleibe, erlaube ich mir eine Weile in jener Zeit zu verweilen, um meinem Geist und meinen Gefühlen Zeit zu geben sich wieder zu beruhigen. Denn solange ich dagegen ankämpfe, kann ich nicht ruhig werden. Aber sobald ich mir erlaube, in diese Phase einzutauchen, wird es viel schöner und geht wesentlich schneller vorbei.

So kam ich dann doch relativ schnell in den Bewusstseinszustand, den ich Ihnen schon zu beschreiben versuchte. Als ich endlich in der Beobachterrolle völlig losgelöst von allem rund um mich war, erlebte ich eine Szene, die mir zwei Mädchen im Alter von ca. 12 bis 14 Jahren in dem gleichen Raum, in dem ich jetzt saß, zeigte. Sie zuckten immer beim Geräusch eines Autos in der Auffahrt zusammen und hatten schreckliche Angst. Sie spielten laut „In-A-Gadda-Da-Vida“, die Single von Iron Butterfly. Dieser Song machte den beiden Mut und gleichzeitig gab er ihnen eine Möglichkeit zu träumen, dass alles anders sein könnte.

In der nächsten Szene sah ich, wie sie malten. Sie hatten Farben der Freude gewählt. Gelb – Orange. Und doch kam er immer wieder. Sie wählten Farben der Heilung und bemalten das ganze Zimmer mit grün und violett. Es hat recht wenig genützt. Sie bekamen doch immer wieder den gleichen Horror zu spüren.
Die Mutter war nett und gab ihnen ein paar Brocken zu essen, aber mehr auch nicht. Die Mädels waren in diesem Zimmer eingesperrt. Sofort nach der Schule mussten sie da rein. Aus Basta! Kein Entkommen! Woher sie die Farben nahmen, kann ich nicht beantworten, obwohl es mich interessiert hätte.

Ich ließ die Mädchen reden und hörte zu. Ich ließ sie spüren, was ich spürte. Sie konnten erkennen, dass es außer Schmerzen und Leid auch eine andere Welt gab und gibt. Nach langer Zeit wurde mir leichter ums Herz und ich bekam endlich wieder richtig Luft. „Es" atmete ruhig durch mich! Was war das? Die Mädchen gingen nicht fort, hinein in die lichtvolle schwerelose ewige Weite. Sie waren nicht mehr da, aber es war, als ob sie nur eine Sinneswandlung gebraucht hätten und nun in einer anderen Art von Schwingung weiter leben könnten. So ungefähr wird es sein, dachte ich bei mir, als ich durchs Haus ging und mit dem Räuchern alles versiegelte.

Als meine Kundin aus dem Urlaub zurück kam, holte sie den Schlüssel von mir. Ich frage sie, ob Ihr Mann oder sie selbst so ein Fan der 70er Jahre wäre? Sie meinte, dass das schon sehr eigenartig zugegangen sei. Denn weder sie, noch ihr Mann seien von den Trends aus dieser Zeit je beeindruckt gewesen. Sie selbst seien ja sowieso zu jung dafür. Und in ihrer Jugend habe sie von den Eltern ganz andere Werte mitbekommen. Ihr Mann und sie selbst gingen mehr in die Oper und ins Theater. Erst als sie das Haus gekauft hätten, seien da diese Sachen gewesen, die sie gleich in ihren Bann gezogen hätten, aber sie seien eben bereits im Haus gewesen. Das ganze Haus sei in diesem Stil ausgestattet gewesen. Sie hatten viel umgebaut und neu gestaltet. Aber in diesem Zimmer war einfach alles anders. So kauften sie Farbe für die Wände, die natürlich zu stark ins Gelbe ging, und dann war sie wieder zu orange. Schließlich kam dabei das heraus, was ich vorfand. Eine Wand in Orange, eine andere in Gelb und die zwei verbleibenden in Violett und Grün. Auf schräge Art sogar schön! Sie erzählte mir, sie hätten dann eine Stereoanlage gekauft, um die Platten zu hören, die da herumgelegen hatten. Und je mehr sie sich mit dem Zimmer auseinander setzten, umso mehr hielten sie sich auch in ihm auf. Und es begann ihnen dort immer mehr zu gefallen. Es wurde liebevoll das „Kreativzimmer" genannt.

Ich fragte sie, ob sie die Vorbesitzer gekannt habe. Nein, sie hatten direkt vom Anwalt der Verlassenschaft gekauft. Die Erben wollten damit nichts zu tun haben.

Ich erzählte ihr von den zwei Mädchen im Zimmer und hätte gerne gewusst, ob sie dort tatsächlich gewohnt hatten oder ob alles, was ich gesehen hatte einfach eine symbolische Darbietung war. Die Kundin wollte sowieso weiter in Kontakt mit mir bleiben und versprach, sich ein wenig umzuhören. Als wir uns einige Wochen später wieder trafen, erzählte sie mir, wie sie und ihr Mann das Haus nach der atmosphärischen Reinigung wahrgenommen hatten. Einige Dinge passierten: Der Hund von der Schwiegermutter war bis zum Zeitpunkt des *s p a c e* – clearings© ein richtiger Rabauke. Benahm sich, als hätte ihn ein Floh gebissen. Er war einfach nie ruhig, obwohl er sonst ein liebes Gemüt hatte.

Seit sie aus dem Urlaub zurück kamen, war der Hund nicht mehr wieder zu erkennen. Lag in seinem Korb, spielte und tat so, als ob das die Selbstverständlichkeit des Tages wäre. Und erst die Schwiegermutter hat sich verändert. Sie sei eine echte Herausforderung an jede Frau gewesen, aber plötzlich schien sie mit allem, was sie betraf, einverstanden zu sein.

Doch es kam noch besser: Denn meine Kundin und Ihr Mann trennten sich. Mir zog es den Magen zusammen, als sie das sagte. Was soll das? Ich will doch keine Ehen auseinander bringen mit meiner Arbeit. Sie sah mein Entsetzen und beruhigte mich lachend. Es sei so, ihr Mann und sie führten eine ruhige gelassene und sehr harmonische Beziehung. Wo ist denn da das Problem?, schrie es in mir!

Aber er und auch sie hatten schon lange das Gefühl, dass da etwas fehlte. Was es genau sei, konnten sie beide nicht beantworten und so blieben sie Jahr für Jahr zusammen, aus Gewohnheit, aus Bequemlichkeit, aus Sicherheitsgedanken, die man entwickelt, wenn man lange ein Paar ist.

Drei Tage nach dem Urlaub jedenfalls saßen sie im Wohnzimmer und das Gespräch wurde sukzessive auf dieses Thema gebracht und mit einem Mal waren sie sich einig, dass sie sich trennen wollten. Und zwar sehr achtsam und in totaler Eintracht. Es ging so auseinander wie sie gelebt hatten. Und sie waren beide glücklich dabei. Übrigens heute noch – fast fünf Jahre später!

Daraufhin wurde sie auch neugierig, was es mit den Mädchen auf sich hatte und rief den Anwalt an, der ihnen auch beim Hauskauf behilflich war. Er erzählte ihr, dass die Vorbesitzer ein Ehepaar mit zwei Töchtern war. Der Vater sei bei einem Verkehrsunfall ums Leben gekommen und die Mutter wäre schon eine Weile vorher in eine Klinik gebracht worden. Die Töchter hätten dann das Haus verkauft.

Wohn
Arbeits
Spiel
Fitness
Gebets
Transport

RAUM

der Raum in der freien
Natur

Planet der Räume

Was geschieht energetisch wenn ich (oder Sie) einen Raum betrete(n)?

IInnerhalb von Sekunden registriert der Körper und das Unbewusste sämtliche angenehmen und unangenehmen Dinge, die im Raum vorherrschen. Es ist dasselbe wie beim ersten Treffen mit einem fremden Menschen. Nach elf bis vierzehn Sekunden hat man den anderen abgecheckt.
Da spielen natürlich sehr viele anerzogene und lieb gewonnene Eigenheiten eine große Rolle. Völlig wertfrei kann niemand jemand anderen sehen und auch einen Raum bewertet man nach den Kriterien, die man im Laufe der Jahre für sich als angemessen erachtet.
Daher kommt wahrscheinlich der Spruch: „Zeige mir Dein Zuhause – und ich sage Dir wer Du bist!“ In den eigenen vier Wänden kann man nicht lügen. Dort drückt sich der eigene Geist aus. Ein anderer Spruch: „So wie innen so im Außen.“
Es ist aber auch so, dass wir Menschen uns oft in einer Übergangsphase befinden und in dieser Zeit stimmt das Innen nicht immer mit dem Außen zusammen.

Wenn sich zum Beispiel jemand scheiden lässt, ist sein Innenleben ganz schön durcheinander, und obwohl er oder sie sich möglicherweise auf einer hohen Entwicklungsstufe befindet, sieht man im Raum die vorherrschende Energie der Trennung. Wenn ein Streit im Raum stattfindet, vergeht die Energie nicht einfach so. Sie bleibt. Durch lüften und putzen ein wenig minimiert, aber doch da! Die Schwingung von Streit, der womöglich auch noch häufig stattfindet, hat eine eigene Frequenz. Sie steht im Raum und versetzt sofort jeden in Resonanz, der den Raum betritt und auch auf der gleichen Frequenz schwingt.

Ein Beispiel:
Ich wurde zu einem *s p a c e* – clearing© in die Wiener Innenstadt gerufen. Eine Frau Mitte Vierzig wollte wissen, wie viel das kostet. Ich nannte den Preis, worauf sie mit einem Hagel von nicht zumutbaren Ausdrücken auf mich losging, um zu demonstrieren, dass ihr das zu teuer ist. Na schön, das könnte man doch auch etwas milder feststellen, dachte ich. Sie meldete sich nach einer Woche wieder, denn es schien ihr die letzte Möglichkeit zu sein, ihre Immobilie zu vermieten. Ich nannte wieder den Preis und zähneknirschend beauftragte sie mich, zu kommen und das zu tun, was zu tun war. Ich verabredete mich mit ihr für den folgenden Tag und beharrte auf Barzahlung. Das Geld schien ein echtes Thema zu sein! Am nächsten Tag stand sie schon vor der Haustür als ich kam und meine erste Frage nach der Begrüßung war, als wäre ich ferngesteuert: „Haben Sie das Geld mit?“ Ich war selbst mehr als erstaunt, dass ich so fragte, denn das war doch klar, oder nicht? Wir hatten das am Vortag gründlich ausgesprochen!

Sie antwortete mit einem schiefen Lächeln: „Nein, das Geld überweise ich Ihnen auf Ihr Konto!“ Aha! Was nun? Ich horche in mich hinein und schon sprach ich, ohne recht zu wissen, was ich da eigentlich tat: „Es gibt nun zwei Möglichkeiten: Die eine wäre, dass sie das Geld JETZT holen und wir die Arbeit gleich machen.

Die andere Variante ist die, dass ich mich JETZT von Ihnen verabschiede und Sie mich wieder anrufen, wenn Sie bereit sind, sich an Vereinbarungen zu halten. Allerdings ist es beim nächsten Mal um € 100,– teurer.“

Sie schaute mich an, als ob sie der Blitz getroffen hätte, lud mich ins Caféhaus ein, während sie das Geld holte. Ich konnte selbst nicht fassen, auf welch eigentümliche Weise ich reagiert hatte! Es schien mir, als ob eine andere Macht durch mich wirkte. In den Räumen, die ich dort zu klären hatte, ging es immer nur um Missgunst, Neid und Eifersucht.

Und da ich immer schon sofort nach Auftragserteilung an dem Objekt arbeite, hat sich das Gespräch ganz in dem Sinne abgewickelt, wie es tatsächlich dort aussah.
Nachdem die Dame wieder da war, gingen wir in das Büro, um welches es sich bei dem Objekt handelte. Sie zeigte mir 250 m² herrlicher Räume. Riesige, mit Intarsien ausgelegte Flügeltüren, Sternparkettboden, helle hohe Räume mit Blick auf die Straße und in den begrünten Innenhof. Sie erzählte mir, dass sie schon seit zwei Jahren einen Mieter suche und keinen finde. Ich fragte nach dem Mietpreis, denn es war ja gut möglich, dass sie einfach viel zu teuer war, und da nützt auch das beste *space* – clearing© nicht wirklich viel. Sie nannte den Mietpreis, der so gering war, dass ich innerlich schon anfing zu spekulieren, es selbst zu nehmen. Es war wirklich billig! Was stimmte denn nicht?

Da waren einige Schönheitsfehler, die man mit ein paar Handgriffen bereinigen konnte. Ich gab ihr zu verstehen, dass es günstiger für die Mietersuche sei, wenn sie sich dazu entscheiden könnte, die Flecken an der Wand abdecken zu lassen, den Putztrupp einmal durch schicke und den Maler den Pinsel schwingen lasse.

Nachdem ich die materiellen Möglichkeiten ausgeschöpft hatte, machte ich mich an die Arbeit. Die Auftraggeberin ging in der Zwischenzeit weg. Ich setzte mich an einen wie mir schien geeigneten Platz und fing damit an, dass ich um Hilfe bat, um Schutz und um Führung. Dann lud ich die Energien ein, sich zu zeigen, um sie ins Licht zu führen. Da begann es, recht kalt und frostig zu werden. Ein ziemlich sicheres Zeichen, dass es sich um einen unerlösten Geist handelte.

Ein männlicher Geist zeigte mir, wie er unter Qualen in den Räumen nach einem Ausweg suchte. Es zeigte sich mir ein Bild von einem überaus gestressten Mann, der sich nicht mehr zu helfen weiß. Er hat Probleme: privat und auch beruflich. Er ist nicht gesund und obwohl er um seine körperliche Labilität Bescheid weiß, raucht er und trinkt Alkohol, isst zu viel und findet kaum richtigen Schlaf. Am Schreibtisch sackt er zusammen und stirbt an einem Herzversagen, nachdem er mit seiner Frau am Telefon gestritten hat.

Ich zeigte ihm das Licht und rief Jesus Christus. Ihn zu rufen ist immer ein Garant für Schutz und große Hilfe, wenn es sich um unerlöste Seelen handelt. Nach kurzer Zeit ging der Mann ins Licht.

Ich konnte aber die Energie der Eifersucht und des Zornes, der Enttäuschung noch fühlen, und – wie soll ich mich ausdrücken? – es war noch ein mir unbekanntes Gefühl, das ich vorher noch nicht gespürt hatte. Es war kalt und beherrschend, so als ob mir jemand die Kleider und die Haut gleichzeitig abziehen wollte. Es war kein Geist mehr, da war ich ganz sicher! Ich versuchte die Dinge mit dem Verstand zu klären. Wollte zuerst die ersten Eindrücke erledigen, um mich dann dem Großen und Erdrückenden zu widmen. Das war eine Fehleinschätzung. Es wurde eine massive Bedrohung spürbar, was bedeutete, dass ich alles daran setzen musste, um nur LICHT zu sein. Nichts anderes denken … nichts anderes zulassen als Licht.

Dabei konzentriere ich mich auf mein Herzzentrum und atme den Kugelatem im Licht. Alles, was ich spüre, wird so lange in diesem Licht beatmet, bis es sich auflöst.
Jetzt können Sie fragen: Warum weiß sie, dass es bei der einen Energie Eifersucht und bei der anderen Zorn ist? Das ist ganz einfach zu erklären. Ich lebe schon eine ganze Weile in dieser Welt und habe die eine oder andere Erfahrung gemacht, sowohl im Positiven als auch im Negativen. Zorn kann ich spüren und zuordnen, weil ich ihn selbst schon erlebt und gelebt habe. Eifersucht war in meinem Leben auch schon ein Thema und so kann ich die Eifersucht ganz gut wahrnehmen. Es hilft auch bei der Klärung, wenn ich die Schwingungen beim Namen nennen kann, um sie zu erlösen. Wenn ich etwas nicht erkenne und nicht zuordnen kann, dann trifft es mich härter und ich bemühe mich dann, doch herauszubekommen, um was es sich handelt.

Ich saß also da und atmete Licht und Liebe aus, da plötzlich wusste ich, was es war: Gier! Die nackte Gier! Nach einiger Zeit verließ uns auch dieses Element und Ruhe kehrte ein. Ich stabilisierte diesen Raum, indem ich eine große „Merkabah“* aufbaute und die Räume mit dem Rauch noch abging und die Heilmantras für „Gutes Gelingen“ aussprach.

*„Merkabah“ ist eine Geometrie (zwei ineinandergreifende Tetraeder) – die im Buch „Die Blume des Lebens“ von Drunvalo Melchizedek hervorragend beschrieben wird.

Es stellte sich heraus, dass in der Firma die ein paar Jahre zuvor hier angesiedelt war, der Chef an Herzversagen starb.
Die Besitzerin war wegen einer anderen Frau von ihrem Mann getrennt. Er hatte sie verlassen und es so gedeichselt, dass er die meisten Güter und Firmen an sich reißen konnte. Ihr blieb nur das Einkommen aus diesem Büro. Gier, Neid und Eifersucht war die leitende Energie in diesen Räumen. Kein Wunder, dass sich das Objekt nicht vermieten ließ.

In diesen Berichten steckt mehr Information über die Arbeit in den Räumen als ich es mit Erklärungen liefern könnte. Daher erzähle ich Ihnen die Erfahrungen und lasse Sie teilhaben an dem Geschehen.

Wir Menschen leben den meisten Teil unseres Daseins auf diesem Planeten in geschlossenen Räumen. Aber auch wenn wir im Freien sind, ist das Dach des Himmels über uns. Wir sind auf Räume angewiesen, sonst verlieren wir uns.
Der Raum mag klein sein, der Raum mag ausgestattet sein oder leer. Es ist immer Raum da.
Zwischen den Räumen sind Korridore, die wiederum entweder von Menschenhand überdacht sind oder vom Himmelszelt.
Halten wir Ausschau nach dem Raum hilft uns die Wahrnehmung von Zeit, den Raum besser zu erfassen.

Die Zeit bleibt nicht stehen, sie ist ein kontinuierlich laufendes Instrument, in dem auch wir eingebunden sind. Beim *s p a c e* – clearing© ist Zeit eine wichtige Komponente, die ich berücksichtigen muss. Es handelt sich fast immer um die Vergangenheit, die es zu erlösen gilt.
Das Jetzt bietet durch diese Art der Raumreinigung eine Chance, die Vergangenheit aufzunehmen aber deren Energie loszulassen. So bleibt eine Fülle zurück, die wiederum neutral genutzt werden kann.
Es erweitert sich das Spektrum ohne etwas einzubüßen – hat aber einen großen Gewinn durch das

Loslassen.

Der Mensch im Raum

Die wichtigsten Lebensräume

Privat
Business
Öffentlichkeit
Bewegliche Räume

Privat

Das, was Sie umgibt, beeinflusst das, was Sie erzeugen. Wenn Sie das, was Sie umgibt, aus einer anderen Perspektive sehen, empfinden, hören, bringt Ihnen das sehr viele Erkenntnisse ein.

Zeigen Sie mir, wie Sie wohnen und ich sage Ihnen, wie Sie sind. Nicht, wer Sie sind! Wie Sie sind.

Das WER können nur Sie selbst beantworten.

Sind Sie ein feiner Mensch, ein ängstlicher, ein fürsorglicher oder voll Sorge um Ihre Existenz.

Nutzen Sie die Gelegenheit, die sich Ihnen bietet oder sind Sie modebewusst?

Sammeln Sie Altertümliches aus Sentimentalität oder anderen persönlichen Empfindungen, oder legen Sie nur Ihr Geld in Antiquitäten an?

Kennen Sie sich selbst oder orientieren Sie sich an dem, was von Ihnen erwartet, verlangt wird?

Suchen Sie (?) – oder trauen Sie sich auch, einmal etwas zu finden?
Lieben oder leben Sie (vielleicht mit wunderbaren Kompromissen)?

Wände, Treppen, Bilder, Blumen, Böden, Bücher, Musik – all das und noch viel mehr umgeben Sie ständig. Luxuriös oder einfach gehalten – es ist nie genug! Stimmt's? Es ist immer zu wenig.
Ein Fahrrad, ein Auto, ein Skateboard, ein Flugzeug …
Ein Zimmer, eine Wohnung, ein Haus, eine Villa, eine ganze Wohnhausanlage …
Warum ist das so?
Damit die Wirtschaft gut funktioniert? JA – das ist so! Es hängt ein gigantisches Interesse aller Industrien, Banken und Versicherungen daran, dass IHNEN und MIR die Wünsche ja nicht ausgehen.
Dabei kommt es zu einem Überschuss an dem, was wir wollen – meistens mehr, als wir uns eigentlich leisten können. Der erste Kredit ist so wie die erste Zigarette. Schmeckt grausig, ekelerregend. Man hustet und röchelt vor sich her, aber man ist ja kein Feigling und lässt sich auf keinen Fall anmerken, dass man es widerlich findet. Und „raucht" eine zweite, dritte, ... Zuerst kostet es Überwindung, um sich selbst dann in weiterer Folge zu überlisten.
Und alles nur, um GUT da zu stehen. Vor wem? Ja, diese Frage müssen Sie sich wohl oder übel selbst beantworten. Denn ich will vor jemand anderem gut da stehen als Sie! Aber das Ziel, das wir haben, ist dasselbe:

Wir wollen geliebt werden!
Wir wollen respektiert werden!
Wir wollen Anerkennung!
Wir wollen geliebt – geliebt – geliebt ….werden!
„Wenn Du etwas willst – dann gib" – ist ein berühmtes Tiroler Sprichwort.

Diese Worte sind eine Wahrheit und tief in uns wissen wir um sie. Und deshalb geben wir sehr oft dem anderen das, wovon wir glauben, dass er/sie es will – in der Hoffnung, dafür dann so richtig geliebt zu werden!
Sehr viele, mächtig viele Schulden entstehen genau aus diesem Motiv!
Dazu kommt, dass es an der Tagesordnung ist, für andere etwas zu investieren, obwohl er/sie schon längst einen anderen Weg eingeschlagen haben. Dabei geht es nicht nur um Beziehungen, dabei es geht auch oft um die Kinder. Ein Kind, das eigentlich schon längst erwachsen ist, gehen zu lassen, sich selbst zu überantworten und die Kontrolle aufzugeben. Um dem auszuweichen, lassen die Eltern Millionen von Euro (in Autos, in Wohnungen, in Urlaube, in große und kleine Hinwendungen) fließen.
Und wer bestimmt den Wert dieser Dinge, der Zuwendungen, der Aufwendungen, der Unterstützungen, der so „uneigennützigen" Geschenke?
SIE, einzig und allein Sie geben den Dingen einen Wert! Und woher nehmen Sie das Maß der Bewertung? Aus dem Urteil, das über Sie gesprochen wird, von jenen, denen Sie erlauben, über Sie zu denken, über Sie zu reden und über Sie zu bestimmen!
Das ist ja grauenhaft, denken Sie! Was schreibt diese Christa Singer denn da für einen Unsinn! Niemand bestimmt über mein Leben! Ich bin ein freier Mensch, ein Freigeist! Wenn ich etwas kaufe, dann nur deshalb, weil ich das so will! Und wenn ich Geschenke mache, dann nur deshalb, weil ich das so will!

Ist das so? Ist das so? Ist das wirklich so?
Bitte überdenken Sie diese Zeilen nochmal – und nochmal ...
Lesen Sie alles nochmals!
Jeder, den ich kenne – und ich kenne eine Menge Leute –, hat schon Kompromisse gemacht.
Jeder, den ich kenne, hat schon einmal etwas gegen

seinen Willen getan, Dinge, die er/sie für sich entschieden niemals getan hätte.
Ja, wenn das Eigenbestimmung ist, dann ist es ja gut.
Wir Menschen sind konditionierte Wesen.
Eine andere Perspektive einzunehmen verändert oft die Sichtweise. Hinsehen muss jeder selbst.
Sehen ohne zu bewerten ist noch besser.

Eine Wohnung steckt voller Geheimnisse!
z. B. Wiederholen ist schlichten, stapeln – übereinander, nebeneinander, untereinander.
„Sicherheit " zeigt sich in zudecken, wärmen, kochen.

Haben Sie schon einmal jemandem beim Rauchen einer Pfeife zugesehen? Das ist Ritual – der Abgrenzung, des sich Zurückziehens in die eigene Kammer, den Raum der Einsamkeit, in die Zone der Sicherheit, dorthin, wo es keinen Schmerz gibt. Selbstverständlich wird das als etwas „Besonderes" getarnt. Auch die Pfeife ist besonders kostbar, so dass jedem klar wird, dass diese Zeit des Rauchens auf keinen Fall gestört werden darf. Ein Pfeife rauchender Mensch kann sich schwer auf etwas anderes konzentrieren. Oder haben Sie schon erlebt, dass ein Pfeife rauchender Mann gleichzeitig auch noch etwas anderes tut, außer vielleicht in die Zeitung oder in ein Buch zu schauen. Ob sie tatsächlich auch darin lesen wird von mir stark angezweifelt.
Ich möchte Ihnen aufzeigen, wie sehr in unserer Gesellschaft Werte gesucht und gefunden werden, die uns zu etwas Besonderem machen und dabei auf subtile Weise verstecken, was und wer wir wirklich sind.
Kontinuität ist etwas ganz anderes als Wiederholen. In der Kontinuität ist Stabilität angesiedelt. Im Wiederholen ist das Vergängliche so offensichtlich. Die Kontinuität wird aufgebaut auf Tradition, das Wiederholen wird aufgebaut auf Angst und Furcht.

Das Wiederholen einer Sache immer und immer wieder macht stumpf und verbraucht.
Wer wiederholt, hofft eines Tages auf einen Gewinn. Warum sonst kaufen Sie immer und immer

wieder ein Los? um eines Tages zu gewinnen! Eigentlich hätte schon ein Los ausreichen müssen, um zu erkennen, dass dieses Spiel nur einer gewinnen kann. Wer? Sie waren es jedenfalls nicht. Und wie oft haben Sie dieses Bemühen schon wiederholt. Wiederholen saugt aus, ist kraft- und energieraubend und baut ab, sobald Sie davon ablassen. Kontinuierliches Training erfüllt Sie mit Kraft. Kontinuität und Tradition bauen auf, geben Stabilität, aber nur wenn Sie diese durchleben, ist die Chance gegeben, darüber hinauszuwachsen, die Grenzen zu sprengen. Das zu tun erfordert Kreativität, sodann Mut und Kraft und einen starken Willen!

Befreien Sie sich von den Dogmen, von der Anhänglichkeit, von der Abhängigkeit.

Wünsche sind nicht immer echt. Sehr häufig sind Wünsche sehr gut getarnte Suggestion!

Gehorsamkeit und Furcht ...

Die Furcht macht uns gehorsam.

Im Gehorsam ist der Drang, die Sehnsucht nach Freiheit am größten.

Aber genau dieser Gehorsam ist die Grundlage für unseren Fleiß. Der Fleiß, den wir an den Tag legen, um eines schönen und heiß ersehnten Tages endlich FREI zu sein. Gehorsam und Dienen liegen nahe beieinander und gehören zu unserem täglichen Brot.

Wozu? Zu unserem Brot! Es ist das Fundament der arbeitenden Gesellschaft.

BUSINESS

Somit kommen wir zum Businessbereich in Ihrem – in unser aller – Leben.

Jeder arbeitet. Der eine mehr und der andere weniger. Zuhause oder in einer Firma. „Dunkelbunt" oder legitim.

Aber auch hier gilt: Das, was Sie umgibt, beeinflusst das, was Sie erzeugen.

Im Business ist es wie im Privatleben. Kompromisse, Kompromisse und nochmals Kompromisse.

Es scheint so, als ob es ein sozialer Status sei, wenn man kompromissbereit seine eigenen (wirklichen und innigsten) Wünsche weit hinten in eine Ecke stellt und auf jeden Fall mit einem breiten

Grinsen (denn ein Lächeln sieht anders aus) den ganzen Tag über „Schmäh" führt. Damit man das besser erträgt und sich bei der Selbstbelügerei nicht gleich ertappt wird, wird erst einmal der Status aufpoliert. Man hat das bessere … (setzen Sie ein, was Sie wollen: Auto, Handy …) und das teurere … (Kommunikationssystem, Kleidungsstück mit dem angesagtesten Label, …) und das auffälligere … (Make up, Dekolleté, …), das Schönere … (Model als Freundin, Gartenhaus, …). Egal was oder wie man es dreht, man hat viel zu tun, um mit den anderen mithalten zu können. Sie sind also mit den Dingen beschäftigt, die Sie von sich selbst ablenken. Von Ihren wahren Bedürfnissen. Von Ihren wahren Wünschen.

Dabei fühlen Sie sich wohl! Und Sie denken – was ist falsch daran? Nichts! Rein gar nichts!
Nur – warum lesen Sie ein Buch wie dieses, wenn sowieso alles Bestens ist? Ich sage Ihnen, liebe/r LeserIn: Es ist die Schuldenfalle, die Sie und viele andere erwischt hat. Der kleine Mann von der Straße hat den gleichen Berg zu überqueren wie der Vorstandsdirektor eines Großkonzerns. Er macht Schulden, um von den Steuern loszukommen, der andere um ein Loch auszugraben und um mit dem Schotter das andere bereits vorhandene Loch zu stopfen. Nur leider reißen den Boden immer schneller neue und größere Löcher auf. Und von dem Tag an überprüft man nicht mehr seine eigenen Schritte, sie werden dann gelenkt und geleitet von Mangel, gefolgt von Unsicherheit, Angst, Zweifel, Wut, Ärger, … (setzen Sie selbst ein, was bei Ihnen jetzt gerade für eine Emotion hochkommt).
Ich möchte weder Kredite noch schöne und schnelle Autos verdonnern. Das eine ist so gut wie das andere. Aber was ich Ihnen veranschaulichen möchte ist, dass Ihre persönliche Bewertung die einzige Bemessungsgrundlage ist bzw. sein sollte. Sie allein entscheiden über

Armut und Reichtum,
Fülle oder Mangel,
Liebe und Verliebtheit,
Gesundheit und Krankheit,
Schlaf oder Traum,
Leben oder Sterben.

Ihr Denken und Fühlen entscheidet über Ihr Leben. Und das, was Sie um sich herum sehen, ist das, was Sie die ganze Zeit über denken. Wie denken Sie über die Arbeit – über Ihr Business. Ist es ein erfüllender, ein inspirierender oder ein chaotischer Arbeitstag? Wer es sich leisten kann, negativ zu denken, wird somit auch Negatives anziehen und auszulöffeln haben.

Ich kann schon hören, wie ein Aufschrei gepaart mit einem wissenden Seufzer von Ihnen zu mir klingt: „Jetzt fängt sie an zu predigen, dass man nur positiv und ausschließlich positiv denken soll. Und das bei der Wirtschaftslage! Die spinnt.“ Diese Wirtschaftslage auf der ganzen Welt ist ein Paradebeispiel für negatives Denken, für manipuliertes Denken, für einen kollektiven Kollaps in den Gehirnen aller, die ununterbrochen und ohne Unterlass vor dem Fernseher sitzen, in ihre Welt und in ihr Gehirn, ja und auch in ihr Herz nur negative Meldungen einziehen lassen. Der Altar zu Hause ist der Fernseher. Der Altar am Arbeitsplatz ist das Internet. Der Altar begleitet uns immer und überall hin – mit dem Handy. Gott ist überall, sagte uns der Pfarrer in der ersten Stunde Religionsunterricht. Mir scheint, dass Gott einen neuen Meister gefunden hat.

Öffentlichkeit

Der Übergang von Business ins gesellschaftliche Leben ist gleitend. Auch hier gilt: Das, was Sie umgibt, beeinflusst das, was Sie erzeugen. Niemand bestreitet, schon gar nicht ich, dass es ein großer Fortschritt ist, immer und überall erreichbar zu sein. Immer und überall über alles und jeden informiert zu werden.

Immer und überall abgelenkt zu werden und immer und überall mit dem Müll, den Problemen und Heucheleien anderer konfrontiert zu werden ist allerdings die Kehrseite der Medaille. Es ist so gut verpackt, dass es spannend und verheißungsvoll in unseren Ohren klingt. Schließlich verlieren wir so viel an natürlicher Scheu, dass uns nackte Haut in allen Posen als etwas Natürliches erscheint. Unsere Kinder wachsen auf ohne jede Achtung vor dem, was in einer Liebesumarmung das Geheimnis ist.

Sex ist angesagt. Sex ist eine der Drogen, die man nimmt, um sich für kurze Zeit allen Problemen zu entziehen. Die Liebe wird dabei als Lockmittel benutzt. Nur wer sich auskennt weiß, dass das Lockmittel immer unerreichbar ist. Und so nimmt man das, was man kriegen kann.
Der zivilisierte Fortschritt ist eine Errungenschaft der Wirtschaft. Wenn ein studierter Ökonom das, was ich hier in einfachen und weniger wissenschaftlichen als vielmehr intuitiven und empfundenen Worten niederschreibe, liest, wird er bestätigen, dass einer Flaute immer ein Szenario vorangeht, in dem den Menschen die Freiheit entzogen wird. Die Freiheit in unserer Welt liegt nicht in unserer Macht. Sie wird manipuliert.
Was kann man dagegen tun?
Man kann nein sagen! Man kann wieder lernen, ohne Schnick-Schnack den Wald und die Wiesen zu genießen. Riechen, Hören, Schmecken ohne Zusatzstoffe, ohne Chemikalien.
Können wir das denn noch?

Dies sind nur einige wenige Möglichkeiten, sich selbst über die eigenen vier Wände besser kennenzulernen. Das Privatleben gestaltet sich zumeist in den Wohnräumen, in der Natur oder in Gesellschaft Anderer. Wenn wir nach getaner Arbeit nach Hause kommen, sind da Emotionen und Gefühle im Spiel, von den unterschiedlichsten Wünschen begleitet.
Die Wünsche und Hoffnungen sind wie ein Motor, der entweder stark oder weniger stark ist. Welche Wünsche, das ist von Mensch zu Mensch, von Familie zu Familie, von Paar zu Paar, von Single zu Single unterschiedlich: Da sind Kinderwünsche oder der Traum von einer liebevollen Zweisamkeit, der finanzielle Druck, die Gleichgültigkeit des Partners zu verstehen, da gibt es Disharmonie zwischen Eltern und Kindern usw. Das Privatleben hat sehr viele verschiedene Facetten und Ebenen.

Im Grunde genommen lässt sich das alles auf einen Nenner bringen: Der Mensch will glücklich sein. Um das zu erreichen tut man das eine oder andere im guten Glauben, dass es das Beste ist und errichtet nur allzu oft noch mehr Barrieren als vorher schon da waren.
Sicher gibt es auch in Ihrem Leben das eine oder andere, was noch offen ist. Etwas, das Sie noch erreichen wollen oder Sie stehen vor einem Neuanfang.
Beim *s p a c e* – clearing© geht es darum, die Atmosphäre zu reinigen. Das macht man auf der energetischen und der physischen Ebene.

Betrachten wir zuerst die materielle Seite einer Wohnung. Wenn Sie neuen Schwung in Ihr Leben bringen wollen, ist es an der Zeit, sich mit den Dingen zu beschäftigen, die Sie an eine Vergangenheit erinnern, die Sie jetzt hinter sich lassen. Und somit geht es darum aus- bzw. aufzuräumen für den Neustart.
Am besten beginnen Sie damit, Ordnung zu schaffen. So ein Hausputz kann schon was.
Der nächste Schritt ist auszusortieren. Dinge zu entfernen, die nicht mehr stimmig in Ihr Umfeld passen. Die Kleider, die schon so lange nicht mehr getragen wurden. Entweder sind sie zu eng oder zu weit. Sie denken, eines Tages werden sie schon wieder passen. Aber das passiert leider nur selten. Und sollte Ihre Figur doch einmal wieder das „Idealgewicht“ haben, so hat sich ganz sicher Ihre Einstellung zur Mode geändert. Wenn alles Gewand aus allen Kästen dieser Welt zusammengetragen würde, von denen man glaubt, sie eines Tages einmal wieder zu tragen, wäre das wahrscheinlich ein riesiger Berg Stoff. Dabei kann es sein, dass gerade Ihre Bluse, Ihr Mantel, jemandem große Freude oder Wärme schenkt. Haben Sie daran schon mal gedacht?
Dann sind da Bilder, Gegenstände auf den Kommoden, in den Schubladen, auf dem Dachboden, die ständig an eine Vergangenheit anknüpfen, die schon längst überholt ist. Nehmen Sie sich (viel) Zeit, um genau hinzusehen und räumen Sie aus. Manche nennen es Loslassen, ich nenne es Neuanfang.

Um sich im Klaren darüber zu werden, was nun weg soll und was bleiben darf, kann es hilfreich sein, einen Blick auf das Empfinden zu legen, wenn Sie die Dinge betrachten. Ist es Wehmut, ist es eine sanfte Melancholie, Trauer, Hilflosigkeit, die Sie fühlen. Jedes noch so zarte Ziehen bedeutet, dass Sie mit dem Thema noch nicht abgeschlossen haben. Um das zu erledigen wird es gut sein, sich dem Thema nochmals zu stellen. Schreiben Sie auf, was Sie fühlen. Oder reden Sie sich alles von der Seele. Ganz egal, welche Form der Aufarbeitung Sie wählen, das Wichtigste ist, dass Sie es tun und dann vergeben!

Das Vergeben ist der Schlüssel zur Freiheit. Sie können einem oder mehreren vergeben, aber am Wesentlichsten dabei ist, sich selbst zu vergeben.

Dann entfernen Sie die Dinge. Natürlich dürfen und sollen Sie auch Erinnerungen behalten. Wenn es Ihnen am Herzen liegt, dann ist es ganz bestimmt noch zu früh, sich davon zu trennen oder es ist in irgendeiner Form noch wichtig.

Es geht um Reinigung, sowohl im Materiellen als auch im Feinstofflichen. Das Entfernen und Aussortieren von Dingen aller Art ist ein ganz effektiver Anfang.

Alles, was uns umgibt, beeinflusst unser „Glück".

Auch eine Vergangenheit ist Gegenwärtig. Denn es gibt immer ein Jetzt! Und in diesem gegenwärtigen Augenblick wird das zu Ihnen sprechen, von dem Sie glaubten, dass es schon längst vorbei ist.

Ein Beispiel: Warum legen Sie niemals Ihre Hand auf brennende Herdplatten? Ah, Sie hatten da mal ein Erlebnis! Schon klar. Aber warum tun Sie es nicht einfach nochmal? Weil Sie wissen was passiert! Und warum wissen Sie es? Weil Sie sich erinnern. Die Erinnerung lautet: Herd – heiße Platte – Kochen – GUT / Herd – heiße Platte – anfassen – SCHLECHT

Möglicherweise lachen Sie jetzt, aber bei mir geht das soweit, dass ich auch auf die sagenhaft praktischen und hochmodernen Induktionsplatten nur sehr vorsichtig drauf greife. Obwohl diese niemals eine Menschenhand verbrennen. Und doch bin ich vorsichtig. Die Vergangenheit hat ihren Platz im Jetzt. Und zwar mit fast allem, was in Ihrem Leben stattgefunden hat.

Ein anderes Beispiel: Ich bitte Sie, sich nur für ein paar Sekunden an ein Essen oder ein Getränk zu erinnern, das Sie wirklich gerne mögen. Eis oder Kaffe, Wein, Pralinen, Pommes, Erdbeeren, Bananenmilch, Kiwi, Ananas, Zitronen, …
Sobald Sie sich an das erinnern, was Sie daran so lecker finden, stellt sich im Körper ein Wohlfühlen ein, eine Art Hmmmmm … das hätte ich jetzt gerne hier. Es kann so intensiv sein, wie Sie es zulassen, aber es kann auf jeden Fall sehr lebendig werden, dieses Gefühl. Und das, obwohl es weit und breit keine dieser Köstlichkeiten gibt.
Erinnerungen leben im Jetzt. Nur durch reine Geisteskraft erweckt! Und das haben Sie ganz allein gemacht.

Wir Menschen neigen dazu, die Vergangenheit ständig neu zu definieren, sie quasi neu zu erfinden. Da wird gelogen, geschummelt, geschwiegen was das Zeug hält. Und alles nur, um gut da zu stehen. Die Wahrheit tut oft weh; und wem tut sie weh? In den häufigsten Fällen einem selbst. Und um „die anderen zu schützen" macht man Fehler oder unterlässt Dinge, die man schon längst hätte ändern können. Das und noch so viel mehr hängt in der Luft und schmiegt sich in die Räume ein.

Wollen Sie das ändern?
Eine der großen Möglichkeiten besteht darin, damit aufzuhören, in der Vergangenheit ständig disharmonische Erinnerungen neu aufleben zu lassen, indem Sie immer und immer wieder darüber nachdenken oder darüber sprechen. Ich rate Ihnen, eine Sache, die passiert ist, zu erläutern, sie durchzudenken, mit wem auch immer zu besprechen. Das hat den Zweck, dass man aus allen Erfahrungen lernt. Aber dann sollten Sie es auf sich beruhen lassen.

Ich erzähle Ihnen von einem *space* – clearing© bei einem Single-Mann.
Er erzählte mir von seiner großen Liebe. Sie dauerte drei Jahre. In den ersten Monaten lief alles ganz wunderbar. In den weiteren Monaten wollte er alles über sie und sie alles über ihn wissen. Dabei kam heraus, dass sie sexuelle Kontakte zu Menschen gehabt hatte, die er absolut nicht ausstehen konnte.

Das machte ihn so wütend und auch so traurig, dass er jedesmal, wenn sie zusammen waren, nur daran denken konnte, wie eben einer dieser Männer ausgerechnet mit seiner großen Liebe geschlafen hat. Um seine Selbstzweifel zu überspielen wollte er von ihr immer und immer wieder alles hören. Wann, wieso, wie oft … Es eskalierte derart, dass seine Freundin auszog und niemals wieder etwas mit ihm zu tun haben wollte.
Ich fragte ihn, ob er daraus eine Lehre gezogen hätte und in Zukunft niemanden mehr auf solche Weise bedrängen würde. Und obwohl er ein überaus intelligenter Mann ist, konnte er sich vor Ekel kaum unterhalten. Ihn ekelt es vor einer Frau, die ein Mann berührt hat, der in seinen Augen ethisch oder sonst irgendwie eben anders ist als er, auf einer anderen Welle schwingt. Für ihn war das ein wirklich schlimmes Erlebnis. Wie es für sie war kann ich nur erahnen. Fest steht, dass beide keine gemeinsame Zukunft hatten, weil er es nicht lassen konnte, in ihrer Vergangenheit herumzustochern, um auf diese Weise seinem Ekel Nahrung zu geben.
Um genau zu sein, er suhlte sich in seinem Ekel. Und was, bitte schön, ist daran so gut?

Es ist ein wirklich guter Rat, wenn ich Ihnen sage: Hören Sie auf damit! In der Vergangenheit gibt es nur eins: Erfahrungen! Ob gut oder schlecht, schön oder ekelig, das ist eine reine Bewertungsfrage!
Denken Sie an das, was Sie jetzt Gutes für die Zukunft von Morgen denken – reden – tun können!

In der Firma ist eine andere Form der Umgebung für unseren Erfolg maßgeblich. Auch hier sind Akten und Papiere, die schon lange nicht mehr gebraucht werden. Die Zahlen und Worte darauf erinnern sehr häufig an schwere Zeiten. An Menschen, die der Firma schaden wollten.
An Menschen, die man entlassen musste, weil sie unfair oder gar betrügerisch waren. In einer Firma wird viel geredet, meistens darüber, wie man Verbesserungen anstellen könnte oder wie man einer anderen Firma den Rang abläuft. Es fielen unschöne Worte oder Drohungen ausgesprochen, Vereinbarungen getroffen, die dann nicht eingehalten wurden. Innerhalb der Wände von Firmen geschehen unschöne Dinge wie Mobbing, Betrug (der oft sogar bis in die Intimsphäre dringt).

Wenn eine Firma Konkurs anmelden muss, gehen dem viele Monate von Schwierigkeiten voraus.
Alles, was in den Räumen passiert, drückt sich auf energetischer Ebene wie ein Stempel auf alle Gegenstände und Wände in den Räumen.
Ist Ihnen schon mal aufgefallen, dass es Büros oder Geschäftslokale gibt, die immer wieder feil geboten werden. Schon nach kurzer Zeit sind die Firmeninhaber wieder weg. In vielen solchen Fällen könnte es daran liegen, dass die Räume viel zu viele schlechte Erinnerungen an die Menschen abgeben. Würde man ein *space* – clearing© machen, wäre es mit großer Sicherheit wesentlich leichter mit dem Neuanfang.

Falls Sie sich keinen Profi für das *space* – clearing© holen wollen, kann es in jedem Fall von Vorteil sein, wenn Sie selbst ein **Ritual abhalten**, bevor der Betrieb eröffnet wird.

Dieses Ritual ist sowohl für die eigenen Privaträume als auch für Büroräume anwendbar:
Noch bevor Sie die ersten Möbel an ihre Plätze geben, solange die Räume noch leer sind, kaufen Sie sich mindestens einen halben Kilo Meersalz oder Himalaya-Salz. Die ganz Sparsamen können auch Speisesalz verwenden.
Sie verstreuen das Salz mit der Absicht, dass es alle negative Energie in sich aufnimmt, an den Wänden entlang, in alle Ecken und vor allem beim Eingang.
Das Salz sollte 24 Stunden dort liegen bleiben. Dann wird es aufgekehrt und verbrannt. (Achtung: Staubsauger werden gern kaputt davon!)
Besorgen Sie sich 5 Kerzen (Teelichter reichen aus), Salbei oder Weihrauch, Räucherkohle und ein geeignetes feuerfestes Gefäß.
Sie stellen je eine der Kerzen an die vier äußersten Ecken und die fünfte in die Mitte der Fläche. Es sieht aus wie ein Kreuz in einem Viereck.
Nun zünden Sie die Kerzen und die Räucherkohle an. Die Räucherkohle benötigt nämlich einige Zeit, um anzubrennen. Das Räucherwerk wird erst später darauf gelegt. Die Ecken repräsentieren die Himmelsrichtungen, die Mitte, das Fadenkreuz ist Ihr eigenes inneres Licht im Außen.

Nun nehmen Sie sich ein Blatt Papier, auf das all das notiert wird, was Sie sich von den neuen Räumen erwarten. Schreiben Sie alle Ihre Wünsche ausschließlich in positiver Form nieder.

Zum Beispiel:

Ich erbitte …
Licht.
Vollkommene Gesundheit für alle Menschen, die mit diesen Räumen zu tun haben, zu tun hatten oder zu tun haben werden.
Glück.
Liebe.
Freude.
vollkommene Kommunikation.
Inspiration.
Intuition.
viele neue Kunden.
Zufriedenheit.
Schönheit.
positive Ausstrahlung.
Erfolg in jeder Beziehung.

Erweitern Sie hier Ihre eigenen Gedanken und Herzenswünsche!

Zu vermeiden sind Formulierungen wie „Ich möchte nicht, dass dies oder jenes passiert."
Suchen Sie vielmehr nach den Worten, die eine Lösung bringen als nach jenen, die etwas vermeiden sollen.
Nehmen Sie sich dazu reichlich Zeit. Lassen Sie sich inspirieren, aus Ihrem Herzen heraus.

Nun legen Sie das Räucherwerk auf die Kohle.
Der Rauch, der entsteht, wird aufgeladen, indem Sie Ihre eigenen Worte und Formulierungen laut sprechen oder wenn Sie das wollen singen.
Legen Sie Ihr ganzes Wollen, Ihre ganze Kraft und Ihr Herz in die Worte.
In den meisten Fällen erzielen Sie die beste Wirkung, wenn alles 3 x gesprochen wird.
Jetzt gehen Sie mit der Räucherschüssel durch alle Räume. Ihre innigste Absicht, das Gute, das Höchste, das Sie in den Rauch eingehaucht haben, zu verbreiten, ist die beste Voraussetzung für ein erfolgreiches *s p a c e* – clearing©.

Für eine rasche Zwischendurch-Reinigung einige Empfehlungen: Nach einem stressigen oder weniger erfreulichen Tag stellen Sie an allen möglichen x-beliebigen Plätzen Gläser voll mit Wasser auf. Lassen Sie diese über Nacht stehen. Am nächsten Tag – weg damit. Das schafft eine klare Raumatmosphäre.
Mit Blumen hat man unendlich viele energetische Helfer. Jedoch sollten Sie keine Blumen verwenden, wenn Sie diese nicht pflegen wollen. Dann lieber Schnittblumen. Die Seidenblumen sind aus Feng Shui-Sicht keine echte Alternative.
Klare Räume brauchen Luft. Lüften Sie in regelmäßigen Abständen!
So wie mit dem Wasser verfahren Sie auch mit dem Feuer, mit dem Unterschied, dass Sie dieses Feuer unter Aufsicht stellen.

Das heißt, ein- bis zweimal im Monat stellen Sie Kerzen an Plätzen auf, die Sie intuitiv auswählen. Lassen Sie diese mindestens 7 Stunden brennen. Feuer hat eine große Reinigungskraft. Feuer eliminiert Unwohlsein, schlechte Stimmung und falls benötigt auch schlechten Geruch. Sie kennen sicher die Anwendung vom Streichholz im WC. Dort reicht es aus, wenn man ein Streichholz entzündet und schon ist der nächste WC-Benützer ohne Geruchsbelästigung. Sollten Sie das noch nicht kennen, dann probieren Sie es aus! Feuer kann in unserem täglichen Leben viele Reinigungen vornehmen. Ein Kaminfeuer hat nicht jeder, aber Kerzen passen auch in die kleinste Wohnung.

Musik ist ein großartiger *space*– clearing© Spezialist.
Wissenschaftler haben bewiesen, dass Musik die Luft verbessert. In der Luft sind Wasserstoffmoleküle. Diese wiederum reagieren auf Töne. Also macht es wirklich Sinn, den Raum ab und zu mit Musik durchfluten zu lassen. Ohne Ihre Anwesenheit! Es verhält sich auf ähnliche Weise wie eine Reinigungs-CD. Da können Sie auch nichts dabei tun. Sie legen sie ein und lassen die CD ihre Arbeit machen. Die Auswahl der Musik sollte gut vorbereitet werden, Ihren Geschmack treffen und somit die Schwingung verbreiten, die Ihnen am angenehmsten ist. Empfehlungen die ich geben könnte, wären meine persönlichen Erfahrungen. Ich denke, Sie sollten in diesem Punkt selbst eine Wahl treffen!

Räucherstäbchen und Räuchern generell ist eine weitere Möglichkeit, selbst etwas zu tun. Wesentlich dabei ist nur, dass Sie verstehen, dass Räuchern eine Imprägnierung ist. Sobald Sie Rauch in einem Raum entwickeln, positiv durch Räuchern oder negativ durch Zigaretten zum Beispiel, wird sich die Schicht des Rauches an allem im Raum Befindlichen festlegen, darauf- und darüberlegen. Der Geruch ist eine Nebensache. Viel wichtiger ist, dass der Rauch sich hinlegt und das darunter Befindliche überdeckt. Wenn also in einem Raum Streit stattgefunden hat, ist es von elementarer Wichtigkeit, dass Sie wissen, dass der Streit, der sich in den Möbeln, im Teppich usw. eingesogen hat, durch Räuchern fixiert wird. Er geht nicht weg. Er wird nur darunter gelegt, unter den Teppich gekehrt und kann sich jederzeit wieder bemerkbar machen, sobald jemand in diesem Raum mit der gleichen Schwingung mit eben dieser Frequenz eine Resonanz herstellt.
Daher bitte ich Sie, verehrte LeserInnen: Wenn Sie räuchern wollen, dann erst nachdem Sie vorher eine der oben genannten Reinigungen durchgeführt haben. Zum Beispiel: Sie haben Wasser über Nacht aufgestellt, am Morgen räuchern Sie. Oder Sie räuchern, nachdem 7 Stunden die Kerzen gebrannt haben.

Lebensräume in der Öffentlichkeit

An dieser Stelle möchte ich noch ein wenig auf die Räume eingehen, die sich als öffentliche oder gesellschaftliche Räume definieren lassen.
Das sind fixe Stellen wie Bahnhöfe, Flughäfen, U-Bahnstationen, Spitäler, Schulen, Banken … Ein wenig variabler sind die Restaurants, Cafés, Arzt- oder Büroräume, die Sie regelmäßig besuchen. Jeder dieser Räume ist angefüllt mit „Fremdenergien“. Das sind Energien, die für Sie gute aber auch schlechte Auswirkungen haben können. Es verhält sich ebenso wie mit einem Virus. Er ist ansteckend und doch wird man davon entweder betroffen oder man ist stärker als er. In öffentlichen Räumen wird sehr viel Emotion ausgeteilt, verteilt, und diese lagert dort, bis jemand kommt, der in Resonanz mit ihr geht.

Lassen Sie uns ein paar Beispiele nehmen: In einer Bank wird sehr viel gejammert, gebettelt, ja sogar geheult. Fast alle Menschen, die in eine Bank gehen, haben Geldsorgen, Existenzängste. Die wenigsten besuchen die Bank, um ihr Geld anzulegen. Kleine Beträge und mittelständige Investitionen vielleicht, aber alles, was wir als „reiche Leute“ bezeichnen, hat einen eigenen Finanzberater, der sich um diese Klientel (rund um die Uhr) kümmert. Die Personen, die in eine Bank gehen, um sicher ihr Geld anzulegen, haben auch schon von vornherein Angst. Nämlich Angst um die Sicherheit.
Wenn Sie in eine Bank gehen, um sich mit dem Filialleiter einen höheren Kontorahmen auszuhandeln, dann geht eine Welle von Bedenken und unkalkulierbarer Nervenanspannung von Ihnen aus. Diese verbindet sich mit der Energie von mindestens 100 Personen, die vor Ihnen in der gleichen Angelegenheit in der Bank waren. So gepaart sind Sie nun um das 100-fache nervöser und um das 100-fache erhöhen sich Ihre Bedenken. Die Wahrheit ist, es ist sogar noch wesentlich mehr als das 100-fache, aber ich will Sie nicht zu sehr erschrecken!
Ein Besuch beim Arzt. Wer macht ihn? Jemand, der krank ist logischerweise. Wer krank ist, hat auch mit ziemlicher Sicherheit emotional schwierige Energie, die er oder sie ausstrahlt. Da gibt es Angst, Unsicherheit, Zweifel, Nervosität und vieles mehr. Ganz unabhängig davon, dass

man in einem Warteraum sitzt, umgeben von den verschiedensten Krankheitserregern. Sie gehen auch zum Arzt, weil Ihnen was fehlt oder Sie begleiten jemanden, dem Sie nahestehen. Die Sorge um einen Nahestehenden kommt mindestens genauso häufig vor, wie die Angst um das eigene Wohlergehen. Nun betreten Sie mit so viel Optimismus, wie Sie aufbringen können, den Warteraum. Trotzdem wird sich Ihr Organismus mit den Frequenzen der Anwesenden und der schon lange wieder weggegangenen Patienten verbinden. Sollten Sie sich ausreichend mit positiver Energie aufgeladen haben, so gelingt es dennoch manch Fremdem, Sie wieder „runter"zuholen. Die Krankengeschichten der fremden Menschen und die dabei geführten Gespräche sind eine echte Herausforderung für all jene, die wissen, dass es besser wäre, wieder zu gehen. Sie sind dennoch gezwungen zu bleiben – da gibt es kein Entrinnen.

In der U-Bahnstation herrscht auch immer niedergedrückte Stimmung. Die Wartenden sind zu einem hohen Prozentsatz entweder ungeduldig, hungrig, müde, ausgelaugt, enttäuscht oder von allem etwas. Sehr viel Armut ist in den U-Bahnstationen anzutreffen. Gerne sind jene Menschen dort, die wir Obdachlose nennen. Die hungrigen und die durstigen Seelen einer Stadt suchen Unterschlupf, wo immer sie ihn finden können. Mit Drogen und den damit verbundenen Energien will ich Sie erst gar nicht behelligen. Gelinde ausgedrückt ist eine U-Bahnstation ein Bündel von destruktiver Energie.

Mit diesen wenigen Beispielen will ich es gut sein lassen. Ich denke, Sie verstehen schon, dass es darauf hinausläuft, in Zukunft Räume, die mit den unterschiedlichsten Energien aufgeladen werden, mit mehr Sorgfalt zu betreten. Und mit einem Schutz!

Für einen solchen **Schutz** möchte ich Ihnen hier eine **Anleitung** präsentieren: Seien Sie versichert, dass Ihre gute Absicht wesentlich mehr bewirkt als jede noch so kluge Formel!

Ich bin eine Frau, die es liebt, wenn Dinge einfach sind. In puncto Schutz gibt es zwei Möglichkeiten: die lange

Version und die Kurzversion. Die lange Version ist zu empfehlen, bevor Sie eine Reise antreten, die länger als 24 Stunden dauert. Immer, wenn man sich nicht zu Hause einfindet, die Nacht in einem unbekannten Bett verbringt, ist man noch empfänglicher als sonst. Die täglichen Reisen haben auch einen gewissen Gewohnheitseffekt. Man kennt die Energien schon und kann sie leichter verarbeiten. Sobald man aber über den Alltag hinaus geht, ist ein „dickerer" Schutzmantel notwendig.
Das heißt, Sie bauen durch oftmaliges Wiederholen einen starken und unüberwindlichen Schutz auf.

Das kann mit folgender **Übung** geschehen:
Sie stellen sich vor, dass eine Lichtsäule um Sie herum entsteht. Weiß, strahlend und ca. 30 cm dick. Nun sprechen Sie laut eine sogenannte Anrufung aus:

Ich bitte mein Höheres Selbst mich zu umhüllen,
Mit einer Lichtsäule aus strahlend weißem Licht im Umkreis von 3 Metern – undurchdringlich, unüberwindbar – schützend!
In dieser Lichtsäule will ich bleiben, solange ich unterwegs bin und darüberhinaus will ich all mein Tun und Denken an Dich, mein geliebtes Höheres Selbst, übergeben.
So will ich wandeln, in der Göttlichen Führung und im Göttlichen Schutz.

Sie stellen sich vor, wie das Licht Sie umhüllt. Noch besser – fühlen Sie das Licht!
Je öfter Sie das praktizieren, umso mehr Selbstverständlichkeit werden sie in diese Übung legen. Ihre Absicht ist Ihr Licht!
Die Kurzfassung dessen ist, dass sie sich jeden Tag vor dem Verlassen des Bettes in weißes Licht einhüllen und festen Glaubens sind, dass Ihnen nur das Beste widerfährt.

s p a c e - clearing© für Autos

Hier unterscheiden wir:

Neues Auto
Gebrauchtes Auto
Täglicher Gebrauch
Autohändler

Neues Auto

Sie haben sich entschieden, ein nagelneues Auto für sich in Anspruch zu nehmen. Gratulation! Das ist sehr schön und es soll Ihnen viel Freude bringen!

Ein Auto geht – obwohl neu – durch viele Hände, bevor es bei Ihnen ankommt. Das wird Ihnen wahrscheinlich ganz bewusst sein und Sie können sich sicher auch vorstellen, dass der eine oder andere, der an Ihrem Auto gearbeitet hat, einen schlechten Tag hatte oder gerade einen Verlust erlitten hatte. Was auch immer mit den Personen war, die Hand an IHREM Auto anlegten, Ihr Auto hat es auf einer feinstofflichen Ebene gespeichert. Um nicht mit diesen Energien in Kontakt zu treten, macht man ein *s p a c e* – clearing©!

Es gibt auch einen anderen Grund, warum Sie das Auto vor Inbetriebnahme einem *s p a c e* – clearing© unterziehen sollten: Es wird Ihnen viele Stunden und über weite Strecken ein Begleiter sein und die Klärung des Innenraumes und die Klärung der Rahmenbedingungen erhöhen Ihre Sicherheit und es gibt Ihnen und dem Auto einen Schutzschild, mit dem Sie sich viel wohler und leichter im Straßenverkehr bewegen.

Machen Sie also ein Ritual

Fahren Sie vom Händler direkt an einen Ort, an dem Sie sich wohl fühlen, von dem Sie wissen, dass dieser Platz etwas Besonderes ist! Dort gehen Sie dreimal um das Auto herum – schlagen

einen Bannkreis. Dann legen Sie die rechte Hand auf das Dach des Autos und halten die linke Hand mit nach oben gehaltenen Handflächen, also in aufnehmender Haltung und sprechen folgendes Gebet:
Ich segne dieses Auto und alle Menschen, die es gebaut haben und dafür sorgten, dass es jetzt bei mir ist.
Ich erbitte den Segen und den Schutz, den ich benötige, um immer gesund und heil an dem Bestimmungsort anzukommen.
Ich erbitte den Schutz und den Segen für alle, die auch mit mir gleichzeitig unterwegs sind, so oft ich mit meinem Auto fahre.
Ich erbitte die göttliche Führung auf allen Fahrten.
Ich erbitte den absolut perfekten Treibstoffverbrauch.
Ich persönlich finde auch immer wunderbar, wenn ich den Heiligen Christophorus anrufe und um seinen Schutz und seine Mitreise bitte. Der Heilige Christophorus ist der Schutzpatron für Reisende.
Geben sie anschließend einige Spritzer Wasser auf das Auto, um das Auto und in das Auto. Wasser, das Sie speziell dafür besorgt haben. Das kann zum Beispiel Weihwasser sein. Nachdem Sie außen alles getan haben, setzten Sie sich hinein und sprechen auch hier ein Gebet:
Ich segne dieses Auto und alles, was mit den Fahrten im Zusammenhang steht.
Ich erbitte himmlische Führung auf all meinen kleinen und großen Reisen.
Ich erbitte wunderbare und geruhsame Fahrten.
Ich erbitte, immer mit Menschen zu reisen, die mich und meinen Fahrstil tolerieren und ein angenehmes Miteinander fahren ermöglichen.
Ich erbitte den Segen für mich und alle Autofahrer.
Ich danke dass es so ist.

Nun ist Ihr Auto so geschützt und versiegelt!

Gebrauchtes Auto

Der Unterschied zum Neuwagen ist die Vielzahl der bereits gespeicherten Emotionen in solch einem Wagen und bei so manchen auch Unfälle. Ein Unfallauto ist und bleibt ein Unfallauto, solange man die Atmosphäre nicht vollkommen von allen Ereignissen befreit hat.
Hier möchte ich hinzufügen, dass ein *s p a c e* – clearing© von einem professionellen *s p a c e* – clearing©–Spezialisten angeraten ist. Sollten Sie es selbst vornehmen, so ist es wichtig, dass Sie sich im Klaren sind, dass die vorherrschenden Energien stark sind und auf Ihren Körper Auswirkungen haben könnten.

Hier sind die **Schritte** mit denen man ein gebrauchtes Auto von alten Energien reinigt:

Es braucht einen klaren Kopf und eine klare Intention!
Dazu ist es ratsam, die Sache nüchtern durchzuführen, das heißt mindestens vier Stunden vorher nichts zu essen und zu trinken.
Mindestens drei Tage vor einer solchen Klärung keinen Alkohol zu trinken ist sehr wichtig, was generell bei jedem *s p a c e* – clearing© anzuraten ist! Denn Alkohol verändert das Blut und kann zu erheblichen Störungen führen.

Zur Wiederholung – denn es ist wirklich wichtig!
Wenn Sie also drei Tage lang nichts Alkoholisches getrunken und mindestens 4 Stunden nichts gegessen und getrunken haben, beginnen Sie mit dem Ritual!
Nachdem Sie das Auto auf einem Platz abgestellt haben, wo Sie in Ruhe arbeiten können, gehen Sie auch um dieses Auto drei Mal in einem großen Kreis herum, um einen Bannkreis zu schlagen.
Sie öffnen alle Wagentüren oder alle Fenster und auch den Kofferraum.
Damit Sie es gemütlicher haben, ist es besser, wenn Sie sich setzen. Das *s p a c e* – clearing© kann aber auch im Stehen geschehen. Außerhalb des Autos, aber innerhalb des Bannkreises, machen Sie noch mal einen Kreis, in dem Sie sich nun aufhalten, von dem aus Sie nun agieren.

Sie schließen die Augen und versuchen ganz ruhig und gelassen zu werden. Das erreicht man am besten, indem man sich auf den Atem konzentriert. Bewusstes ein- und ausatmen bringt nach ein paar Minuten eine Stille in Ihre Gedanken und in Ihr Gemüt, die es Ihnen erlaubt, aus einer inneren Perspektive zu wirken.
Erst wenn Sie das Gefühl haben, dass es stimmig ist, beginnen Sie mit den Segnungen und Bitten.

Das kann z.B. so lauten:
Ich segne alle Menschen, die mit diesem Auto jemals etwas zu tun gehabt haben, direkt oder indirekt!
Ich segne alle Situationen, mit denen dieses Auto jemals konfrontiert war.
Ich erlaube nun allen Ereignissen, die mit diesem Auto einhergingen, sich zu verabschieden und in transformierter Energie dem Kosmos zur Verfügung zu stehen.
Nun, nachdem alles geklärt ist, spüren Sie nach, ob es sich gut anfühlt oder ob noch eine Unstimmigkeit in Ihrem Körper zu spüren ist. In Ihrem Körper deshalb, weil der menschliche Körper das beste Messgerät ist, das man benutzen kann. Sie können es SPÜREN! (Jetzt wissen Sie auch, warum ich eingangs so sehr auf den Verzicht von Alkohol und Essen hingewiesen habe. Denn wenn Sie Alkohol im Blut haben und in diesem Auto eine Energie herrscht, die mit Alkohol in Resonanz kommt, dann geht es Ihnen nicht gut!)
Sie müssen sich ganz sicher sein, dass SIE in Ihrem Körper keinerlei ungutes Gefühl mehr haben, um fortzusetzen.
Jetzt heben Sie Ihren persönlichen Schutzkreis wieder auf und besprengen Ihr Auto mit einem Spezialwasser, innen und außen.
Es folgen die Segnungen für Ihr Auto, für Sie persönlich und Ihre Beifahrer:
Ich erbitte den Segen und den Schutz, den ich benötige, um immer gesund und heil am Bestimmungsort anzukommen.
Ich erbitte den Schutz und den Segen für alle, die mit mir gleichzeitig unterwegs sind, so oft ich mit meinem Auto fahre.
Ich erbitte die göttliche Führung auf allen Fahrten.

Wer es will kann jetzt eine Räucherung vornehmen, um eine Spezialversiegelung zu haben. Zur Wiederholung sei hier nochmals erwähnt, dass Räucherungen immer erst dann erfolgen dürfen, wenn alles geklärt ist.

Täglicher Gebrauch

Bevor Sie Ihr Auto fahren oder noch während der ersten paar Meter/Kilometer, ist es ratsam, die Fahrt zu segnen, die Menschen, die auch auf der Straße sind zu segnen, die Menschen, die indirekt mit Ihrer Sicherheit zu tun haben, zu segnen oder ihnen still zu danken.
Das ist ein Ritual, das man in aller Ausführlichkeit nicht immer anwenden muss, aber ab und an wird es sich in Ihnen melden und dann können Sie sich an alle und jeden wenden.

Mein Gebet

Ich erkläre dieses Auto zum Auto des Lichts.
Ich fahre ein Auto mit Licht.
Ich danke allen, die dafür sorgen, dass meine Fahrt beschwerdefrei,
ruhig und gelassen verläuft.
Ich danke für die wunderbaren Straßen und für die elektrischen Hilfsmittel, die dafür sorgen, dass jeder zur rechten Zeit die Kreuzung oder den Bahnübergang überquert.*
Ich danke allen, die die Straßen reparieren, reinigen und in Ordnung halten.
Ich danke für den Treibstoff, den ich mir spielerisch leisten kann.
Ich erkläre alles, was mit meiner Fahrt in direktem oder indirektem Zusammenhang
steht, für geschützt und frei von Negativität.
Ich danke für all meine Segnungen!

* Früher hat es z.B. unglaublich viele Unfälle nur auf ungesicherten Bahnübergängen gegeben.

Autohändler
tun gut daran, einen Spezialisten für die feinstoffliche Reinigung der Fahrzeuge zu beschäftigen. Es ist sicher eine Arbeit, die dem Betrieb förderlich ist und zwar sowohl im Verkauf als auch in der Werkstätte.
Der Verkauf von Gebrauchtautos gestaltet sich wesentlich leichter, schneller und erfolgreicher, wenn die Autos sofort, nachdem sie in den Vertrieb aufgenommen werden, energetisch gereinigt werden. Zudem ist es sicher in absehbarer Zeit ein Verkaufsargument, wenn man dem Kunden sagt, dass das Auto zwar gebraucht ist, Sie als Händler aber neben den obligatorischen Garantien auch ein Zertifikat dazu geben, dass das Auto energetisch gereinigt ist. Auf solchem Gebiet informierte Käuferinteressenten wird es ganz sicher bald viele geben!
Natürlich macht man das *s p a c e* – clearing© auch bei neuen Autos und zwar aus demselben Grund, den ich oben schon beschrieben habe. Vor allem ist es ein sauberes Übergeben einer Ware, die schon durch viele Hände gegangen ist.

Ich wünsche allen eine gute Fahrt!

Raum der Sinne

Die Atmosphäre steht in enger Beziehung mit unseren Sinnen und der adäquaten damit verbundenen Zeit

Sehen

Es gibt ein inneres und ein äußeres Sehen.

Sehen ist eine sehr intensive Angelegenheit und man darf sich eine Weile darin üben, das innere Auge zu entwickeln. Und doch muss ich Ihnen sagen, dass jeder, wirklich jeder ein ausgeprägtes inneres Auge, ein so genanntes drittes Auge hat.
Das innere Sehen unterscheidet sich grundsätzlich vom äußeren Sehen darin, dass man im Außen sehend den Verstand für die Interpretation einsetzt und bei der inneren Schau kommt der Geist, der innere Spirit, zu Wort.

Was ist das, dieser innere Geist oder auch Spirit?
Mein Rat ist, die Dinge mit dem Herzen zu sehen, dann kommen wir der Sache schon viel näher. Jetzt sagen Sie sicher, weil Ihr Verstand auch ausgezeichnet arbeitet und schon viel gelernt hat im Laufe Ihres Lebens, dass das Herz ein ganzes Stück entfernt liegt vom Standpunkt der Augen aus. Sie können das einfach einmal ausprobieren.

Übung: Sehen Sie sich ein Bild Ihrer Wahl fünf Minuten lang an und bedienen Sie sich dabei zweier Vorgangsweisen:

1. Sie betrachten das Bild und zwar ganz logisch und mit klarem Verstand. Sehen Sie sich genau an, was Sie sehen, die Proportionen, die Farben, die Formgebung, die Linienführung, die Größe des Bildes, die Qualität von Leinwand und Rahmen etc. Schreiben Sie alles auf, was Ihnen in den Sinn kommt oder sprechen es auf Band.

2. Warten Sie eine kleine Weile, bevor Sie sich mit Teil 2 beschäftigen. Erst dann sehen Sie sich das Bild noch mal an und dieses Mal versuchen Sie ganz bewusst, Ihre Konzentration auf das Bild direkt aus dem Herzzentrum zu richten. Achten Sie darauf, was das Bild diesmal bewirkt, ob und wie es Sie berührt.

Sind die Farben und Formgebung gleich geblieben oder verändert das Bild seine Aussage?
Ist die Zeit, wieder die fünf Minuten, ewig oder vergehen sie schneller?
Was Sie nun aufschreiben oder auf Band sprechen hat wahrscheinlich eine andere Qualität!
Ich rate Ihnen, diese Übung sehr oft und mit verschiedenen Objekten zu machen. Nach dieser Übung werden Sie feststellen, dass Sie immer häufiger bereits bei der ersten Betrachtungsweise in eine innere Schau verfallen. Mit der Zeit werden Sie die Aura von Gegenständen mit Hilfe dieser Technik erkenen bzw. sehen.

Was aber wesentlich entscheidender ist: Sie werden dadurch sensibler und sensitiver auf Ihre Umgebung eingestellt. Man kann Ihnen nicht mehr so leicht etwas zeigen und Sie dabei täuschen. Um eines gleich klar zu stellen, es ist unser Verstand, der die Dinge im Endeffekt relativiert und auf den Boden bringt und daher ist der Verstand sehr wichtig.
Was ich Ihnen näherbringen möchte ist, beide Sichtweisen einzusetzen und zwar so, dass Sie von beiden profitieren.

Wie weiß ich nun, was ich gerade sehe?
Indem ich mein Gefühl bzw. meine Empfindung prüfe.
Dann erst nehme ich mir die Vorzüge des Verstandes, um eine Entscheidung zu treffen.

Hören

Das Ohr ist dem Herzen näher als die Augen.

Hier geht es wieder darum, ob ich mit dem inneren Ohr höre oder ob ich höre, was ich einfach nur so oberflächlich wahrnehme. Das innere Ohr hört mit dem Herzen und bringt uns der Wahrheit, was auch immer diese ist, mit Sicherheit schneller näher, als das, was wir in erster Linie hören.
Ich lade Sie wiederum ein, einen Test zu machen:
Der Raum, in dem Sie das tun, ist ohne bewusst gemachte Töne, also keine Musik oder andere Klangquellen.
Es ist ruhig!
Setzen Sie sich in aller Ruhe hin und hören Sie aufmerksam zu.
Schon bald werden Sie merken, dass da sehr wohl etwas zu hören ist.

- Der Nachbar hat den Fernseher laufen – oder ist es das Radio?
- Die Straße kommt mit ihren Geräuschen und klopft an Ihre Aufmerksamkeit.
- Ah, da ist auch das Ticken der Uhr.
- Die Therme der Heizung schaltet sich gerade ein.
- Das Holz bewegt sich und gibt Laute von sich.

Es ist eine Geräuschkulisse vorhanden! Eine, an die Sie sich schon gewöhnt haben und die Sie wahrscheinlich gar nicht mehr bewusst wahrnehmen. Aber Ihr Organismus nimmt alles auf und übersetzt es in Form von Wehwehchen, eventuell einer unerklärlichen Gereiztheit oder anderen körperlichen Wahrheiten.

Ich gebe Ihnen eine **Übung**, mit der Sie Ihr Wohlbefinden steigern können, indem Sie das, was Sie hören, eine Stufe inniger erfassen.

Setzen Sie Ihr Horchen fort, indem Sie das, was Sie hören

- wirklich hören und erfassen.
- Dann begleiten Sie das Gehörte in Ihrem Kopf zum Mittelpunkt des Kopfes.
- Sie ziehen aus beiden Ohren ein energetisches Band genau in den Mittelpunkt des Kopfes.
- Dort gibt es eine nussgroße feuerrote Lichtquelle, die alles Unerfreuliche nur anhand Ihrer Absicht löscht. Das heißt weder, dass Sie Störquellen ausschalten können, noch dass Sie nichts mehr hören. Es heißt nur, dass Ihre Wahrnehmung dessen, was Sie hören, mehr und mehr auf das Wesentliche hin trainiert wird.
- Nun lassen Sie von dort, dem Mittelpunkt im Kopf, aus der Lichtquelle das Gehörte wie an einer unsichtbaren Schnur hinunter sinken bis zum Brustbein, um es dort in einer roten Kugel einzuschmelzen.
- Das tun Sie so lange, wie es Ihnen Spaß macht.

So schulen Sie auf eine sehr subtile Weise die Ohren und auch die Wahrnehmung der Umwelt. Es ist schwierig einen Vorgang in Worte zu kleiden, den man einfach ausprobieren muss, damit man weiß, wovon die Rede ist. Eines ist sicher: Wenn Sie das tun, sind Sie ein für alle mal in einer stärkeren Position, wenn es um unangenehme Geräusche geht. Denn Sie gehen damit wie ein „Profi“ um.

Riechen

Das Riechorgan hat die besten Erinnerungsfäden in unserem Körper-System.

Wenn Sie nach vielen Jahren in einen Raum gehen, der z.B. den Geruch Ihrer Großmutter hat, werden Sie sich daran erinnern und sofort mit der Energie der Großmutter in Resonanz gehen. Egal ob diese noch lebt oder schon gegangen ist.

Nun kommt es darauf an, ob die Erinnerung an den Geruch eine angenehme oder eine unangenehme Empfindung in Ihnen wachruft. Dies ist dann die Stimmung, die Sie in dem Moment am stärksten beeinflusst. Stellen Sie sich vor, Sie sind auf der Suche nach einer neuen Wohnung und bei der Besichtigung ist ein Geruch im Raum, der in Ihnen ein Wonnegefühl auslöst. Was werden Sie tun? Wahrscheinlich, ja sogar ziemlich sicher werden Sie diese Wohnung eher in Betracht ziehen als irgendeine andere. Und ich sage Ihnen, Sie werden auf diese Weise sogar eine irrationale Entscheidung treffen! Fast sicher eine ungünstige! Warum? Das ist ganz einfach, Sie sind mit Ihrem Geruchsinn außer Gefecht gesetzt gewesen. Durch Geruchsmanipulation kann man Menschen Dinge tun lassen, die diese unter anderen Umständen niemals tun würden oder zumindest nicht in dem Ausmaß.

Andersherum funktioniert das natürlich auch. Bleiben wir beim selben Beispiel und sie besichtigen die Wohnung, in der ein Geruch vorherrscht, der in Ihnen das Empfinden von sagen wir Ekel hervorruft. Sie werden diese Wohnung wahrscheinlich nicht nehmen, auch wenn diese Wohnung die optimale Lage hat, die perfekte Ausstattung, den absolut besten Preis. Diese Wohnung will Ihr Unterbewusstsein nicht! Warum? Weil sich in Ihnen alles sträubt und aufbäumt und das nur wegen eines Geruches, der heute, hier und in dieser Situation überhaupt nichts zu suchen hat. Daher ist es wichtig, dass Sie sich selber gut kennenlernen, um in gewissen Situationen

nicht wegen einer Überreaktion eine für Sie möglicherweise ungünstige Entscheidung zu treffen. Ein Beispiel aus der Geschäftspolitik von Kaffeehausbetreibern: Es wird dort in speziellen Filtern oder Luftbefeuchtern Vanillegeschmack oder der Geruch von wohlriechendem Kaffee gemischt, um die Erinnerung der Geruchssinne an das Café im Kunden fest zu verankern, sodass dieser immer wieder, wenn er auch nur in die Nähe eines solchen Cafés kommt, Gusto auf eben diesen einen Kaffee hat!
Bei Wohnungsveräußerungen ist es auch so, dass die Vermieter oder Verkäufer viel bessere Chancen haben, wenn sie ein bis zwei Stunden vor der Besichtigung durch einen Interessenten einen Kuchen backen. Der Duft hängt sich dann in die Wände, ist aber nicht aufdringlich im Vordergrund und daher auch nicht auffallend. Aber er gibt dem Kunden ein Gefühl von Sicherheit, von Vertrautheit. Auf jeden Fall wird bis auf wenige Ausnahmen eine angenehme Erinnerung geweckt. Wie können Sie nun lernen, die richtige Nase zu haben?

Eine Übung:
Dabei geht es darum, in Ihrem Inneren einen neutralen Standpunkt einzunehmen. Je öfter Sie diese Übung machen, desto leichter wird es sein, zu unterscheiden, ob Ihre Erinnerung Sie zu etwas hinzieht oder ob Sie trotz Ihrer Erinnerung zu dem, was Sie anzieht, hin wollen. Sie lernen mit dieser Übung, sich selber zu beobachten. Das ist bei Gerüchen, aber auch bei allen anderen Sinnesorganen sehr hilfreich. Nur hier hat es den besten Stellenwert, um gelernt zu werden.
Sie riechen an einer Seife oder an einem Parfum. Lassen sich alles durch den Kopf gehen, was bei dem Duft an Erinnerungen da ist. Das kann von Veilchen angefangen bis hin zu gruseligen Filmen alles sein.
Betrachten Sie dabei genau, was dieser Duft mit Ihrem Körper macht.
Beobachten Sie genau, was der Duft mit Ihren Emotionen tut.
Suchen Sie Gefühle, Empfindungen und dabei aufkommende Gedanken in Einklang zu bringen, indem Sie ganz neutral bleiben und dadurch genau herausfinden, wie Sie damit umzugehen haben. Natürlich wird dadurch ein Gestank nicht zu einer wohlriechenden Angelegenheit, aber sie stehen der Situation neutral gegenüber und können auf diese Weise eine wertfreie Entscheidung treffen. Und zwar nur deshalb, weil Sie sich besser kennen und somit in gewissen Situationen einen inneren Beobachter haben, der Ihnen sagt, dass es sich hier nur um eine Erinnerung handelt, die aber mit der eigentlichen Situation nichts zu tun hat.

Schmecken

Sie meinen, dass man in der Luft, in der Atmosphäre nicht schmecken kann? Da irren Sie sich! Wussten Sie, dass eine bestimmte Farbwahl bei Menschen eine Reaktion auslöst, die mit unserem Geschmacksinn zu tun hat. So hat man in grünen Räumen mehr Durst und bei Gelb bis Orange steigert es den Appetit. Blau schmeckt salzig und rot regt die Verdauung an!
Doch auch Formen haben eine Auswirkung auf unseren Geschmackssinn. Man sagt z.B., dass jemand einen guten oder einen miserablen Geschmack hat. Das hat fast immer mit Dingen zu tun, die nicht in unseren Mund geschoben werden.
Was ist also Geschmack?

Geschmack ist eine Kombination in der Wahrnehmung von
Sehen,
Hören,
Riechen,
Fühlen,

und hat daher einen besonderen Stellenwert in Bezug auf unsere Sensibilität gegenüber anderen und deren Umgebung.

Natürlich ist gerade der Geschmack sehr stark gefärbt von Werbung und anderen Einflüssen aus der Gesellschaft, der Kultur, in die wir hineingeboren wurden, dem Trend oder der Erziehung, die wir genossen haben. Wohl kaum eine andere Eigenschaft ist auch so sehr von den verfügbaren finanziellen Möglichkeiten abhängig wie der Geschmack.
Wie kann ich also den Geschmack einschätzen und wie kann ich ihn so gestalten, dass er für mich nützlich ist?

Die Frage des Stils ist noch zu klären. Was hat Stil mit Geschmack zu tun, fragen Sie sich? Da der Stil eine bestimmte Richtung hat wie z.B. Jugendstil oder Landhaus-Stil, ist dieser nicht unbedingt mit gutem Geschmack identisch. Denn der Stil kann einen Stilbruch haben ohne gleich geschmacklos zu wirken. Der Geschmack kann aber einen Bruch haben, der sich im Empfinden ganz schön unangenehm anfühlt.

Geschmack oder geschmacklos? Herr Müller, so nennen wir ihn für dieses Bespiel, wollte seine Wohnung veräußern, die er vorher an einen Arzt vermietet hatte. In meinen Anfängen im Immobilienbereich arbeitete ich in einer Firma mit ca. 40 Mitarbeitern und mir wurden manche Termine zugeteilt, ohne dass ich vorher die Objekte besichtigen konnte. Es waren nur die Grunddaten bekannt und so machte ich mich auf den Weg um einem Herrn (!) diese Wohnung zu zeigen. Fast alle im Büro wussten, dass dies ganz sicher peinlich sein wird. Es gab bereits einen großen Kreis von „Eingeweihten", hatten sie doch bereits das „Vergnügen", diese Wohnung Interessenten zu zeigen. Doch niemand wollte etwas sagen, um sich dann den Spaß zu machen, nachzufragen, wie es denn gelaufen sei?
Ich fuhr zur angegebenen Adresse, traf vor der Haustür den Kunden und ging mit ihm in die Wohnung. Als wir die Tür zum ersten Zimmer aufmachten glaubte ich meinen Augen nicht zu trauen. Da stand doch mitten im Zimmer ganz allein und durch die Leere des Raumes noch herausragender und riesig ein Gynäkologenstuhl. Sonst nichts, genau in der Mitte, exakt so hingestellt, dass man das Gefühl hatte, einer Frau zu begegnen obwohl sonst nichts da war. Das war mit Sicherheit das Geschmackloseste was ich in meiner Immobilienlaufbahn gesehen habe.
Was war daran so verwirrend. Der Stuhl? Nein, das hatte nichts mit dem Stuhl zu tun.
War es der Raum? Nein, er war ja leer – bis auf den Stuhl.
Es war die Art, wie der Stuhl stand und wo er stand. Jetzt stellen Sie sich vor, Sie gehen als Frau mit einem Mann als Interessenten ahnungslos in solch ein Zimmer!
Wenn der Geschmack zu wünschen übrig lässt oder ganz ausbleibt, dann ist das meistens mit einer Art Peinlichkeit verbunden. Der Betrachter einer Geschmacklosigkeit ist fast immer peinlich berührt.
Wie kann man Geschmacklosigkeit erkennen?
Indem man sich beobachtet und feststellt, wann man peinlich berührt ist oder beobachtet, wann jemand anderes sich in seiner Haut nicht wohl fühlt.

Fühlen

Gefühle und Empfindungen sind stark von der Temperatur des Raumes abhängig und erst in zweiter oder dritter Linie von der Gesellschaft, in der man sich befindet. Verliebte sind dabei immer eine Ausnahme!
Zwischen warm und kuschelig warm sind Welten!
Der Raum kann dreißig Grad haben und die Stimmung bleibt doch eisig. Kommt Ihnen das bekannt vor?
Gefühle sind stark in Resonanz mit den Energien, die in einem Raum vorherrschen.
Was heißt das genau?
Wenn in einem Zimmer unangenehme Emotionen stattgefunden haben wie z. B. Gewalt, heftiger Streit, Missbrauch usw. dann werden diese Energien in den Wänden, im Boden, in den Möbeln, in den Vorhängen, einfach in allem, was da ist, gespeichert und diese Energien gehen eine Art Kommunikation mit dem energetischen Haushalt jeder Person ein, die den Raum betritt. Es findet ein Energietransfer statt. Dieser funktioniert nur dann nicht, wenn die betreffende Person

- sich in einer viel höheren Schwingung befindet, wie z. B. Verliebte, denn diese Menschen schützt sozusagen die rosarote Brille, wie es im Volksmund so schön heißt. Das hat wirklich eine schützende Rolle, das wurde im Kapitel über Farben schon angedeutet.
- sich die Person zu schützen vermag.
- ein *s p a c e* – clearing© stattgefunden hat.

Ein Beispiel:

Sie gehen wegen eines kleinen Problems zu einem Rechtsanwalt. In einer Anwaltskanzlei finden Sie sagenhaft viel Energien von Gereiztheit, Unstimmigkeit, Streit, Ungerech-

tigkeit usw. Das ist ganz klar, dort kommen fast ausschließlich Menschen hin, die mit einem anderen einen Konflikt auszutragen haben und sie erzählen in den Räumen alles, was sie bedrückt – es wird geweint, beschuldigt, Verzweiflung zum Ausdruck gebracht. Jetzt kommen Sie in den Raum und Sie haben auch ein Problem! Was geschieht? Das kleine Problem, das Sie hatten, wächst an, vervielfacht sich in solchen Räumen, weil Ihr Körper und Ihr Geist in Resonanz mit derselben Schwingung sind, die dort bereits verankert ist.
Mein Rat:
Gehen Sie mit Ihrem Anwalt Essen,
treffen Sie ihn außerhalb seiner Kanzlei!

Alles vermeiden, was runterzieht!

Wenn es sich nicht vermeiden lässt, in Räume zu gehen von denen man von vornherein annimmt, dass sie eventuell unangenehme Folgen mit sich bringen könnten, rate ich Ihnen, sich zu bemühen, Sich selbst so gut Sie das vermögen in eine Hochstimmung bringen. Wie? In dem Sie z. B. sich so kleiden, wie Sie sich am wohlsten fühlen und nicht so, wie Sie glauben, dass man es von Ihnen erwartet.
Indem Sie Ihre Haare, Ihr Parfum und alles, was Sie so an sich haben, auf eine ganz auf Sie abgestimmte Weise tragen.
Indem Sie sich Zeit nehmen, ein paar Minuten, bevor Sie jemanden treffen. Eine Minute für sich ist ein unglaublich schönes Geschenk, das Sie und nur Sie sich machen können.

Das ist eine sehr effektive Methode!
Das ist Balsam für Ihre Gefühle!

Vor allem aber, seien Sie sich immer Ihrer eigenen Gefühle bewusst, denn dieses Wissen schützt Sie am meisten.
Unsere Sinnesorgane sind den ganzen Tag über im Einsatz. Auch wenn wir schlafen sind diese wach.
Sie haben alle Zeit der Welt in sich vereint.
Sie sind sozusagen zeitlos.

Die Zeit

Ein Zeitpunkt ist was?
Ein Punkt in der Zeit … oder eine Feststellung von einem gedachten oder erwünschten Raum
in einer unerklärlichen aber doch wie es scheint sehr wichtigen Ebene?
Was ist diese Ebene?
Was ist das für ein Raum?
Die Zeit ist etwas – ein Etwas … aber was?
Eine Möglichkeit?
Eine in unserer Welt so unglaublich wichtige und ernstgenommene „Droge"?!
Jeder rennt irgendeinem Termin hinterher.
Sucht und findet sich aber meist nicht – in der Zeit.
Zuviel Zeit
Zuwenig Zeit
Keine Zeit
Später (wann ist später?)
Was ist mit dem Jetzt?
Kommt das erst noch?
Oder ist es schon vorbei?
Wann? Ist die Frage, die auf Zeit bezogen ist.
Wann kommst DU?
Wann ist wann?
Wer sagt wann was?
Wir verlieren uns in der Zeit und wie finden wir wieder heraus?
Von – bis …

Die Zeit wird für uns zu kurz oder zu lang.
Es ist also ein Maß, oder? – Vielleicht auch nur ein Gefühl.
Ist die Zeit so wichtig wie wir glauben?
Oder wird sie nur hochstilisiert?
Kann man denn mit Zeit soviel anfangen?
Zeit ist ein Wirtschaftsfaktor, das ist mal sicher! Könnte man die Zeit zurückdrehen wäre das ein Kassenschlager. Könnte man tatsächlich ganz sicher in der Zeit vorausschauen wäre das auch ein gigantischer Gewinn.
Aber ganz gewiss, ganz sicher kann das niemand. Wir können immer nur Spekulationen anstellen und hoffen …

Die Zeit wird's schon richten.
Mit der Zeit heilen alle Wunden.
In der Kürze (Zeit) liegt die Würze.
Das sind doch Aussagen über Gefühlsempfindungen, oder?
Nehmen wir an es gäbe keine Zeit. Wir müssten uns an etwas anderem anhalten, um klarzumachen, wann wir Verabredungen ausmachen oder wie wir die Momente gestalten, indenen wie im Volksmund so locker formulieren … die Zeit totschlagen usw.

Die Zeit
Sie fliegt dahin, wenn es schön ist – oder spannend –,
wenn wir erfüllt sind von einer Sache.

Ich würde gern die Zeit als Möglichkeit in Betracht ziehen, um unsere wichtigste Lebensaufgabe zu finden … GLÜCK.

Es ist doch so, dass die meisten Menschen die Zeit vergessen, wenn sie glücklich sind. Es dauert und dauert und dauert aber unendlich lange, wenn wir unglücklich sind.
Also könnte man logischerweise daraus folgern, dass wir sofort erken-

nen, wann etwas schiefläuft und wann wir stimmig handeln. Sobald wir anfangen, die Minuten zu zählen, sind wir aus der klaren in eine unklare Zone geraten und sobald wir denken, dass es zu spät sein könnte (für was auch immer), haben wir schon verloren.
Zeit ist ein Instrument, mit dem wir Momente zählen.
Und Momente sind kostbar oder nicht?
Oder nicht?
Das „nicht" ist so „g a r" nicht schön!
Warum vermeiden wir das „Nicht"?
Es ist negativ besetzt … Warum haben wir es dann?
Wenn „NICHT" negativ besetzt ist, dann ist das Wort NEIN ja auch schlecht, oder?
ABER – es ist eine wahre Kunst, zur rechten Zeit (und da haben wir es schon wieder) NEIN sagen zu können.

Wenn Worte wie NEIN und NICHT „schlecht" sind oder wie so oft behauptet negativ besetzt, dann ist Zeit auch ein negativer Faktor, oder?
Schauen wir uns doch die wirtschaftlichen Seiten an: Uhren sind ein Renner (speziell die antiken), Astrologie kann gar nicht existieren ohne Zeitangabe! Die Börse schließt pünktlich! Schweiz und Uhren sind nicht auseinander zu denken. Ein ganzer Staat hat eine persönliche Note bekommen – nur über das Zeitmaß. Terminkalender werden für Millionen hergestellt. Satelliten im All sorgen für die ganz genaue Zeit auf dem gesamten Erdball und für alle Menschen gleich! Ganz zu schweigen von den unzähligen Batterien die in unseren Weckern liegen. Hier sind nur wenige und die am meisten benutzten Zeitinstrumente angeführt, und nur davon würde man reicher werden als es vorstellbar ist.

Zeit ist Geld – im wahrsten Sinne des Wortes!
Da bekommt dieser Ausspruch doch gleich eine neue Bedeutung.
Warum sind also alle so auf die Zeit fixiert? Und warum kommt niemand mehr ohne eine exakte Zeitangabe zurecht? Es würde eine ganze Welt zusammenstürzen, wenn die

Zeit plötzlich keine Rolle mehr spielen würde.
Stress wird in meinen Augen in erster Linie von der Abhängigkeit der Zeit erzeugt. Stress ist die weitverbreitetste Krankheit auf unserem Planeten! Warum geben wir uns dem so vehement hin?
Es geht mir auch gar nicht darum, die Uhren oder das digitale „Zeitalter" zu kritisieren. Es ist sogar ganz wunderbar, dass wir so genaue Feststellungen in den Jahren und Altern machen können.
Doch ich denke, dass wir es ein bisschen übertreiben und dass wir gerade aus diesem Mysterium einen großen Nutzen ziehen könnten.
Einen Nutzen in Bezug auf unser persönliches Wachstum und unser Seeelenheil.
Denn wenn wir erkennen, dass uns die Zeit verrückt macht, dann sollten wir einen Weg finden, um das zu modifizieren.
Date sagt man heutzutage zu einem Rendezvous. Ein Date ist ein genau festgelegter fixer Zeitpunkt. Ein Rendezvous ist mehr als ein Treffen, und es ist ein stiller unausgesprochener Plan, dass einer der Partner dem anderen zugesteht, zu spät zu kommen. Das hat Reiz, Stil, es kann einfach mehr – oder irre ich mich?

Ein glücklicher Mensch wartet nie!
Er ist einfach glücklich!
Ein glücklicher Mensch kennt keine Zeit!
Er ist einfach froh!
Ein glücklicher Mensch braucht keine Uhr!
Seine Momente sind erfüllt!
Ein glücklicher Mensch tut was er tun will, er braucht kein (Zeit)Limit.
Ein glücklicher Mensch weiß oft kein Datum.
Er lebt um zu Leben.
Ein glücklicher Mensch verliert keine Zeit.
Er ist die Zeit.

Vorher und Nachher

Bevor ich zu einem *space* – clearing© gehe, ist es notwendig, ein paar Vorkehrungen zu treffen. Diese sind entweder ganz allgemeiner Natur oder für spezielle Vorhaben ausgerichtete Verhaltensregeln.

Als ich mit dieser Art Arbeit vor etwa fünfzehn Jahren begann, musste ich immer nüchtern zu den Wohnungen und Häusern gehen, denn mir wurde sonst meistens übel oder ich litt unter anderen körperlichen Unannehmlichkeiten. Solange ich aber vor den Sitzungen nichts aß war alles in Ordnung.

Heute kann ich damit schon besser umgehen und esse vorher, denn oft sind die Termine abends oder spät Nachmittags, aber ich esse relativ wenig und seit einiger Zeit versuche ich, dem Zucker zu entsagen, was nicht nur für diese Arbeit von Vorteil ist. Sie wissen, was ich meine. Den Verzehr von Fleisch habe schon lange stark eingeschränkt. Hier sei vermerkt, ich verzichte generell auf nichts, es ist eigentlich ein Vorgang, der sich ganz von selbst eingestellt hat. Keinesfalls vertrete ich die Meinung, dass man nur „weiterkommt", wenn man Vegetarier ist oder sonstige asketische Praktiken ausübt. Unter „Weiterkommen" verstehen viele Menschen, die auf einer gewissen Weise als „Suchende" zu bezeichnen sind, dass man auf einem Niveau stehen bleibt, wenn man nicht dies oder jenes tut oder lässt. Ich vertrete hier die These: Jedem das Seine! Und ich lebe gerne mit allem, was das Leben zu bieten hat. Jedoch verspüre ich meistens kein Verlangen nach Fleisch. Oder Alkohol zum Beispiel schmeckt mir einfach nicht.

Dabei möchte ich ausdrücklich festhalten, dass ich damit nur meinem Körper zuhöre und das tue, was er braucht. Es ist mir aufgefallen, je weniger ich mit raffinierten Dingen in Berührung komme und je mehr ich mich von lebendigen Nahrungsmitteln ernähre umso leichter fällt es mir, in Har-

monie zu sein. Schon allein der Ausdruck „raffiniert“ sagt so viel über das Ergebnis bzw. das Produkt aus!
In meiner Ausbildung bei Swami Kaleshwar wurde uns gelernt den Körper mit Mantren aufzuladen, zu festigen und durchlässig zu machen.

Die Mantren helfen mir sehr, mich wieder zu reinigen, um nach aller Negativität, mit der ich in Berührung komme, doch immer wieder ganz gesund hervorzugehen.
Das Rezitieren von Mantren hat viele gute Eigenschaften. Wie mir scheint ist die wichtigste, dass es die eigene Frequenz stark anhebt. Eine Frequenz arbeitet immer nur nach unten hin, sie kann nicht nach oben hin dringen. Sie durchdringt alles und jeden auf dem gleichen Niveau und nach unten hin.

Hat man also eine hohe Frequenz kann man nach unten hin alles verändern, eine niedrige Schwingung oder anders ausgedrückt, Negativität hat in Anwesenheit von hohen Frequenzen keine Chance zu überleben. Nur wenn die eigene Frequenz zu niedrig ist, kann es zu Schwierigkeiten kommen. Deshalb ist es wichtig, meinen Körper für diese Arbeit in einen hohen Schwingungslevel zu versetzen. Das wiederum kann durch mentales Training geschehen, eine dauerhafte gesunde Einstellung und Lebenshaltung ist jedoch unumgänglich.
Ich mache z.B. Yoga, um die Energiekanäle frei zu halten, gehe gerne an die frische Luft und spaziere am liebsten eine Weile ganz allein am Fluss entlang oder im Wald. Dort ist jeder Atemzug ein Hochgenuss und wird dazu verwendet, mich mit dem Atem Gottes zu verbinden. Auf diesen Wegen meditiere ich auch gerne, lasse die Schritte zur Massage für mich und die Erde werden. Ich bekunde der Mutter Erde meinen Dank und zeige ihr meine Freude am Dasein. Ich suche ihre Nähe in allem, was mir begegnet und berühre diesen meinen Planeten mit Liebe und Hingabe. Dabei ergibt sich automatisch, dass ich meinen Sinnen danke. Die reinsten Liebeserklärungen gehen an die Augen, die Ohren, die Nase und den wunderbaren Gerüchen, an denen sie mich teilhaben lässt, an meine Hände und das Empfinden, das sie mir schenken, an meinen Mund, den Gaumen, die Zunge, usw.

Nachdem ich mich bei Mutter Erde und bei meinem Körper bedankt habe, bringe ich meinen Respekt vor den Himmelsrichtungen zum Ausdruck und zum Schluss finde ich für alle fünf Elemente Worte des Dankes.
Diese Meditation wende ich in der freien Natur am liebsten an, sie ist jedoch auch in Räumen gut durchführbar und kann Wunder bewirken.

Für Einsteiger in Sachen
„Bewunderung für sich selbst inmitten der göttlichen Schöpfung"
gebe ich die Empfehlung, jeden Tag eine der angeführten Eigenschaften zu üben.

Zum Beispiel:

Am **1. Tag** atmen Sie ganz bewusst, sie beobachten nur den Atem und üben sich darin, dem ATEM zu danken.
Am **2. Tag** ist das Thema der Innenschau die ERDE. Bedanken Sie sich bewusst für – alle möglichen „Wunder", die Ihnen Mutter Erde zur Verfügung stellt
Am **3. Tag** sind es die Augen, alles was sie sehen und dankenswerterweise nicht sehen.
Am **4. Tag** sind es die Ohren,
am **5. Tag** die Nase,
am **6. Tag** die Hände,
am **7. Tag** der Mund,
am **8. Tag** die Elemente Erde, Feuer, Himmelselement Äther, Luft und Wasser,
am **9. Tag** die Himmelsrichtungen, usw.

So gewöhnt sich Ihr Organismus langsam daran, sich auf eine Sache voll und ganz zu konzentrieren und Sie werden feststellen, wie erfinderisch und wortreich Sie mit der Zeit werden.

Zu den Vorbereitungen gehören auch die täglichen Gebete. Ohne Gott würde ich mich niemals ans Werk trauen. GOTT ist meine Quelle, mein Schutz, meine Liebe und mein Licht … Ich spreche mit ihm durch das Herz. Gott ist für mich nur der Name dessen, was in meinem und aller

Wesen als Schöpfer, als das Absolute Licht verehrt wird. Liebe geschätzte LeserInnen, nehmen Sie bitte für Ihre Anrufungen den Namen Ihres Gottes, jenem, der in Ihrem Herzen den wichtigsten Platz einnimmt!
Ich halte auch engen Kontakt zu den Engeln und anderen himmlischen Helfern, vor allem zu Jesus Christus und den Meistern.
Es gibt verschieden Situationen, Themen oder Ereignisse und genauso gibt es verschiedene Helfer, die ich rufe.

Was geschieht beim *s p a c e* – clearing© mit mir?
Ich bin während des ganzen Prozesses mit all den Energien und Schwingungen des Raumes verbunden und stelle meinen Körper dafür zur Verfügung. Durch meinen Körper spüre ich in Form von Schmerzen, manchmal auch in Form von Übelkeit, Unwohlsein oder einer emotionalen Regung, was mit dem Raum los ist. Oft ist es so, dass diese Regungen in den Organen mit den verschiedenen Empfindungen einhergehen. Wenn zum Beispiel Zorn und Gewalt im Raum war und sich durch mich äußert, dann spüre ich Schmerzen im Magen, der Milz und im Leberbereich. Bei Gewaltanwendung assoziiert dies mein Körper regelmäßig mit großem Druck im Nabelbereich und im Hals.

In der Wirbelsäule sind die verschiedenen Energien zu spüren, die mit organischen Krankheiten zu tun haben. Wenn ich in den Lendenwirbeln Schmerzen spüre, dann kommt es vor, dass mir die Eigentümer erzählen, sie hätten mit den Nieren oder mit dem Darm ein Problem. Die Wirbelsäule ist Träger von so Vielem, so auch von Sorgen und Ängsten.
Andere Wahrnehmungen sind Farben und Formen. Krankheiten haben einen eigenen Körper und eine ihnen eigene Farbe und meist auch einen eigenen Geruch.
Am besten kann man dies lernen, indem man mit einer Winkelrute oder einem BioTensor anfängt, den Raum mit der Absicht, das Negative aufzuspüren, zu durchwandern. Wer das tut wird so manche Überraschung erleben und froh sein, wenn er weiß, wo sich die Störfelder befinden.

Um die Wahrheit zu sagen interessiere ich mich nicht wirklich für das, was in den Räumen geschehen ist. Ich bin nur daran interessiert, dass die Atmosphäre wieder rein und klar wird. Sie denken beim Putzen, reinigen und entsorgen ihres Haushalts ja auch nicht bei jedem Staubteil und bei jedem Sackerl, das sie wegwerfen, warum und wieso das jetzt so ist. Sie reinigen, putzen und werfen Unnötiges weg. Aus! Dabei spielen sie Musik oder sie singen selbst ein Lied während des Abwaschens oder beim Fenster putzen.

s p a c e – clearing© ist wie ein Großreinemachen im Haushalt. Wenn Sie den Osterputz vor sich haben, dann organisieren Sie sich. Sie sorgen dafür, nicht gestört zu werden, sie ziehen sich ein entsprechendes Outfit an, in dem sie sich bequem bewegen können, sie kaufen die benötigten Putzmittel, richten den Dampfreiniger, den Staubsauger, Lappen, Bürsten und Besen her. Sie wissen wo sie beginnen werden und wissen wo sie aufhören. Sie haben einen durchdachten Plan. Wenn dann alles erledigt ist, räumen sie die Mittel, die sie gebraucht haben wieder weg und freuen sich auf eine Dusche oder ein angenehmes Bad. Sie sind erschöpft, um nicht zu sagen ausgelaugt. Sie haben Hunger und Durst und Sie wollen eine Weile ihre wohlverdiente Ruhe haben.
Genauso ist es beim *s p a c e* – clearing©.

Ich organisiere mich genau bevor ich beginne. Ich habe alles mit, was benötigt wird. Die energetischen Bürsten und Besen sind ausgewählte Kräuter, Gewürze und Symbole der Natur. Ich nehme mir alle Zeit, die ich brauche und sorge dafür, dass ich ungestört bin. Es kommt häufig vor, dass ich singe, während ich meine Arbeit verrichte. Ich gehe hinterher duschen und wenn ich Zeit dazu finde, nehme ich am liebsten ein Vollbad. Ins Badewasser gebe ich Meersalz, denn dies hat auf der Energieebene eine sehr reinigende Wirkung. Wenn die körperliche Hygiene erfolgt ist, esse ich und genieße die Ruhe, um mich zu erholen und neue Kraft aufzutanken.
Für alle diese Vorbereitungen und die wichtigen Nacharbeiten brauche ich Zeit und Ruhe, die ich mir auch unbedingt nehme, denn das bin ich mir und meinem Körper schuldig!
So habe ich ein erfülltes Leben und die Menschen, die meine Dienste in Anspruch nehmen, können die besten Ergebnisse erwarten.
Das Thema „Wert" hat es mir auch eine Zeitlang ziemlich schwer gemacht.

Lange Zeit habe ich das, was ich in der Atmosphäre bewirke, ohne Bezahlung gemacht. Ich dachte, dass es nichts wert sei. Dass es normal ist, dass ich mentale Arbeit und wenn sie auch noch so anstrengend ist, umsonst tun muss, denn ich hatte ja keinen sichtbaren Beweis von dem, was sich innerlich abspielt. Der Beweis lag höchstens im Außen, wenn sich die Situationen änderten, verbesserten und auf die Menschen „Eindruck" machten.

Im Zuge einer Feng Shui Beratung wurde *s p a c e* – clearing© sowieso mitgemacht und da gab es auch keine Fragen oder Beklemmungen meinerseits. Wenn ich jedoch nur eingeladen wurde, um mir die Räume anzusehen und sie zu „entgeistern" oder zu räuchern war es mir echt peinlich, dafür Geld zu nehmen. Es war nichts wert! Ich war nichts wert! Bis ich auf einen Mann stieß der mich in die Kunst des „Wendens" einführte und mir auftrug, für die Zeit, die ich dafür aufwende, Geld zu nehmen. Für die Zeit! Nicht für DAS was geschieht! Und so kam es, dass ich anfing, für die Zeit, die ich brauchte, Geld zu nehmen.

Eines Tages, in der Stille der Meditation wurden mir die wirklichen Preise genannt. Es ist aber zu empfehlen, das zu tun was das INNERE sagt – ich sage immer: was mein Herz zu sagen hat! Die Preise stiegen von einem Tag auf den anderen enorm. Die Menschen kamen trotzdem und nahmen meine Dienste in Anspruch. Noch mehr, es geschah immer häufiger, dass ich sogar Geschenke erhielt oder zum Essen eingeladen wurde. Manche Kunden rufen mich zu ganz persönlichen Festen, wie Hochzeiten, Taufen oder Geburtstagsfeiern ein. ICH bin im Wert gestiegen! MEINE ZEIT ist im Wert gestiegen. Das, was ich TUE, war im Wert gestiegen! Es dauerte schon eine Zeitlang, bis ich das begriffen hatte.

Was ist WAS wert? Was ist WER wert? Das „Wert-Thema" ist sehr häufig Ursache vieler raumenergetischer Disharmonien.

Wenn der Wert entwürdigt wird, beginnt ein Kreislauf von nie zu Ende gehenden Schlaufen zwischen Mangel und Schuld. Sie sind es sich schuldig, für sich und Ihre Werte einzustehen.

Der Mangel war oft Grund für ein *s p a c e* – clearing©. Daher werde ich Ihnen jetzt noch eine paar Worte über den Mangel schreiben, bevor ich Ihnen abschließend ein paar Erfahrungsberichte mit auf den Weg gebe.

MANGEL

Das Schreiben dieses Buches hat mich ungefähr zwei Jahre in Anspruch genommen. Bis zu dem Moment wo das Ende abzusehen war, ging es mir relativ leicht von der Hand. Doch die letzten Kapitel, die über das *s p a c e* – clearing©, wollten einfach nicht aus meinem Kopf und meinen Empfindungen den Weg aufs Papier finden.

Dieses Thema ist mir unendlich wichtig und gerade deshalb ist es so schwierig, meine Ansprüche an mich zufriedenzustellen. Vor allem wollte ich nicht missverstanden werden. Mit der Zeit erwischte ich mich dabei, wie ich mich selbst ablenkte. Doch dann begann ich, meine eigenen guten Ratschläge in die Tat umzusetzen. Ich fing an, alles Alte wegzuwerfen oder zu verschenken, baute um. Das ging so weit, dass ich beschloss, in eine neue Wohnung zu ziehen. Alles, nur nicht schreiben.

Oh, ich war sogar stolz auf meine „Schreibblockade". Es wird doch von so manch großem Schriftsteller berichtet, dass diese auch ihre „Kreativpausen" brauchen. So konnte ich mich zu einer Spezies zählen, die sich mit Schreiben beschäftigt. Obwohl ich ja noch nicht einmal ansatzweise wusste, ob und wann mein Buch jemals veröffentlicht werden würde. Nachdem ich mir aller Ablenkungsmanöver vom Putzen angefangen bis hin zu anderen meiner Gewohnheiten bewusst wurde, erkannte ich, dass es einen tieferen Grund geben musste, der mich daran hinderte, endlich das zu vollenden, von dem ich sicher war, dass ich es gut gemacht „hätte".

Ich verstand mein zögerliches Verhalten nicht.

Ich beschloss, in meine **tägliche Meditation** folgende Affirmation einfließen zu lassen:

Ich übergebe das Buch der Göttlichen Führung.
Das war alles.

Und dann geschah etwas sehr Wichtiges (und auch Interessantes). Ich bekam eine Geburtstagskarte mit der Post. Von meiner Mutter. Da ich, wie Sie sicher schon bemerkt haben, auf Symbole achte, war ich sehr berührt, dass auf der Vorderseite wunderschöne Lilien abgebildet waren. Weiße Lilien, meine absoluten Lieblingsblumen. Das allein hat schon bewirkt, dass sich mein Herz öffnete. Dann las ich und ich zitiere wörtlich:

„Alles Gute zum Geburtstag! Lass Dich schön feiern. Du mein Schatz, und das weißt Du auch, bist alles für mich. Als Du geboren wurdest, hatte ich mein eigenes Fleisch und Blut in meine Arme nehmen dürfen, und ich war der glücklichste Mensch auf Erden. Ich habe Dich sehr lieb und ich bin stolz auf Dich!"

Diese Zeilen haben alles verändert. Mit einem Mal wurde mir klar, was los war mit mir. Meine Mutter, obwohl so große innere und äußere Distanz von mir geschaffen wurde, wie nur irgend möglich, hatte all die Jahre über den Schlüssel in der Hand. Ich wurde das, was ich bin, weil ich nur das Eine wollte. Ich wollte, dass meine Mutter mir sagt, dass sie mich liebt und dass sie stolz auf mich ist. Was ein paar Worte zur richtigen Zeit von einem ganz bestimmten

Menschen ausmachen können! Verblüffend!
Die Blockade, die ja eigentlich gar keine war, verpuffte als wäre sie nie da gewesen, löste sich in Selbstvertrauen auf. Von da an wusste ich, was viele Menschen – ich würde sagen, den Großteil – antreibt: Es ist der MANGEL.
Erst als ich wahrnahm, erkannte, fühlte, dass es eine Unzahl Erscheinungsformen von MANGEL gibt, begriff ich meine Beweggründe und die vieler anderer Menschen.

Um was geht es beim *space* – clearing©? Um die Auflösung und Befreiung von disharmonisch beeigenschafteten Energien. Und diese wiederum sind fast immer geboren im Mangelbewusstsein.

Sehen wir uns ein paar an:
Mangel an Selbstbewusstsein, das war mein Motivator, mein Antrieb. Ich wollte es immer besser machen, weiter kommen, lernen, geben, lieben. So gesehen hat mich dieser Mangel weit gebracht, aber er hat auch viel genommen. Lebenszeit, die ich wahrscheinlich glücklicher und friedvoller hätte erleben können. Was fehlt den Menschen? Welcher Mangel ist die treibende Kraft im Hintergrund?

Mangel an …
Wissen, Macht, Geld
Liebe, Hoffnung, Licht
Ideen, Schönheit, Freiheit
Idealen, Schlaf, Träumen
Gesundheit, Freude, Konzentration

Ich bitte Sie, für einige Momente nachzudenken, welche Formen von Mangel Ihr Leben bestimmen. Das können durchaus mehrere sein. Schlafmangel führt zu Konzentrationsmangel. Dieser führt zu mangelnden Ideen. Die Inspiration bleibt aus und dies kann zu einem Mangel an Kommunikation führen, der sich wieder in Mangel an Freude auswirkt.

Der Mangel hat eine grausame Art sich zu vermehren! Um nicht in diese Falle zu tapsen, ist es grundsätzlich erst mal wichtig alle Manifestationen von Mangel beim Namen zu nennen. Das hat eine ganz sichere Wirkung. Der Mangel, der einen Namen hat, verliert an Intensität. Denn jedes Mal wenn Sie erkennen, dass es sich um einen Mangel handelt, werden Sie feststellen, dass sich hinter diesem jetzt „so benannten" Mangel ein anderer Mangel versteckt. Da Sie sich nun dieser Erkenntnis widmen, wird Ihnen schon bald bewusst werden, dass sich auch hinter diesem Mangel ein anderer Mangel verbirgt. Die Kette der Mangelerscheinungen ist schier unersättlich, aber sie wird Sie zur ersten Ursache und zum ersten Mangel führen, wenn Sie hartnäckig einen Mangel nach dem anderen benennen können. Die Erkenntnis des ersten Mangels ist fast mit einer Erleuchtung gleichzusetzen und erlaubt Ihnen, diesen freizugeben. Im Grunde ist es so, dass der Mangel an sich selten etwas Schlechtes ist, aber die Art, wie man versucht ihn in Fülle umzuwandeln, verursacht nur allzu oft die falschen Voraussetzungen und Ursachen für ein Leben in Harmonie.

Zeitmangel ist ein Beispiel für eine moderne Mangelvariante. Zeitmangel kann zu einem gesteigerten kreativen Prozess führen. Wenn dies immer und immer wieder vorkommt, verwandelt sich die Kreativität in Stress und dieser führt zu körperlichen Mangelerscheinungen, die wiederum zu psychischem Stress führen, der sich auf einer anderen Ebene des Lebens Platz schafft. Und so wird aus einer Mücke ein Elefant.

Zeit ist ein dehnbarer Begriff, genauso wie Mangel. Mangel wird erst dann erkannt, wenn es zu spät ist, oder fast zu spät. Erkennen Sie Ihren Mangel aber, sobald er in Erscheinung tritt, wird er Ihnen dabei helfen ein erfülltes Leben zu führen. Und um Fülle geht es doch! Oder? Ist das Gegenteil von Mangel Fülle? Ja, auf der materiellen Ebene kann man das so sehen. Auf der feinstofflichen Ebene ist das Pendant zu Mangel LICHT.

Licht wiederum definiert sich am Schatten. Und im Leben der Menschen hat der Schatten den Namen MANGEL Der Raum, in dem wir leben, ist ein Spiegelbild dessen, wie unser Innenraum aussieht. Der Mangel und das Wissen um ihn ist ein wirklich guter Schritt, die Licht- und Schattenseiten im Inneren zu erkennen und umzuwandeln.

Es gibt natürlich auch einen Mangel, von dem so mancher gar nicht weiß, dass er ihn überhaupt hat. Mangelndes Taktgefühl zum Beispiel. Um sich über einen Mangel, dessen man sich nicht so bewusst ist, klar zu werden, ist es meistens hilfreich, die Reaktionen der Mitmenschen zu beobachten. Deren Verhalten zeigt wo man sich „mangelhaft" benimmt.

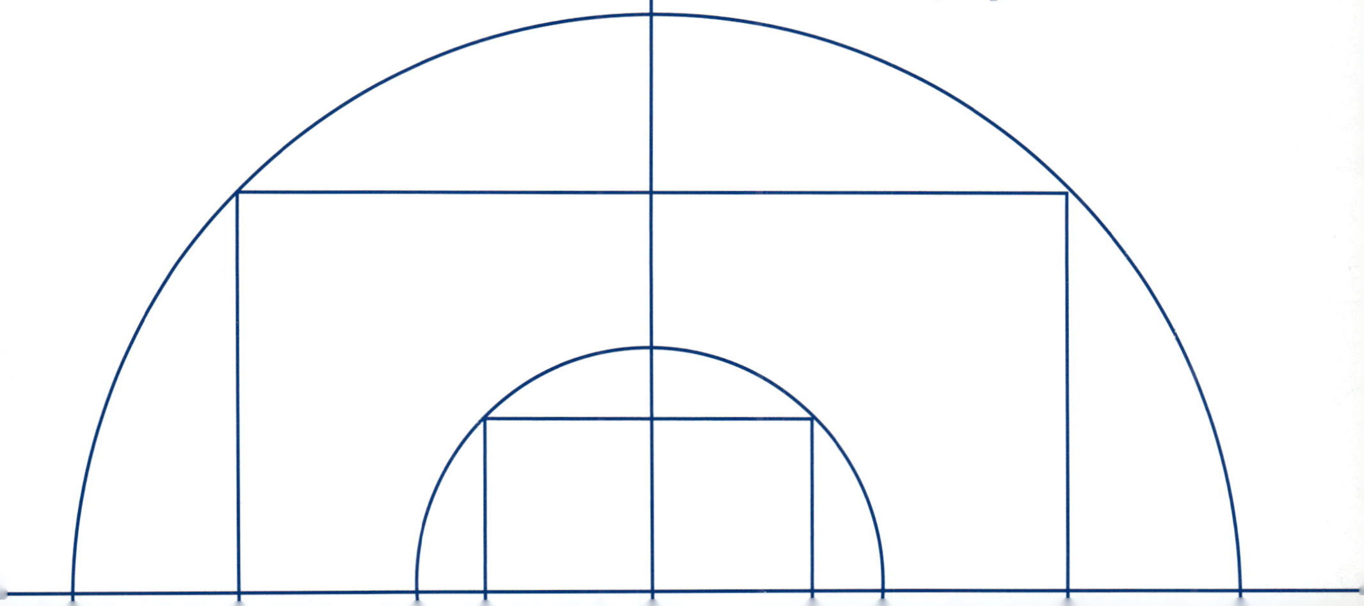

Raumklimatisch GUTES tun

Auf den vorangegangen Seiten konnten Sie herausfinden, wie es sich verhält, wenn man einen Raum betritt und die Sinne einsetzt, um zu erfahren, was sich abspielt.
Riecht es angenehm, dann sind die Sensoren für Wohlfühlen schon eingeladen und wollen bleiben. Ist es warm bzw. ist die Temperatur so, dass sie keinerlei Gedanken an den Thermometer vergeuden, dann hat das Raumklima noch einen Pluspunkt.
Was sehen und was hören Sie nachdem Sie eingetreten sind? Stimuliert es zum Bleiben oder würden Sie gerne schon nach einer Minute das Bild gerade rücken wollen, den Schemel aus dem Weg räumen, die Türe zumachen, die zur überlauten Straße hinaus offen steht?
Fühlen Sie sich nach dem ersten Schritt in neuem Terrain heimelig oder peinlich berührt.
An all dem kann man erkennen, dass die so genannte „gute Atmosphäre“, die im Raum herrscht, von einigen ganz simplen Dingen abhängig ist.
Bevor man *s p a c e* – clearing© im feinstofflichen Bereich angeht, sollte man die ersten und wichtigsten Unterscheidungen treffen und Veränderungen vornehmen, die zum Wohle aller beitragen können.
Dabei ist es einerlei, ob es sich um private oder kommerziell genützte Räume handelt.

Geruch lässt sich integrieren mit

Blumen
ätherischen Ölen
Duftkerzen
Duftlampen
Insenz (Räucherstäbchen)
Raumspray – hier sei vor billigen synthetischen Düften gewarnt, denn wenn man diesen einmal benützt hat, bekommt man ihn nicht so schnell wieder raus, auch wenn man es möchte!

Beim Geruch ist ein guter Rat:
Weniger ist mehr!

Wenn Sie ein Geschäft haben und immer den gleichen Duft verwenden, wird das der Kunde mit wohlwollenden Erinnerungen verbinden und er erkennt SIE an Ihrem Duft auch anderorts, wenn er das gleiche riecht, was er mit Ihnen in Verbindung bringt.

Duft sollte eine Richtung haben, mit der SIE sich identifizieren und nicht um einen Gag zu landen, denn damit lenkt man von sich ab und verfehlt die Wirkung.
Immer einige Zeit verstreichen lassen, nachdem mit der Duftnote gearbeitet wurde!

Die Temperatur

zu warm ist nicht gut
zu kalt schon gar nicht
Beobachten Sie sich selbst und nehmen Sie immer an Ihrem Empfinden Maß. Vor allem, wenn Sie bei jemandem zu Besuch sind. Dort wird meistens das kritisiert, was man bei sich selbst schlecht oder gar nicht macht!
Die angenehme Temperatur ist auch von der nötigen Frischluft abhängig.
Lüften ist gut – ist wichtig!
Weniger angenehm ist Zugluft.

Sehen Sie sich um und gestatten Sie sich einen kritischen Blick! Im eigenen Umfeld genauso wie im Raum anderer. Sie werden beim Verlassen der Wohnung und beim Eintreten in ein Zimmer verschiedene Gefühle haben. Auch hier ist es anzuraten, eine gewisse Feinfühligkeit zu entwickeln.
Ihr sehendes Auge und Ihr fühlendes Auge sind zweierlei!
Beim ersten Anblick ist oft der eine oder andere in Ungnade gefallen und erst wieder auferstanden, nachdem man einen zweiten Blick darauf warf. Dieser zweite Blick – oder die so genannte zweite Chance, ist oft gewünscht aber selten gegönnt!

Sehen Sie also zu, den ersten Blick des anderen auf Ihre Räume zu fesseln!
Dazu gibt es für das physische Auge ebenso Regeln, die den ersten Blick betreffen wie auch für das innere Auge.

Im Äußeren kann und muss ich zuerst wissen, was ich denn für einen Eindruck hinterlassen will und dann kann ich danach handeln. Dabei spielen eine **wichtige Rolle**:

die Farbengestaltung
die Formgebung (quadratisch, länglich, rund, …)
das Maß (Höhe, Breite, Länge, …)
die Qualität von allem (Teppich, Holz, Plastik, …)

Für die innere Wahrnehmung sind wesentlich:
Ordnung oder kreative Unordnung

ein Brief
eine Zeitung
ein Buch
eine Brille
ein Tuch

… also subtile Formen der Preisgabe persönlicher Eigenheiten von aussagekräftiger Wirkung auf den Besucher oder Geschäftspartner.

Dass der Raum sauber gehalten wird, nämlich sauber im Sinne von staubsaugen, wischen und putzen setzte ich als selbstverständlich voraus!

Es gilt, die Tatsache anzuerkennen, dass der Raum (mit)lebt, mit Ihnen mit-lebt!
Sie leben im Raum „in“ dem Sie sind!
Der Raum absorbiert alles, was in ihm geschieht.

Und so, wie Sie wie oben bereits erwähnt Ihre Wohnung, Ihren Lebensbereich von Unreinheiten befreien, indem Sie putzen, ist es auch im feinenergetischen Bereich unerlässlich immer wieder, in regelmäßigen Abständen, eine atmosphärische Reinigung vorzunehmen.
Wenn allerdings große Probleme immer wiederkehren, dann ist es anzuraten, jemand Außenstehenden zu kontaktieren, denn die neutrale Energie eines anderen kann hier meistens mehr erreichen als man selbst.
Vor allem wenn man sich in Situationen befindet wie z.B.:

Scheidung
lang anhaltende Krankheiten
nach Todesfällen
ständige Geldsorgen
Schlaflosigkeit
unerfüllter Kinderwunsch
Einsamkeit
Angstzustände
Depression

Oder im Geschäftsbereich:

Kundenschwund
Verkaufsschwierigkeiten
Geldsorgen
ständige krankheitsbedingte Ausfälle von Mitarbeitern

Natürlich sind das nur einige Beispiele, deren man noch viele unangenehme anhängen könnte, aber ich denke, Sie wissen und fühlen genau, wann Sie sich selbst gute Dienste tun können und wann Sie jemanden hinzuziehen möchten!

_s p a c e_ – clearing© in den verschiedenen
Bereichen zu machen, sollte Ihnen wichtig sein!
Warum?

Es bringt Ihnen eine Lebensqualität, die Sie nie wieder missen möchten.
Es verhilft zu mehr Gesundheit.
Es gibt Ihnen Kraft und Vitalität.
Es bringt Ihnen neue Erfahrungen.
Es beeinflusst Ihr Liebesleben enorm positiv.

Es hilft bei

Angst.
Wirrnissen.
Unsicherheiten.
Geistern.
Bringt Positivität in Ihr Leben.
Bringt außergewöhnliche Ereignisse ans Licht.
Zeigt SIE im besten Licht.
Wirkt Wunder!

Erfahrungsberichte

VERSTORBENE UND LEBENDE GEISTER

Ich erzähle Ihnen von drei verschiedenen Arbeiten, bei denen es sich um die Befreiung verstorbener Seelen und um Hilfestellung für lebende Seelen handelt.

1.
Ich wurde ins Burgenland gerufen.
Eine Frau rief mich an und erzählte mir, dass ihre Schwester verstorben sei. Seit ihrem Tod geschahen merkwürdige Dinge, wie zum Beispiel, dass sich am Fenster Buchstaben zeigten, um dann wieder zu verschwinden, oder dass in der Kirche die Schwester ganz deutlich zu sehen sei, und zwar gleich mehrmals auch für andere. Es wäre schön, wenn ich mich darum kümmern könnte.
Als ich den Hörer auflegte, konzentrierte ich mich auf den Namen der Verstorbenen und auf die Adresse, die man mir genannt hatte. In und um meinen Körper wurde es kalt und ich spürte eine so genannte „Gänsehaut" am ganzen Körper.
Sofort wusste ich, dass der Kontakt hergestellt war. Ich begann Licht auszusenden und bat mein HOHES SELBST, sich der verstorbenen Seele anzunehmen und sie dorthin zu geleiten, wo es für sie das Beste sein würde. Schon sehr bald wurde ich ganz ruhig und spürte überhaupt keine Reaktion mehr, wenn ich ihren Namen aussprach. Erledigt!
Trotzdem fuhr ich zum vereinbarten Zeitpunkt ins Burgenland. Man empfing mich ausgesprochen herzlich. Im Haus waren noch die Tochter und die Enkeltochter der Auftraggeberin. Bei Kaffee und Kuchen erzählten sie mir ihr Leid vom Nachbarn, der sich so gar nicht an normale nachbarschaftliche Gepflogenheiten zu halten schien. Dann erzählten sie mir ganz private und

persönliche Dinge, die ich hier nicht anführen möchte, aber sie erwähnten mit keinem Wort die Verstorbene. Nach einer Stunde, in der ich mir alle, oder fast alle kleinen und großen Probleme angehört hatte, fragte ich, was es nun mit der Sache auf sich hätte, wegen der man mich ursprünglich angerufen hatte.
„Was ist mit der verstorbenen Schwester?"
„Ach die, nein die hat sich seit unserem Telefongespräch nicht mehr gemeldet."
„Da haben Sie doch schon was gemacht? Nicht wahr?"
Nachdem dies geklärt war, konnten wir uns den aktuellen Dingen widmen und das Haus samt Garten einer tieferen Reinigung unterziehen.
Ich suchte mir einen Platz aus, an dem ich wieder meine üblichen Ritualgegenstände aufstellte, setzte mich in meinen Schutzkreis, um mich ganz und gar zu konzentrieren.
Es war diesmal relativ ruhig. Ich verspürte an manchen Stellen im Körper Schmerzen und sobald ich mit dem Atem Licht hin sandte, wurde es gleich wieder gut.
Immer, wenn ich eine Weile nichts mehr spüre, frage ich an, ob es etwas Wichtiges zu sagen gäbe oder ob ich noch etwas zu tun hätte, um den Prozess abzuschließen.
Da kam mehr ein Gefühl als wirkliche Worte, die etwas wie „Neumann oder Neuer Mann" aussagten.
Das, was ich höre oder vernehme hat immer seine Berechtigung und seine Richtigkeit, deshalb würde ich nie etwas hinzufügen oder weglassen!
Dann tauchte ein Engel auf. Riesig, ganz rosa, und mit einer Liebe, die unaussprechlich ist, es war, als ob man in einem Schaumbad säße. Eine herrliche Weichheit umhüllte mich und ich fühlte meine Haare in ganz sanfter Bewegung. Dieser Engel nannte sich Rosa. Dann ist mir so, als ob da noch ein kleiner Engel wäre, ein Engelsbub? Ja ganz deutlich war da noch ein kleiner Engel. Rosa wollte ab heute in diesem Heim der Hausengel sein.
Ich erzähle den Frauen von allem, was ich sah und hörte.
Von dem großen Engel, von dem kleinen Engel und von den eigenartigen Worten „Neumann oder Neuer Mann". Die Begeisterung war groß und auch die Verwunderung, dass ein Engel namens Rosa ab nun hier sei. Der Name war ihnen noch nie

untergekommen und in der gesamten Verwandtschaft gab es diesen Namen nicht.
Ich verabschiedete mich herzlich, und ließ die drei Frauen mit vielen neuen Eindrücken zurück.
Gleich am nächsten Tag kam ein Anruf. Diesmal von der Tochter. Sie war ganz aus dem Häuschen. Sie müsse mir unbedingt etwas erzählen.
Die Mutter hatte am Donnerstag, also drei Tage später Geburtstag. Für diesen Anlass hatte sich ihre Tochter etwas ganz Besonderes ausgedacht. Sie wollte ihrer Mutter mit einer alten Bibel, die sie im Internet ersteigert hatte, eine Freude machen. Diese Bibel wurde natürlich ganz geheim gehalten und kam an diesem Morgen mit der Post. Voll Neugier auf das exklusive Exemplar schaute sie sich das alte Buch an. Als sie die erste Seite aufschlug, blieb ihr der Atem stecken, sie las:
„Für meinen geliebten kleinen Jakob von seiner Mutter
Rose Neumann“
Datum: Achtzehntes Jahrhundert

So kommt es vor, dass der eine Geist erlöst wird und ein anderer als Engel wieder kommt.
Gottes Wege sind schon seltsam, nicht wahr!

DER BAUHERR

Nicht immer werde ich vorher gebeten, Augenmerk auf einen speziellen Raum zu legen. Es kommt vor, dass ich ganz komplexe Situationen erzählt bekomme, um dann auf diese bei meiner Arbeit eingehen zu können.
Ich erhielt einen Anruf von einem Bauherrn, den ich schon viele Jahre kenne. Er ist ein sehr netter älterer Herr. Wahrscheinlich ist er beleidigt, wenn er liest, dass ich ihn als „älteren“ Herrn bezeichne, denn er ist sehr bemüht, jugendlich und frisch auszusehen. Wie dem auch sei, ich mag ihn mit seiner leicht antiquierten Art. Er küsst immer meine Hände und trifft sich immer in sehr ausgewählten Caféhäusern mit mir.

Nur diesmal wollte er sich in einem „Spielautomaten Café“ treffen. Sein Anruf klang dringlich und eher aufgeregt. Ich freue mich immer ihn zu sehen, denn er weiß stets die neuesten und tollsten Geschichten aus der Insider-Szene im Immobilienbereich. Ich traf mich mit ihm am 30. Juni 2001. Das Datum ist wichtig! Er saß in diesem von Rauch verqualmten Lokal und sah mich eine ganze Weile ziemlich nervös an. Dann beugte er sich vor und meinte mit tiefstem Ernst: „Sie sind doch eine Hexe?“

Stille …
„Ich weiß, dass Sie eine gute Hexe sind und dass ich Ihnen mein Problem sagen kann und dass ich darauf hoffen kann, dass sie mir helfen!“
Ich lächelte und schlug vor, dass er mir zuerst einmal erzählen sollte, warum er so nervös war.
Er hatte ein Bauvorhaben in der Stadt und es umfasste ziemlich genau 5.000 m² Nutzfläche. Er beginnt generell erst mit dem Umbau, wenn er einen fixen Mieter hat, mit dem alles genau besprochen ist, damit der Mieter ein für ihn passendes Objekt bekommt und dafür dann auch den entsprechenden Mietpreis bezahlt. Dies wird immer vorher, also noch vor Baubeginn bis ins Detail ausgehandelt und vertraglich festgehalten.
In diesem Fall hatte er großes Glück, denn er hatte für die gesamte Fläche nur einen Mieter und somit auch nur ein „Sorgenkind“.
Es ging nun darum, dass der Mieter jeden Tag neue Ideen hatte, obwohl bereits alles genau ausverhandelt war. Am Tag zuvor waren es die Handläufe an den Stiegen, die ihm plötzlich in Holz wesentlich besser gefielen als in Eisen, wie sie vorgesehen waren. Heute wollte er im ganzen Haus einen anderen Bodenbelag und dann wollte er statt weißer Türen Glastüren. Diese Liste war endlos!

Wenn man aber eine Kalkulation macht und den Mietpreis an diese Zahlen anpasst, dann kommt etwas gänzlich anderes dabei raus als wenn die Baukosten plötzlich ungleich höher werden.
Fakt war, dass er sich mit dem Mieter nicht mehr einigen konnte und die Baustelle stillstand, weil der Mieter leider

nicht die aktuelle Abnahme machte, die er auch für jeden Baufortschritt vertraglich ausgehandelt hatte. Das heißt, sobald der Bau einen gewissen Fortschritt gemacht hat, müssen der Eigentümer und auch der Mieter alles begutachten und mit Unterschrift seine Zustimmung bekunden. Wenn dies nicht geschieht, kann nicht weiter gearbeitet werden. Was aber bedeutet, dass die bereits bestellten Handwerker einen anderen Auftrag annehmen und für längere Zeit nicht mehr verfügbar sind. Das ist dann ein ganz netter Dominoeffekt und kostet nicht nur Zeit und Nerven sondern meistens viel Geld. Deshalb Geld, weil die Mieter einen Bezugstermin schriftlich zugesagt bekamen und für jeden Tag, an dem sie nicht einziehen können, muss der Bauherr eine so genannte Pönale bezahlen. Der Betrag ist in der Regel so hoch, dass sich jeder Bauherr dreimal überlegt, die Zeiten zu überschreiten.

In diesem Fall waren die Zeiten so angelegt, dass im Mai eine Bauabnahme hätte sein sollen, die aber geplatzt war, die nächste war für Juli geplant und zwar schon drei Tage nach dem Treffen im „Spielautomaten Café“, dann im August die Vorabnahme und im September sollte das Objekt an den Mieter übergeben werden. So wie es im Moment aussah rechnete der Bauherr mit einem halben Jahr Verzögerung, aber wenn es noch länger dauern würde, dann käme er in echte finanzielle Schwierigkeiten. In seiner Verzweiflung würde er alles tun!

So fiel ihm ein, dass ich einmal erwähnt hatte, dass ich meine Immobilien immer einer eingehenden atmosphärischen Reinigung unterziehe, bevor ich diese anbiete. Ich versprach, mir die Sache anzusehen. Wir verabredeten uns für den nächsten Tag vor Ort. Dort ließ ich mir erst mal das Besprechungszimmer zeigen, in dem die Verhandlungen stattfanden.

Regel Nummer Eins beim *space* – clearing© ist immer: zuerst die Erstversorgung! Ich reinige also zuerst das Zimmer, in dem Entscheidungen zu treffen sind und anschließend spreche ich aus ganzem Herzen:

Ich bitte um die Göttliche Ordnung,
um die göttliche Führung,
um den göttlichen Schutz und
„Möge für ALLE Beteiligten das beste geschehen!“

Diese Worte halte ich fest bis zur Fertigstellung des Projektes.
Zum Schluss gebe ich meinem Auftraggeber noch einen Stein mit einem speziellen Symbol drauf – den er immer bei sich tragen soll, um sich daran zu erinnern, dass er und das ganze Vorhaben jetzt in Gottes Hände gelegt wurden.
Erst dann sehe ich mir die Baustelle an.

Das allerdings wollte ich alleine tun, um ohne Ablenkung konzentriert sein zu können. Ich war also ganz entspannt und setzte mich an einen Platz, der sich als geeignet erwies und ließ meinen Körper ganz leicht werden. Ich bat mein HOHES SELBST, mir beizustehen und bat um die Göttliche Führung. Ich verzichtete auf die Ritualutensilien. Da sah ich vor meinem inneren Auge ein riesiges schwarzes Loch. Wirklich schwarz, ohne jede Spur von Licht. Es schien zu leben, es bewegte sich in sich, fast wie ein Strudel, der nach innen hin alles anzieht. Ich fühlte eine Eiseskälte und einen Schauer über meinen Rücken laufen.
Was ist das? Ich war noch nie vor so einer Situation gestanden und es war mir ganz ehrlich gar nicht wohl dabei. Es dauerte schon eine Weile bis ich mich beruhigte und mich zu fragen traute, was ich denn nun tun solle. Meine innere Stimme wies mich an, dass ich meinen Körper für diese Energie nicht zur Verfügung stellen dürfe, sondern einen umgekehrten Prozess durchführen müsse. Ich sollte meinen Körper ausstrahlen lassen und mit meinen Gedanken Licht aus strahlendem Gold und Weiß erzeugen. Dieses Licht musste ich aus meinem Herzen in das Loch senden.

Ich versenkte mich ganz in mein Herz, um ganz in die Liebe zu tauchen. Erst als mir das gelang, konnte ich zuerst weißes und dann goldenes Licht aussenden. Ich saß in der Kälte und hatte alle Hände voll zu tun, nicht aus der Konzentration zu fallen. Das Loch hatte schon etwas Unheimliches und war wie ein Magnet. Es fühlte sich an, als ob eine Art Sog auf mich gerichtet war. Ich war und bin immer bei diesen Arbeiten in Gottes Schutz und da ich darauf wirklich hundertprozentig vertraue, passiert mir auch nie etwas.

Ich saß nun schon sicher drei Stunden und das schwarze Loch veränderte sich kein bisschen. Ich versprühte Licht und wusste, dass auch aus den himmlischen Regionen Licht gesandt wurde.

Doch es änderte sich nichts. Ich war müde und verzweifelt. Vielleicht kann sich der Leser vorstellen, wie anstrengend es ist, vollkommen konzentriert zu bleiben, dabei zu frieren und zu versuchen, die Angst nur ja nicht aufkommen zu lassen, im Gegenteil ruhig und gelassen zu bleiben. Ich fragte an, ob es denn noch lange dauert? Die Antwort lautete: Vier Wochen! Na Servus, sagen wir Österreicher zu Meldungen, die wir zuerst einmal nicht wirklich zuordnen können.
„Soll ich hier nun vier Wochen lang sitzen oder wie stellt ihr euch das so vor?", lautete die Frage – und ich erwartete eine klare Antwort!
„Geh nach Hause und mache jeden Tag eine Stunde lang diese Lichtarbeit von dort aus."
So machte ich es.

Auch wenn ich nicht vor Ort war, wurde das Bild sofort sichtbar, sobald ich mich auf den Ort des Geschehens einstellte, auch die gleiche Energie war spürbar, obwohl ich weit entfernt saß. Erst allmählich wurde das Licht angenommen und mit der Zeit nahm auch der Sog ab und die Kälte wurde erträglicher, bis sich schließlich alles ganz beruhigte.
Während mancher Sitzung kamen Nachrichten für den Bauherrn, so auch, dass er sich keine Sorgen machen solle, denn er würde den Bau höchstens 1 Monat zu spät übergeben.
Die Verhandlungen verliefen auf einmal ganz gesittet und mit gegenseitigem Respekt. Das gesamte Objekt wurde genau 14 Tage nach dem vereinbarten Zeitpunkt übergeben.
Der Bauherr ist heute noch mit den Mietern zufrieden und diese auch mit ihrem Hausherrn.

An diesem *Beispiel* kann man sehen, dass ein *s p a c e* – clearing© auch dann funktioniert, wenn man sich an einem anderen Ort befindet. Dass ein **Ritual** sehr hilfreich ist, aber in manchen Situationen überflüssig.

Vertrauen
Konzentration
Liebe
Ausdauer
waren in diesem Fall für den Erfolg ausschlaggebend.

DIE MALERIN

Ich betrat den Raum.
Frau A. stand hinter mir, gespannt auf meine Reaktion.
Sie erwartete eine Erklärung, warum sie in diesem Raum einfach keine Chance hatte, sich kreativ zu entfalten. Ihr Haus in Wien war wunderschön, mit großem Garten und Swimmingpool. Ich wurde eingeladen, eine Beratung in Sachen Raumenergien zu geben. Wichtigster Wunsch war, diesen Raum, den sich die Frau des Hauses als Malzimmer eingerichtet hatte, zu kontrollieren, um festzustellen, warum sie dort nichts zustande brachte.
So standen wir nun an der Tür zu diesem Zimmer und ich konnte ihre Spannung spüren, ihre Neugier und ihre Zuversicht, dass ich eine Lösung finden würde!
An dem Zimmer war an sich nichts auszusetzen, außer vielleicht, dass es mir persönlich für ein Atelier zu klein gewesen wäre. Wie gesagt, das war meine persönliche Wahrnehmung und solche sollte bei einer neutralen Beobachtung doch ausgeschalten werden. Ich ließ meinen Blick schweifen bevor ich ganz ins Zimmer ging.

Da stand ein kleiner entzückender Sekretär direkt vor einem großen Fenster. An der gegenüberliegenden Wand gab es einen alten Bauernschrank, in dem sie die Malutensilien aufbewahrte, daneben die Staffelei. Links gleich neben dem Eingang ein weiterer Kasten in dem „Sonstiges“ aufbewahrt wurde.

Mehr hatte nicht Platz! Zwei Personen im Raum war eine Person zu viel!
Ich besprach mit ihr und ihrem Mann die Möglichkeiten, die man aus der Perspektive der Himmelsrichtungen und unter Einbeziehung von Feng Shui-Maßnahmen in Erwägung ziehen konnte und empfahl ein *s p a c e* – clearing©, und zwar bei Neumond. An bestimmten Tagen ist das Arbeiten in der Atmosphäre leichter, und Neumond ist so ein Tag.
An diesem Tag waren die Besitzer nicht in Wien und so ließ mich eine befreundete Frau aufs Anwesen.

Es ist immer wichtig zu entscheiden von wo aus ich die Aufmerksamkeit auf das Haus lenke. Meistens erfühle ich diesen Ort oder aber ich bediene mich eines Messgerätes, wie den Tensor*. Ich ging, angetrieben von einer inneren Angespanntheit, direkt in das Malzimmer.

s p a c e – clearing© ist vordergründig eine mentale Arbeit, doch zur Unterstützung habe ich immer eine kleine Auswahl an verschiedenen Hilfsmitteln mit.

Hier ein Auszug aus meinem „Köfferchen“:

- Kerzen – sind das Wichtigste
- Ein Behälter für normales Wasser ist auch unerlässlich, wobei man auch ein Glas Wasser von den jeweiligen Eigentümern erbitten kann.
- Weihwasser
- Schreibzeug bestehend aus einem weißen Blatt Papier, vorzugsweise Din A4, und einem Bleistift (Kugelschreiber haben sich oft als ungünstig erwiesen)
- Feuerzeug
- Ein kleiner Kochtopf
- Eine Kupferpyramide
- Kohle
- Ein Gemisch aus Kräutern zum Verbrennen
- Ghi (ausgelassene Butter)
- Kompass
- Opfergaben wie z.B.:
  - Reis
  - Galgant
  - Blumen (immer frisch)
  - Getreide
  - Weihrauch
  - Curry
  - Kum Kum
  - Zinnober
  - Wurzeln
- Socken (denn in den meisten Häusern geht man barfuß und ich friere sehr schnell und möchte auf keinen Fall fremde Hausschuhe tragen!)
- eine Decke (die ich nur dann mitbringe, wenn ich die Eigentümer nicht kenne oder nicht genau weiß, ob ich eine bequeme Möglichkeit zum Sitzen hat.)

* Tensor: Eine Einhandrute, die in der Radiästhesie zum Orten von verschiedenen Reizzonen verwendet wird.

Zuerst breite ich die Decke so aus, dass ich alle Himmelsrichtungen genau mit den Kerzen bestücken kann. Die fünfte Kerze kommt in die Mitte. Diese Kerze ist etwas Besonderes. Sie wird immer schon vorher ausgewählt.

Ich setze mich so, dass ich nach Osten ausgerichtet bin.
In der Mitte wird die Feuerstelle errichtet.
Neben das Feuer lege ich das Blatt Papier und die jeweiligen Kräuter und Opfergaben.
Bevor ich mit dem Ritual beginne, versichere ich mich, ob ich auch ganz ungestört bin! Dazu gehört beispielsweise das Handy abdrehen, Zugluft vermeiden oder Lärmquellen ausschalten. Es ist absolut wichtig, dass ich völlig frei bin, um mich ganz und gar zu konzentrieren.
Erst dann, wenn das alles abgeklärt ist, entzünde ich die wichtigste Kerze, die in der Mitte. Sie repräsentiert die MITTE – die SONNE – die GÖTTLICHE KRAFT. Nun bitte ich um die volle Unterstützung von meinem HOHEN SELBST und von den himmlischen Helfern.
Im nächsten Schritt wende ich mich an die vier Himmelsrichtungen. Indem ich eine Kerze nach der anderen anzünde wende ich mich an die Kräfte und Mächte des Nordens, des Südens, des Ostens und des Westens und bitte um Schutz, damit ich in ihrem Kreis sicher meine Arbeit verrichten kann.

Gleichzeitig errichte ich geistig die gleichen Lichter an den Grundstücksgrenzen des Hauses, in dem ich mich gerade befinde.
Dann setze ich mich in diesen energetisch abgegrenzten Raum und entzünde das Feuer – das LICHT in der Mitte.
Nachdem ich ganz ruhig werde und mein Atem ruhig und sanft fließt, ich mich ganz stabil und sicher fühle, lade ich die Energien und die möglichen Geistwesen ein, sich über meinen Körper Ausdruck zu verleihen. Es sind ALLE diese Schwingen nicht nur eingeladen, sondern aufgefordert sich zu zeigen.

Kommen wir wieder zum Haus von Frau A. zurück.
Ich saß also in der Mitte und mein Körper war auf „Klärung“ geschaltet.

Natürlich spielen viele Frequenzen gleichzeitig ein wildes Durcheinander und werden dann in liebevoller Weise von meinem HOHEN SELBST aufgenommen und lösen sich auf, doch meistens gibt es ein, manchmal auch mehrere Ereignisse, die sich auf ganz bestimmte und klare Weise zeigen.
In diesem Haus war es so, dass ich plötzlich mit einer Enge in der Brust zu kämpfen hatte. Ich bekam kaum Luft. Ich fragte nach, ob es „jemanden" gibt, der sich ausdrücken möchte und so sah ich vor meinem inneren Auge eine alte Frau, die ganz offensichtlich nach Luft rang und kurz davor war zu sterben. Das Herz tat ihr weh, ich konnte richtig fühlen wie es ihr ging. Ich spürte, dass es sich um eine verstorbene Person handelte. Trotzdem war ich mir ganz sicher, dass sie nicht hier in diesem Raum verstorben war. Ich redete zu ihr, fragte, ob sie in diesem Haus gewohnt hatte, was sie bejahte.

Es ist immer wichtig herauszufinden, was die Ursache der so genannten Anhaftung ist.
So fragte ich behutsam weiter, ob sie es denn nicht wolle, dass hier für sie fremde Leute wohnen, oder ob es sich sowieso um Verwandte handelt, was ich nicht wissen konnte, da ich dies bei meiner Auftraggeberin nicht erfragt hatte.
Sie gab mir zu verstehen, dass sie immer nur in diesem Zimmer sei, denn hier war sie ihr Leben lang so gerne gewesen. Von dem Fenster hatte sie die ganze Straße einsehen können und der Blick in den Garten war ihr auch so lieb gewesen.
Jetzt kam der kritische Moment. Ich suchte eine Möglichkeit, um dem „Wesen" klar zu machen, dass es nun an der Zeit war, zu gehen. Dass es einen besseren Platz gab als hier zu warten – auf was schon!?

Ich begann, langsam auf sie einzureden. Langsam, liebevoll und ganz behutsam erzählte ich ihr, dass sie es verdient habe einen besseren Ort zu wählen. Ich bot ihr meine Hilfe an. Sie gab mir zu verstehen, dass sie so gerne etwas Gutes tun und dass sie so liebend gern im Garten einen Dienst verrichten wollte.
Ich bekam einen wohligen Schauer im Rücken zu spüren, was ein sicheres Zeichen dafür ist, dass ich bzw. wir auf einem guten Weg sind. Ich sah in

meiner inneren Schau, wie diese reizende ältere Dame eine beratende Funktion einnahm und ich sah auch, wie sie das sehr würdevoll unter dem Kirschbaum im Garten, den man vom Fenster dieses Zimmers aus so gut sah, tat. Die Frau hatte scheinbar die gleichen Schwingungen empfangen, denn sie stimmte ganz fröhlich zu und fand es ganz wunderbar, endlich dieses Zimmer verlassen zu können.
Ich fragte sie, ob sie als guter Geist des Hauses noch eine Weile bleiben wollte, um den Menschen hier ab und an bei ihren Fragen zur Seite zu stehen. Sie war einverstanden, nein, sie war begeistert.
Im gleichen Augenblick spürte ich eine große Erleichterung, eine Befreiung, die sich anfühlte, als ob der Hals, der Brustkorb und schließlich der ganze Körper ungeahnte Weiten annehmen. Dieses Gefühl dehnte sich aus und verbreitete sich um mich herum, bis es den gesamten Raum erfasste und sich immer noch weiter ausdehnte – um und im Haus.
Durch diese Veränderung klärte sich die Atmosphäre und erhöhte dadurch die Gesamtschwingung. Was zur Folge hatte, dass die anderen „Negativitäten", die sonst noch im Haus und auf dem Grundstück waren, keinen Halt mehr hatten und sich auflösten.
Ich spürte noch eine ganze Weile nach und ließ die neue Energie im Haus stabil werden. Erst dann erhob ich mich und ging mit dem Feuer durch das ganze Anwesen, um in jeder Ecke und jedem Winkel nachzuspüren, ob sich die neue Frequenz auch überall hin verstreut hatte.
Während dieses Durchgehens sprach ich ohne Unterlass Gebete oder Mantras, die letztlich ja Gebete sind.
Ein paar Tage später traf ich mich mit der Familie, um ihnen von meinen Erfahrungen zu berichten. Sie erfuhren, dass sie nun einen ganz lieben Hausgeist hatten und dass dieser eine Frau war, die sich gerne mit Emma anreden ließ. Dass Emma unter dem Kirschbaum im Garten hinten zu finden sei, und dass sie sich gerne mit allen unterhalten möchte.
Eigentlich hatte ich ein bisschen Bedenken bei all diesen Schilderungen, denn es war ja auch gut möglich, dass die Kunden die ganze Sache als total schräg abtaten.
Doch bleibt mir nichts anderes übrig als die Wahrheit zu sprechen.
Es vergingen in etwa drei Wochen und ich wurde erneut zum Abendessen eingeladen. Sie hatten Erkundigungen über das Haus eingeholt. Vor einigen Jahren hat ihnen ein befreundeter Anwalt von einem Nachlass erzählt, bei dem es darum ging, dieses Haus zu erstehen. So kauften sie und

waren glücklich. Nie hatten sie einen Gedanken an vorherige Besitzer verschwendet. Aber jetzt wollten sie mehr wissen. So erfuhren sie, dass eine alte Dame hier viele Jahre allein wohnte. Sie liebte es, im ersten Stock aus dem Fenster zu sehen, denn von dort hatte sie einen herrlichen Überblick über den Garten und die Straße. So konnte sie am Leben der Nachbarn teilnehmen. Diese wiederum sahen sie gerne und es kam auch das eine oder andere Plauderstündchen vom Fenster zur Straße hin zustande.

So war es den Nachbarn schon aufgefallen, dass die reizende alte Dame schon einen ganzen Tag nicht am Fenster zu sehen war. Doch niemand dachte an was Schlimmes. Nach zwei Tagen wurde man aber doch misstrauisch, denn niemand konnte etwas berichten, das besagen würde, sie wäre nicht zu Hause. Erst dann klopfte man beunruhigt an ihre Türe. Nichts, kein Mucks kam aus dem Haus. Schließlich ließ man von der Feuerwehr aufmachen und fand die alte Lady im ersten Stock in ihrem Lieblingszimmerchen mit dem Fenster zur Straße und zum Garten hinaus. Sie lag am Boden und rang nach Luft. Zwei Tage hatte sie so dagelegen! Wie schrecklich musste das gewesen sein! Sie kam ins Krankenhaus und dort verstarb sie einige Stunden später.

Nach dieser Schilderung gingen wir in den Garten. Dort stand unter dem Kirschbaum eine gemütliche Bank.

Frau A. erzählte mir, dass sie jeden Tag um die gleiche Zeit hier saß und mit Emma redete. Wann immer jemand aus der Familie einen Rat brauchte, fand eine Besprechung unter der Kirsche statt.

Es verging ein Jahr. Ich erhielt eine Einladung zur Eröffnung des Ateliers und der ersten Vernissage von Frau A.

Sie hatte sich mit der Familie geeinigt, ihre Karriere in eigenen Räumen außerhalb des Wohnhauses zu verwirklichen. Dort hatte sie genügend Platz und Ruhe für alle Inspirationen, die sie brauchte. Frau A. ist seither eine bekannte und sehr gefragte Malerin, für deren Bilder man ganz schön viel bezahlen darf.

Was sagt uns diese Erfahrung.

Die Atmosphäre, die man um sich herum zulässt, beeinflusst das Werk, das man schafft – und dieses Werk, das man schafft, beeinflusst unser Leben.

Erfahrungsbericht, der mich ganz persönlich betraf

Tränen im Auto

Vor einigen Jahren hatte ich eine ziemliche Durststrecke zu überwinden. Sowohl in psychischer als auch in finanzieller Hinsicht. Es war schon einigermaßen kompliziert und um genau zu sein war ich sehr verzweifelt. Die Tränen, die ich zu der Zeit weinte, hätten ein ganzes Schwimmbecken mit Wasser gefüllt. Nicht, dass es irgendetwas verbessert hätte, nein, im Gegenteil, es schadete meinem Teint und machte mich auch sonst ziemlich unausstehlich.

Als es gerade soweit war, dass ich gar nicht mehr aus noch ein wusste, beschloss ich, meine Freundin in Tirol zu besuchen. Gemeinsam hatten wir fast immer eine Lösung für anstehende Probleme. Ich denke, wer einmal in seinem Leben so richtig viel geweint hat, der weiß wie es ist, wenn die Augen brennen und man aufgeschwollen kaum etwas sieht. In diesem Fall war das die glatte Untertreibung. Auf keinen Fall war ich in der Verfassung 500 km zu fahren!
Schon damals war ich im Umgang mit der Raumenergie und im Umgang mit den heiligen Geometrien sehr erfinderisch und gewandt. Bevor ich mich in das Fahrzeug setzte umrundete ich es 3x – jeder Kreis bildet einen Schutzkreis.

Der Boden des Autos wurde als strahlende Scheibe visualisiert.
Dann ließ ich die Reifen und Felgen im hellen Licht erstrahlen.

Und erst jetzt gab ich das ganze Gefährt in eine schützende Merkabah (zwei ineinandergreifende Tetraeder).

Natürlich war die untere Pyramide mit dem Spitz nach vorne zeigend, da ich eine Frau bin. Erst nachdem dies alles getan war, setzte ich mich hinter das Steuer.

Das Fahren selbst ist natürlich auch zu anstrengend, wenn man so verheult ist, und so öffnete ich mein Bewusstsein für das unerschöpfliche und alles umfassende Kraftreservoir, das jeder zu jeder Zeit anzapfen kann. Das einzig Wichtige dabei ist, dass man ein unerschütterliches Vertrauen hat und sich dem ganz und gar hingibt.

Ich visualisierte mich selbst als kraftvoll und vollkommen fit, schaltete Musik ein und fuhr los. Die Fahrt war ruhig, gelassen, schnell und unkompliziert. Während der kleinen Reise von Wien nach Tirol konnte ich meine Gedanken klären und wieder neue Energien anziehen, nämlich solche, die mit meinem Problem nichts zu tun hatten, es aber einerseits relativierten und andererseits so stark in den Hintergrund stellten, dass es aus der Entfernung nicht nur kleiner sondern auch unscheinbarer wurde. Es war nicht mehr so (ge)wichtig.

Ich hatte in der kurzen Zeit Gelegenheit, mich auf schönere und aufbauendere Dinge hinweisen zu lassen. Diese neuen Ideen und Inspirationen waren auf einmal einfach da. Aus dem Nichts? Ja aus dem Nichts! Und dieses Nichts, das die Gelehrten „einheitliches Feld“ nennen, habe ich angefüllt mit Licht und der Intention, eine sichere und angenehme Reise zu haben. So wurde ich nicht nur gesund und heil nach Tirol gebracht, sondern erhielt obendrein auch noch ein Geschenk. Nur weil ich
es zuließ,

ich mich vertrauensvoll und voll Hingabe an das Licht wandte.

Symbole

WISSEN - Symbole

vermitteln den Zugang zur Intuition - zum Höheren Selbst

M(m)ACHT - Symbole

vermitteln den Kontakt zur stärksten Kraftquelle in uns - dem inneren Kind

GELD - Symbole

vermitteln zwischen Wissen und Macht

Die Sprache der Symbole ist uralt. Lange bevor die Menschheit sich über Schriftzeichen verständigte waren es die Symbole, welche man zum überliefern von Informationen, Emotionen, Ideen oder Intuitionen benutzte.

Die Symbole, die Sie hier abgebildet finden, sind keineswegs mit einem Orakel vergleichbar. Sie stellen vielmehr eine Brücke zum Unbewussten her, um Ihnen in bestimmten Situationen den Weg vom Denken bis hin zur Tat zu verkürzen. Wenn Sie z. B. bemerken, dass Sie in einer Sache auf Widerstand stoßen, so kann das Symbol für „Widerstand auflösen“ Ihren Zellerinnerungen helfen, die Blockade zu finden, um sie frei zu geben. Die Körperzelle ist mit einem ungeheuren Erinnerungsvermögen ausgestattet. Um an diese Erinnerungen anzudocken gibt es verschiedene Methoden und Therapien. Eine davon ist eben das Arbeiten mit Symbolen. Die in diesem Buch aufgeführten Symbole sind Bilder, die dazu dienen, Ihr Bewusstsein zu erweitern, Ihre Grenzen ein wenig auszudehnen. Das Ansehen der Symbole oder darüber zu meditieren kann und wird Ihre Gehirnhälften stimulieren und dazu motivieren besser zusammenzuarbeiten. Man könnte auch sagen, sie zu synchronisieren.

Die Sticker können wie ein Kartenset genutzt werden, um ein wenig Klarheit in aktuelle Situationen zu bringen. Dafür gibt es zwei grundlegende Möglichkeiten: Entweder lassen Sie die Intuition entscheiden. Dazu legen Sie alle Karten verdeckt auf. Wählen Sie dann eine Karte aus. Oder Sie bestimmen bewusst das Thema und vielleicht sogar das Symbol. In beiden Fällen wird die zweite und dritte Karte aus den beiden anderen Themenkreisen gewählt, intuitiv oder bewusst. Beide Vorgehensweisen sind gleichwertig. Der Vorteil einer Zufallskarte liegt darin, dass wir oftmals hartnäckig eine Sache verfolgen, die Lösung allerdings in einem gänzlich anderen Bereich zu finden ist. Der Vorteil beim Wählen eines Themas ist, dass man sich genau mit dem Bereich auseinandersetzt,, mit dem man sich konfrontiert fühlt.

Ein Beispiel:
Sie wählen aus dem Bereich Geld „Reichtum" – denn davon scheint es noch zu wenig in Ihrem Leben zu geben. Dann wird die zweite Karte aus dem Bereich Wissen gesucht und die Dritte aus dem Bereich M(m)acht. Jetzt gilt es herauszufinden, welche Karte jene ist, die den „Reichtum" blockier – erste Ergänzungskarte –, und dann wird die zweite Ergänzungskarte gefunden, jene die den Fluss wieder herstellt.
Das sieht dann so aus:
blockiert durch „...."
„Reichtum"
gefördert durch „...."

Wenn Sie der Intuition die Wahl lassen, könnte das Szenario in etwa so aussehen:
Wir bleiben beim gleichen Gedanken wie vorhin, dass Sie mehr „Reichtum" in Ihrem Leben anstreben.

Ihre Intuition wählt aus allen Karten aus.

1. Karte	-	sie stellt den Wunsch, die Anfrage dar
2. Karte	-	sie zeigt die Blockade auf
3. Karte	-	sie zeigt an wie oder mit was der Wunsch in Erfüllung geht

Nehmen wir an, Ihre Intuition hat folgende Karten gewählt:

2. Karte:	„Annehmen"
1. Karte:	„Widerstand auflösen"
3. Karte:	„Sieg ohne Kampf"

Wenn Sie diese drei Karten sehen, dann könnte man auf den ersten Blick meinen, dass das alles doch mit dem gewünschten „Reichtum" recht wenig zu tun hat. Auf den zweiten Blick allerdings mag man erkennen, dass der gewünschte Reichtum in erster Linie (erste Karte) auf Widerstand stößt.

Der Widerstand besteht darin, dass Sie nicht annehmen können. Das Erlernen von „angemessenem“ Annehmen wird helfen den Widerstand zu mildern und in den Segen der dritten Karte einzutauchen: zu Siegen ohne zu kämpfen! Man könnte auch sagen; Darauf zu vertrauen, dass alles zum richtigen Zeitpunkt zu Ihnen kommt, und Sie nur eine Aufgabe dabei erfüllen müssen: ohne Widerstand (!) - Annehmen!

Dies ist nur eine von vielen möglichen Interpretationsmöglichkeiten. Je länger Sie sich mit den Symbolen beschäftigen, umso größer wird der Radius der darin enthaltenen Informationen.

Diese Symbole sind auch dazu gedacht, dass Sie gemalt bzw. gezeichnet werden. Es macht einen Unterschied, ob Sie ein Bild betrachten oder selbst malen. Es geht dabei um die Bewegung der Finger und die damit verbundene Gehirntätigkeit.

Von Vorteil ist auch, das gewählte Symbol auf ein Blatt Papier in verschiedenen Größen oder in ständiger Wiederholung zu zeichnen. Das sieht sogar sehr schön aus. Eine andere Anwendung ist, das Symbol auf einen Stein zu malen oder auf eine Karte, die Sie zum Betrachten bei sich tragen können. Am Spiegel auf einen Sticker angebracht zeigen diese Dinge dem Unterbewussten auf angenehme Weise die Kraft des „Ernstes“, den Sie der Sache zugrunde legen.

Die Farben der Symbole dürfen selbstverständlich variieren. Kaufen oder basteln Sie sich leere Karten, die Ihnen die Möglichkeit einräumen, Ihre eigenen Symbole zu manifestieren.

Die Themen stellen sich immer in einer Trilogie dar, die wiederum in einer Dreiergruppe aufgeht. Um auf allen Ebenen ein Ergebnis zu erzielen, kann es auch von Vorteil sein, aus den drei Oberbegriffen Wissen, Macht, Geld jeweils eine Karte zu wählen, die mit dem Thema, an dem Sie gerade arbeiten, in Verbindung steht.

Das Manifestieren von Ideen oder Projekten erfolgt aufbauend. Halten Sie Ihre Bilder in Form von Symbolen in aufbauender konzentrierter Form über eine Zeit lang fest, so wird sich das Gewünschte schon bald in der Realität zeigen.

Die in diesem Buch aufgezeigten Symbole haben mehrere Funktionen. Sie können in der bereits vorhandenen Welt für Klarheit sorgen, sie können reinigend wirken oder aber Sie setzen sie ein, um ein neues Ziel zu erreichen.

Ich rate Ihnen, die gesamten Symbole erst einmal ohne Bewertung durchzulesen und zu betrachten. Dadurch erfahren Sie einerseits mehr über die Hintergründe und andererseits findet sich auf diese Weise bestimmt das eine oder andere Symbol, von dem Sie intuitiv wissen, dass es für Sie eine spezielle Wirkung hat.

Hier stelle ich Ihnen jene **Handhabung** vor,
die ich persönlich am liebsten anwende:

Sie benötigen dazu ein Blatt Papier und Schreibzeug.
Nehmen Sie sich eine gute halbe Stunde Zeit.
Nun formulieren Sie detailliert
was Sie sich erhoffen, wünschen oder manifestieren wollen,
was Sie bereit sind zu verändern,
was Sie dafür bereit sind aufzugeben, zu bezahlen.
Legen Sie die Karten so vor sich hin, dass sie für Wissen, M(m)acht und Geld
eine übersichtliche Trennung haben.
Schließen Sie die Augen und werden Sie ganz ruhig.
Lassen Sie, so gut es Ihnen gelingt, alle Gedanken an das vorher Geschriebene los.
Spüren sie nur Ihren Atem.
Fühlen Sie die Luft.
Fühlen Sie die Temperatur des Raumes um sie herum.
Lassen sie sich von der Luft umschmeicheln, einhüllen.
Fühlen Sie sich geborgen und sicher.
Nach einer Weile der Ruhe und Entspannung öffnen Sie
die Augen.

Betrachten Sie in aller Ruhe und Gelassenheit die Symbole aus der Reihe WISSEN. Versuchen Sie frei von rationalem Denken nur ihrem Gefühl gehorchend eine Karte zu wählen. Diese legen Sie dann zur Seite. Dasselbe machen Sie mit den beiden anderen M(m)acht und GELD.

Die Karte des WISSENs wird Ihnen zeigen welche Gabe Sie brauchen, um das „Ziel" zu aktivieren. Die Karte der M(m)acht wird Ihnen zeigen wie Ihr inneres Kind die Sache sieht. Das innere Kind ist eine der mächtigsten Instanzen, die Sie anrufen können. Die Karte des GELDes ist das Geschenk, mit dem Sie den Energieausgleich schaffen sollten.

Ich möchte noch festhalten, dass es sich bei den Symbolen keinesfalls um Wahrsagerei handelt. Vielmehr sollten Sie als eine Anregung für ein Gesamtkonzept von Körper, Geist und Seele gesehen werden.

Wir Menschen sehen in den Spiegel und betrachten eine physische Erscheinung. Das, was wir da sehen, ist aber nur die Hülle. Wir sehen den Geist, das Gefühl, die Erinnerung oder die Emotion beim oberflächlichen Hinschauen nicht. Erst nach genauerer Betrachtung kann man erkennen, dass der Ausdruck unseres Körpers genau wiedergibt was wir gedacht, gelebt oder getan haben. Das ist der Ausdruck einer Lebensweise. Ein verliebter Mensch wird ganz sicher ein anders Spiegelbild sehen, als jemand mit Sorgen. Alles Ausdrücke die uns wieder geben.
Symbole, die Sie wählen, sind auch eine Art Spiegelbild dessen, was in Ihnen vorgeht. Nur mit dem Unterschied, dass auch das Höhere Selbst, wenn Sie den Ausdruck erlauben, ein Wörtchen mitredet. Das Arbeiten mit Symbolen hat aber auch etwas Kindliches an sich. Je naiver Sie es angehen umso größer ist die Wirkung. Spielen Sie mit Ihrem inneren Kind und mit Ihrer inneren Weisen Instanz.

An dieser Stelle möchte ich noch einen letzten Tipp zur Anwendung geben:

Fühlen Sie sich aufgefordert und eingeladen, mit den hier angeführten Symbolen zu jonglieren, wie Sie es für stimmig finden. Nehmen Sie an, was Sie anzunehmen bereit sind. Aber lassen Sie auch wieder los. Finden Sie Ihre eigenen Symbole, zeichnen Sie Ihre eigenen Symbole und spielen Sie mit Ihrer Energie, die aus Ihnen zu fließen beginnt.

Zum Abschluss halte ich hier fest, dass es ausdrücklich erlaubt ist, die Symbole zu kopieren und weiter zu geben.

Für die Weitergabe der Texte jedoch wird hier ausdrücklich kein Weitergaberecht und kein Kopierrecht eingeräumt. Dies ist vom Verlag schriftlich einzuholen.

Mit großem Respekt,
Ihre
Christa Singer

Die Anwendung der Symbole oder der angebotenen Übungen und Meditationen erfolgt auf eigene Verantwortung!
Es wird vom Herausgeber oder der Autorin keinerlei Haftung übernommen.

Symbole für
WISSEN

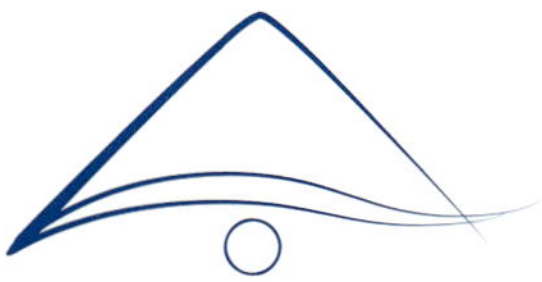

WISSEN

GUTES DENKEN

GUTES WOLLEN

GUTES GELINGEN

GEBEN & NEHMEN

GLAUBE HOFFNUNG LIEBE

LEICHTIGKEIT

SIEG OHNE KAMPF

KRAFT DES SEINS

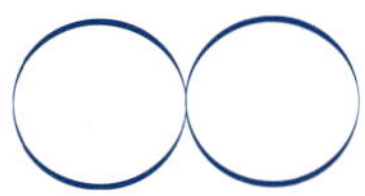

FÜLLE

Symbole für
M(acht)**ACHT**

M(acht)**ACHT**

WILLE

TATKRAFT

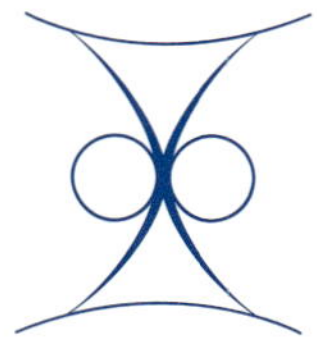

SCHÖNHEIT

WANDLUNG

WIEDERSTAND AUFLÖSEN

NEUBEGINN

VERGEBEN

LOSLASSEN

ANZIEHEN

Symbole für

GELD

GELD

GLÜCK

ERFOLG

WOHLSTAND

IDEE

KOMPETENZ

AUSDAUER

GEISTESGEGENWART

KONZENTRATION

ENTSCHEIDUNGSVERMÖGEN

Symbole

Dreiergruppe

WISSEN	Gutes Denken
MACHT	Wille
GELD	Glück

WISSEN

Die Trilogie Wissen, Macht, Geld dient dazu, das Wissen, das uns aus den kosmischen Reichen zufließt, in den beiden Gehirnhälften gleichzeitig und gleichmäßig zu verteilen und auf diese Weise über das Dritte Auge-Chakra oder die Hypophyse in alle Bereiche des Menschlichen Seins gelangt.

Das Dreieck symbolisiert das Dach über dem Kopf, den Himmel, das Geschenk. Sind wir im Urvertrauen, wissen wir, dass wir IMMER auf unseren Schöpfer und seine Hilfe zählen können.
Das Wissen, das uns zuteil wird, hängt von dem ab, was wir im Leben integriert haben. Wissen erlernen und nicht anwenden, ist vergeudete (Liebes)Mühe.

Wenn wir wissen, ist alles ganz klar – und stellt uns auf eine höhere überschaubarere Position. Nachdem wir das, was wir klar erkannt haben, bewusst umgesetzt und gelebt haben, beginnt ein neuer Weg sich zu öffnen. Wir lernen wieder dazu.

Schon Sokrates pflegte zu sagen: „Ich weiß, dass ich nichts weiß.“
Wissen ist unbegrenzt, Wissen und lernen hört niemals auf.

Beschreibung des Symbols:
Die beiden Linien unter dem Dach symbolisieren das Gehirn, als ein Ganzes mit zwei Linien, die hinausragen, weit hinter die Grenzen. Grenzen, die wir selbst zulassen, innerhalb derer wir uns solange bewegen, bis wir bereit sind, sie zu verlagern oder zu entfernen. Der Kreis ist das älteste Symbol für das Weibliche, die Einheit, das Ganze, die Fülle. Er repräsentiert Mutter Erde. Durch sie erleben wir uns. Durch sie werden wir Mensch. Durch sie sind wir Mensch.

Wissen

Dreiergruppe

WISSEN Gutes Denken
MACHT Wille
GELD Glück

GUTES DENKEN

Das Symbol soll Ihnen helfen, darauf zu achten, ob Ihre Energie nach oben steigt oder ob sie eher absackt.
Welche Gedanken wir denken hängt von unserem Umfeld und von unseren Erfahrungen ab. Das Leben, das wir führen ist das Resultat unseres Denkens. Richtig denken gibt es nicht, falsches Denken genauso wenig. Das, was wir als Gut einstufen kann von anderen als schlecht, egoistisch, eigensinnig oder wahnsinnig ausgelegt werden. Aber genau das ist ausschlaggebend für den Erfolg oder den Misserfolg. Wenn wir bei dem einen oder anderen Gedanken ein schlechtes Gewissen haben, ist zu hinterfragen warum dem so ist. Ist der Gedanke schlecht oder sind es die Gefühle, die uns entweder von außen suggeriert werden oder weil wir keine besseren Erfahrungen gemacht haben.Gutes Denken ist immer einhergehend mit Gutem Fühlen. Wenn der Gedanke in uns einen weiten Raum schafft, Grenzen erweitert oder Möglichkeiten auftut, die vorher nicht da waren, kann man davon ausgehen, dass der Gedanke ein Guter war. Ist das Gefühl allerdings von Beklemmungen, Trauer, Sorge oder ähnlichem begleitet, so ist man auf dem Weg, in seinem Leben genau das zu manifestieren, nämlich negative Erfahrungen wie Depression, Angst, Frust, Zorn usw. Wir realisieren oft zu wenig, dass genau das in unser Leben tritt, woran wir am meisten denken. Sollten die Gedanken da nicht besser auf positive und gute Weise gefördert werden? Die Energie folgt dem Gedanken! Aber auch – und zwar ganz speziell – dem Gefühl das mit dem Gedanken einhergeht. Man kann auf diese Weise die Qualität des Denkens an den Gefühlen messen! Das ist doch sehr hilfreich! Um das Gute Denken zu fördern ist es also unumgänglich auch die Emotionen zu beobachten. Wie wir uns fühlen resultiert aus den Bewertungen, die wir aus der Vergangenheit im Hier und Jetzt neu beleben. In fast allen Symbolen wird immer wieder darauf verwiesen, die Gegenwart aus dem, was gerade jetzt ist, zu nutzen um daraus eine glückliche Zukunft zu gestalten. Im Grunde genommen könnten Sie nur dieses eine Symbol nutzen. Es ist das Zeichen vom Leben und Licht. Wer das Licht fördert und lichtvoll denkt, wird das Dunkel zum Ausruhen, zum Schlafen nützen.

Beschreibung des Symbols:
Die Linie symbolisiert mit einem leichten Schwung den Lebensweg und die Gefühlswelt. Auf diesem Lebensweg begleitet uns die Flamme des Lebens. Sie brennt licht und fein. Stellen Sie sich vor, dass die Flamme nur dann gleichmäßig strahlt, wenn die Linie, also der Lebensweg und die Gefühle in Harmonie fließen. Denken Sie Gut, bringt das eine leichte Dynamik, keinen Stress. Gibt es Erfahrungen, keine Gewissensbisse, wandeln wir auf wundersame Weise von einem Moment zum anderen. Die Karte soll Ihnen helfen, Ihr Licht nicht unter den Scheffel zu stellen. Das Symbol kann dazu beitragen, die Wellen der Gefühle zu besänftigen.

Um mit dem Symbol zu arbeiten, gibt es eine gute **Übung**:
Zünden Sie ein Teelicht an, stellen Sie es auf einen Teller und halten Sie diesen für einige Atemzüge vor sich auf Buchnabelhöhe. Nun bewegen Sie den Teller mit der Kerze langsam in einem Halbkreis nach links oben bis zum Herzen, wieder zurück zum Nabel und weiter auf der rechten Seite bis auf Höhe des Herzens. Diese Bewegung sollte so achtsam und sorgfältig ausgeführt werden, dass die Kerze dabei kaum bis gar nicht flackert. Bleiben Sie sehr konzentriert, seien Sie ganz und gar beim Schwenken!
Sie werden bei dieser Übung auf einige Dinge aufmerksam. Zum Beispiel, dass die Flamme flackert, wenn ein Luftzug im Raum ist. Das ist nicht Ihre „Schuld“, werden Sie denken. Aber ich sage Ihnen, dass nur SIE allein dafür Sorge tragen können, ohne Störung von außen zu l e b e n! Nur Sie können den „Luftzug“, der hier als Beispiel zur Anschauung dient, Sie nicht mehr in Ihrem Tun stört. Wenn Sie einen unruhigen Tag haben, über eine Sache oder eine Person aufgebracht sind, wird Ihnen das Kerzen schwenken dabei helfen, Ihre Gefühle zu beruhigen und Ihre Gedanken können wieder auf Gute Gedanken gelenkt werden.
Am Anfang ist es sicher hilfreich, die materielle Kerze zu schwenken! Mit der Zeit wird es zu einer geistigen Übung werden, die Sie ohne viel Aufwand auch bei einer U-Bahnfahrt nutzen können.

Gutes Denken

Dreiergruppe

WISSEN	Gutes Wollen
MACHT	Entscheidung
GELD	Erfolg

GUTES WOLLEN
bringt Gutes Gelingen

Der Wille ist wie die Macht ein Geschenk Gottes. Wer ein solches Geschenk nicht zu würdigen weiß wird sich mit der Tatsache abfinden müssen, dass er den Willen von jemand anderem lebt. Seinen Willen durchzusetzen ist gar nicht notwendig, wenn man sich seines Willens erst mal bewusst wird. Denn es ist der Wille, der alles verändert, nicht das Handeln. Zuerst ändert man das Denken, auch über den Willen, dann geht man mit aller Macht daran, an seinen Willen fest zu glauben. Mehr ist oft gar nicht notwendig. In dem Augenblick, in dem Sie Ihren Willen erkennen und annehmen wird Ihnen das zuteil, von dem Sie wollen, dass es geschieht.

Gutes Denken ist Voraussetzung für ein Gutes Leben. Ein Gutes Leben braucht einen guten und starken Willen. Was hindert so viele Menschen daran, etwas Gutes zu wollen? Meistens sind es tief verwurzelte Muster, Dogmen, schlechte Angewohnheiten, Erziehung, falsch verstandene Floskeln, die sich im Gehirn festsetzen und die man leider meist schlecht wieder los wird.

Die Ursache dessen, dass Sie nicht das bekommen haben, was Sie wollten, liegt in der Erfahrung und in Ihren vergangenen Handlungen. Der Erfolg liegt in der Meisterung der Vergangenheit im Hier und Jetzt. Lassen Sie die Vergangenheit ruhen! Gehen Sie wie ein neugeborener Mensch in den Tag und wollen Sie für sich nur das Beste. Ist das Beste gerade gut genug für Sie und alle anderen, die sich in diese Idee einklinken, wird es bald nur noch das Beste für alle geben!

Sie finden, dass das eine „rosige“ Zukunft ist, die ich da male? Ja, das mag schon sein. Unrealistisch!? Das kann und will ich nicht glauben. Sie und ich entscheiden mit unserem freien Willen, was zu geschehen hat und was nicht. Sie erschaffen sich Ihre Welt. Die Energie folgt der Aufmerksamkeit. Das sind Worte, die immer wieder zu lesen sind, die oft in Vorträgen und Seminaren zur Sprache kommen. Aber, haben wir sie schon einmal ganze 24 Stunden durchgehalten?

Nein, und deshalb kommen andere Energien zum Zug. Wir wollen etwas haben, wir wollen etwas Bestimmtes erreichen, wir wollen unbedingt gesund und glücklich sein, usw. Sobald wir daran denken, dass wir das eine oder andere für uns in Anspruch nehmen wollen, hindern uns die vergangenen Erfahrungen oder die vorgelebten Mitbürger, dass das gar nicht möglich ist. Das sind unsere Widersacher. Wir denken, dass es unmöglich ist, glücklich zu sein, gesund und frei wenn wir doch in einem Schuldenberg fast ersticken, der Geliebte uns verlassen hat und die Schmerzen in den Gelenken kaum auszuhalten sind. Das sind nur einige Beispiele, aber seien Sie doch ehrlich, so verläuft unser Denkschema. Und sobald wir in dieses Denkschema fallen, verlassen wir das Terrain des Guten Wollens, des Guten Denkens und somit auch des Guten Gelingens.

Hören wir auf, uns an alte gelebte, unerfüllte Tage oder Wünsche zu erinnern und lenken wir unsere Aufmerksamkeit hin zu neuen Welten, tollen Ideen, den wundervollen Schönheiten, die das Leben zu bieten hat, und schon sehr bald werden sich auch außen die Früchte dieses Guten Wollens und Denkens zeigen. Ihre Welt wird nicht mehr sein, wie sie einmal war, was aber nicht gleich bedeuten muss, dass sie schlecht war. Sie hat einfach ausgedient. Sie ist nicht mehr schlüssig und schon gar nicht mehr zeitgemäß.

Auf gutes Wollen folgt Gutes Tun!
Im Guten Wollen liegt Freiheit!
Gutes Wollen bringt Schönheit hervor!
Gutes Wollen ist ein Seinszustand, den zu erreichen einem Wunder gleichkommt!

Gutes Wollen

Dreiergruppe

WISSEN GEBEN & NEHMEN
Macht WANDLUNG
GELD IDEE

GUTES GELINGEN

oder die Dankbarkeit

Dieses Symbol zeigt das fertige, gewünschte Gute, das Sie sich erdacht und das Sie gewollt haben. Der Trick ist, sich das fertige Bild immer und immer wieder vor Augen zu halten. Sie müssen das Gute, das Sie sich wünschen, vor sich sehen – mit der Absicht, dass sich das Gute „Stück“, das Gute „Geschäft“, das Gute „…“ so schnell wie möglich und so gut wie nur möglich manifestiert.

Wenn Sie mit dem Bild des Gewünschten fertig sind, kommt ein entscheidender Moment, der für die Realisierung von großer Bedeutung ist: Fühlen Sie Dankbarkeit. Jeder Mensch, der schon von ganzem Herzen für etwas dankbar war, kennt dieses Gefühl. Es ist eigentlich unbeschreiblich und doch werde ich versuchen, es ein wenig zu vermitteln. Es wird einem plötzlich ganz warm ums Herz, eine Leichtigkeit und Unbeschwertheit nimmt den Platz von Schmerz, Leid oder Sorge ein. Plötzlich hat man das Bedürfnis, die ganze Welt beschenken zu müssen, jemandem etwas Gutes zu tun! Man vergibt dem größten Feind und freut sich wie ein Kind über ein Spielzeug.

Dies und wahrscheinlich noch viel mehr kann Dankbarkeit auslösen!

Wer einmal krank war und wieder gesundete oder wer jemanden Liebgewonnenen lange in Krankheit wusste und dann kam die Heilung, der weiß, was es heißt, Dankbarkeit zu empfinden.

Ich will Ihnen hier klar machen, dass dieses Gefühl eines der reinsten Gefühle der Welt ist. Man kann Dankbarkeit zwar heucheln, aber man kann sich selbst gegenüber nichts vormachen. Da erkennt man sie als echt, als klar und rein.

Fühlen Sie also diese echte Dankbarkeit, sobald Sie ein gewünschtes Ziel genau vor Augen haben. Fühlen sie, wie es Ihnen bereits gehört! Und seien Sie so dankbar wie nur möglich. Man kann das Gefühl aus einer einmal erlebten Situation herüber projizieren und in diesem Augenblick als wahr und angemessen annehmen.

Der Erfolg misst sich an der Intensität der Dankesfähigkeit.

Dankbarkeit zu zeigen oder sie zu empfinden, sind zwei verschiedene Dinge. Es ist eine Sache, sich dankbar für etwas zu fühlen, aber eine ganz andere, das auch nach außen zu zeigen. Manchmal reagieren Menschen auf eine ganz bestimmte Weise sogar unwirsch, wenn sie doch eigentlich dankbar hätten sein sollen. Das geschieht häufig dann, wenn es ihnen peinlich ist, dass jemand kommt und einfach hilft. Oder wenn derjenige, der etwas Dankenswertes tut, im Grunde genommen jemand ist, von dem man sich niemals etwas Gutes erwartet hätte. Oder der Geber ist ein Rivale, ein Gegner. Dankbarkeit zu zeigen, wenn es einem schlecht geht, könnte auch bedeuten, dass man sich und anderen zugesteht, hilflos zu sein. Und wer will das schon zugeben? Daher ist mein Rat: Lernen Sie das Gefühl von Dankbarkeit in GUTEN Zeiten, bei jeder nur passenden und auch bei jeder nur erdenklichen peinlichen Situation. Dankbarkeit kann Ihnen nur gut tun, wird Sie erheben über den Stolz – Stolz, der keinen Pfifferling wert ist.

Dankbarkeit öffnet Herzen und sie öffnet Türen! Dankbarkeit bringt gutes Gelingen!

Bitte und es wird Dir aufgetan, so heißt es in der Bibel.

Ich sage DANK jeden Tag, jede Minute – für die unendliche Liebe, die uns am Leben erhält, für die Wunder, die uns beschert sind, im Lachen, im Weinen, im Geben und im Nehmen.

Rufen Sie die Engel des Guten Gelingens!

Das Rufen der Engel ist ein ganz besonders hilfreicher und segensreicher Rat.

Es gibt für alle Bereiche im Leben der Menschen Engel. Sie sind immer da, und warten nur darauf, dass man sie anruft. Sie haben alle schon Handys dabei!

Gutes Gelingen

Dreiergruppe

WISSEN	GEBEN & NEHMEN
Macht	WANDLUNG
GELD	IDEE

GEBEN & NEHMEN

Die universelle Energie steht für immer und alle Zeiten für jeden gleichermaßen zur Verfügung. Diese Energie ist ohne oben oder unten, sie ist nicht schwarz oder weiß, sie kann sich nicht ausdrücken ohne eine bewusste Bewertung, die man ihr gibt. Wenn Sie also von dieser Energie etwas haben wollen, dann ist es wichtig zu wissen, dass sie immer auf beiden Seiten bedient werden will, da sie von ihrer Ursubstanz aus betrachtet ohne Polarität ist. Die Polarität wird ihr erst durch unsere Anwendung zuteil. Wenn Sie also zum Beispiel viel Vitalität und Kraft für Ihren Körper wünschen, so ist dies eine aktive und pulsierende Energie, die Sie anfordern. Jetzt geht es darum anzuerkennen, dass von der gleichen Energie auch die andere Seite ihren Ausdruck braucht. Daher wird es wahrscheinlich sein, dass Sie der gewünschten Kraft und Vitalität einen gesunden Schlaf bzw. Erholungszustand gegenüberstellen müssen. Das ist dann ein gesunder harmonischer Zustand.

Das Geben und Nehmen hat, wie Sie an dem Beispiel erkennen können, einen natürlichen Ursprung, und setzt sich fort in alle Gedanken und Handlungen des Menschen. Ein Mensch, der nicht in der Lage ist zu geben, kann auch nicht empfangen. Das wäre vollkommen unnatürlich. Die Menschen, die nur empfangen und nicht geben, werden auf irgendeine Weise vom Leben dazu gezwungen, auch etwas abzugeben. Und jene, die immer nur geben und geben, haben auch ein Defizit auszugleichen. Die „Geber" haben meistens einen tiefsitzenden Missbrauch zu verzeichnen. Nach dem Motto, solange ich gebe, werde ich nicht gezwungen etwas zu geben, vom dem ich nicht bereit bin, es zu geben. Ich bezahle alles selbst, damit nur ja keine wie auch immer geartete Schuldigkeit entstehen kann.

Wenn Sie zu denjenigen gehören, die sich ungern etwas schenken lassen, dann ist es nur wichtig, einen anderen Bereich in ihrem Leben zu finden, in dem Sie sich voll und ganz dem Nehmen widmen. Gehen Sie in den Wald und nehmen Sie bewusst Luft und Duft auf. Der Duft hat eine ganz besonders wirksame Art, mit dem Nehmen umzugehen. Sie können einem Duft nicht aus dem Weg gehen. Er ist da und Sie haben das Recht, diesen speziellen Moment ganz und gar zu genießen. Er gehört nur Ihnen! Und Sie sind niemandem etwas schuldig. Duft ist im weitesten Sinn die Energie von Hoffnung. Im Duft kann sich so viel regenerieren und erholen. Dufttherapien sind ganz besonders für Menschen zu empfehlen, die sich mit dem Nehmen schwer tun. Aber ich möchte auch darauf hinweisen, dass Geben zuweilen etwas mit Nehmen zu tun hat. Sie Geben und doch nehmen Sie den Dank an. Sie nehmen die Freude des Beschenkten an. Sie nehmen das Strahlen der Augen an, wenn Ihnen eine Überraschung gut gelungen ist. Aber es gibt auch den Geber, der sich etwas aus dem, was er tut, erhofft, es aber nicht klar zum Ausdruck bringt und dann mit Enttäuschung reagiert, die dem anderen Energie absaugt. Das ist leider Gottes nur allzu oft an der Tagesordnung. Mütter haben zuweilen die Angewohnheit, das Kind mit Nichtachtung zu strafen, für etwas, wovon das Kind gar keine Ahnung hatte, dass es eigentlich falsch gelegen hat. Wenn das oft genug vorkommt, wird ein Muster im Leben dieses Menschen deutlich und er beginnt schon präventiv zu geben, noch bevor man ihn danach gefragt hat.

Das Symbol Geben und Nehmen kann Sie daran erinnern, dass es sich bei jeder Form von Energie immer zuerst um neutrale Energie handelt, und dass diese erst in dem Moment Charakter annimmt, in dem man sie bewertet. Sie geben, also nehmen sie auch. Das will das Gesetz der Natur. Geben macht Freude, Nehmen auch!

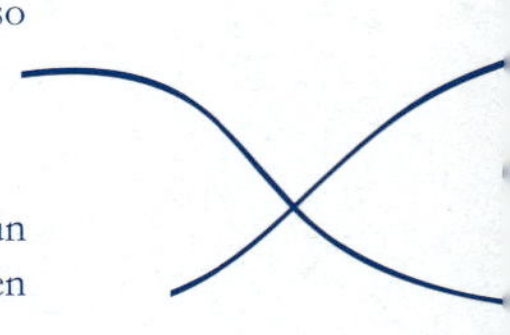

Beschreibung des Symbols

Die kleinen Kugeln sollen die Elektronen symbolisieren. Jedes Elektron, dem eine Bewertung zuteil wird, hat von nun an ein Leben in der Dualität. Das ist der neue Rahmen, in dem sich das Elektron bewegt. Es wird von der universellen immer gegenwärtigen Energie gegeben, und es wird erwartet angenommen zu werden.

Geben & Nehmen

Dreiergruppe

WISSEN GLAUBE HOFFUNG LIEBE
Macht WIDERSTAND AUFLÖSEN
GELD KOMPETENZ

GLAUBE HOFFNUNG LIEBE

Glaube immer an das, was Du tust. Hoffe immer das Beste.

Liebe ist in allem, woran Du glaubst und in allem, worauf Du hoffst.
Liebe ist die Essenz des tief empfundenen Glaubens und das Resultat einer großen Hoffnung.
Glauben heißt nicht Wissen, und Wissen heißt über den Glauben hinausgehen. Also was nun: Wissen oder Glauben?
Beides!
Zuerst ist es der Glauben, damit verbunden die Hoffnung, dass das, woran man glaubt, auch tatsächlich stimmt. Aber tatsächlich stimmt gar nichts, denn alles ist ständig in Veränderung. Das allerding ist Tatsache. Das Wort Tatsache zeigt Bewegung an, denn die Tat kommt vom Tun. Auch hier ist ersichtlich, dass die Bewegung nicht von selbst geschieht. Ganz genau genommen tut man etwas, um zur Sache zu kommen. Und um welche Sache handelt es sich? Für welche Sache schreite ich, schreiten Sie, zur Tat?
Für die Sache, an die wir glauben! So betrachtet, ist starker Glaube tiefes Wissen oder ist tiefer Glaube großes Wissen.
Erheben Sie sich über den Glauben und das Wissen kommt.
Wenn das geschieht, entsteht eine Empfindung, ein Gefühl. Kennen Sie das, wenn Sie sagen können: „Ah ja, jetzt hab ich's." Was auch immer es ist, plötzlich weiß man es – ganz klar. Wie ein kleiner Rausch durchströmt einen dieses sichere Gefühl von WISSEN. Und genau dieser Empfindung liegt Liebe zugrunde. Das ist die Essenz der Energie, von der wir leben. Diese Energie wird bei uns in Geld umgesetzt. Denn das ist das zeitgemäße Tauschmittel von Wissen. Folglich fließt im Geld die Essenz von Liebe – die aus dem Hoffnungsschimmer im Glauben entstanden ist.
Aus Glaube entsteht Wissen
Hoffnung wird zur Macht
Liebe zu Geld (Materie)
Glaube stark!
Glauben Sie stark an Ihre Arbeit, an das was Sie tun! Glauben und Wissen Sie, dass das, was Sie tun, GUT ist!
Hoffe Deins!
Die Hoffnung ist der Ursprung der eigenen Wünsche. Achten Sie darauf, nicht fremdbestimmt zu hoffen, denn durch die Hoffnung entsteht eine machtvolle, unüberwindliche Kraft. Aus dieser wächst ein Gefühl und ein tief empfundenes Wissen, das mit Klarheit und Sicherheit gepaart ist.
Liebe das Gefühl!
Das ist Liebe!
Wenn Sie so arbeiten, wird das Geld als Segen fließen. Denn Geld ist manifestierte Energie und fließt unweigerlich dorthin, wo starker Glaube und tief empfundene Hoffnung gelebt wird.

Beschreibung des Symbols
Das Symbol zeigt durch die Welle den Lebensweg an. Auf und unter der Lebenslinie manifestieren sich die Gedanken und Empfindungen, die im starken Glauben zur Frucht herangereift sind. Welche Früchte das sind, entscheiden Sie ganz allein!

Glaube Hoffnung Liebe

Dreiergruppe

WISSEN	SIEG OHNE KAMPF
Macht	LOSLASSEN
GELD	GEISTESGEGENWART

SIEG OHNE KAMPF

Ein Kampf setzt immer voraus, dass man sich vor etwas oder jemandem fürchtet. Angst ist der Grund für jeden Kampf. Angst hat so viele Namen und so viele Gründe. Der Angst auf den Grund zu gehen ist der erste Schritt in Richtung Freiheit.
Jeder Kampf ist ein vorprogrammierter Verlust. Ein Kämpfer ist automatisch ein Verlierer. Es gibt bei einem Kampf niemals einen Sieger! Nur bessere Verlierer. Auch wenn die herkömmliche Taktik die ist, einen Kampf zu forcieren, um einen Sieger zu feiern, so wird doch bei genauem Hinsehen klar, dass ein Kampf um einen Sieg etwas Entwürdigendes in sich birgt. Es gibt keinen Wert, der einen Kampf rechtfertigt! Wer sich auf einen Kampf einlässt, nimmt automatisch an, dass es etwas zu verlieren gibt. Aber was ist das? Die Ehre, die Frau, das Land, die Macht, die Gesundheit, das Leben? Leben ist ein von Gott gewolltes Geschenk! Gott würde niemals um etwas kämpfen. So ist mein Glaube! Und alles, was von Gott kommt, wird auch von Gott wieder genommen. Also warum darum kämpfen?

Nehmen wir einmal an, dass unser Anteil von Gott, das Krümelchen Schöpfergeist in uns, so ausgelegt ist, wie es Gottes Wille ist und war. Dann sind wir dazu aufgefordert, Realitäten zu erschaffen. Frei von Kampf!
Jeder hat die Wahl! Frei zu sein bedeutet, ohne Anhaftung zu sein.

Jegliche Form von Anhaftung verleitet uns zu dem Schluss, dass wir darum bangen müssten, das, woran wir haften, zu verlieren. Also ist Angst um den Verlust der Motor des Kampfes. Was passiert aber, wenn Sie sich erlauben, frei zu sein von allen Anhaftungen? Dann, ja dann ist es möglich viele, viele Siege einzufahren – gänzlich frei von kämpferischen Handlungen.

Das Thema Anhaftungen ist ziemlich heikel. Es wird eine Weile dauern, bis Sie den Umfang und die Tiefe dieses einen Wortes begreifen und in vollem Ausmaß in Ihrem Leben integrieren können. Aber glauben Sie mir, es liegt ein unschätzbarer Wert in diesem Bemühen! Man könnte hier unzählige Seiten mit dem Thema Kampf und allem, was dazu gehört, füllen. Letztlich läuft es immer darauf hinaus, dass jemand oder ein Kollektiv sich bedroht fühlt, worin er oder sie verhaftet sind. Geht man aus der Anhaftung heraus, ist Vertrauen gefordert. Vertrauen in sich selbst und Vertrauen darauf, dass die eigenen Gedanken gut genug waren und sind, dass daraus eine gute, eine erfolgreiche, eine glückliche Zukunft entstehen kann.
Jeder Gedanke im Jetzt formt das Jetzt von Morgen.

Beschreibung des Symbols
Die unendliche Acht – die Fülle repräsentierend – wird unten herum von einer Kugel eingehüllt. Diese Kugel steht stellvertretend für all jene Dinge, an denen wir anhaften. Die uns beschweren, die uns „dick" machen. Wir erreichen den Himmel über uns, indem wir uns frei machen, frei von den Anhaftungen.

Sieg ohne Kampf

Dreiergruppe

WISSEN KRAFT DES SEINS
Macht LOSLASSEN
GELD KONZENTRATION

KRAFT DES SEINS

Die Kraft des Seins ist die aufmerksame, konzentrierte Form von „Gegenwart ausdrücken".
Zuhören öffnet die Gegenwart
jetzt – im Raum des Möglichen – genannt „Hier und Jetzt" sein
eins sein Sein sein bewusst - sein bewusst im Unbewussten sein SEIN ist geballte Konzentration
Wenn Sie sich auf etwas 100-prozentig konzentrieren, Ihre Energie 100-prozentig darauf halten, sind Sie im SEIN. Die daraus erwachsene Kraft lässt sich wie Muskelkraft trainieren. Im Alltag erheben wir oft den Anspruch, etwas erreichen zu wollen. Aber gleichzeitig werden wir angehalten, auf das Gute zu warten. Aber warum ist Warten so destruktiv? Weil Warten uns keineswegs weiterbringt. Warten stinkt! Präsent sein riecht. Ist Ihnen schon mal aufgefallen, dass Menschen, die auf etwas warten, transpirieren? Wenn sie auf etwas warten, das auf sich warten lässt. Warten ist aufregend! Es regt auf! Es bedarf einer Umwandlung: vom Warten in Präsent SEIN! In der Präsenz liegt Stille, Ruhe, Kraft, Stabilität, Sicherheit. Daraus entsteht ein Segen für alle Beteiligten. Warten führt zu Spannungen und Spannung erhöht die Erwartung. Warten schmeckt bitter, und man versüßt sich das Warten, indem man sich ablenkt und die Ruhe wird umgewandelt in Saures. Wandeln Sie Warten in liebevolle Präsenz!
Warten ist Stagnation, Gegenwärtig zu sein ist geistige Dynamik.
Im Wort Gegenwart steckt das Wort Warten. Aber wo warte ich? In der Gegenwart! Im Jetzt? Oder in der Vergangenheit mit den vergangenen und vergänglichen Gedanken, Wünschen, Hoffnungen?
Warten hat nichts mit Geduld zu tun. Wenn Geduld zum Warten wird, verändert sich die Information in der Zelle, führt dort zu Verhärtung und zu Verspannung. Um sich wieder zu entspannen, reagiert der Mensch im besten Fall mit Ungeduld, aber meistens tut er das mit Aggression. Man wird sauer! Depressiv! Krank!
Menschen, die ständig in einer „Warteschleife" stecken, haben häufig mit chronischen Krankheiten zu kämpfen. Das ist dann wieder ein Grund, um mehr und mehr im Außen über die Unzulänglichkeiten im eigenen Leben zu jammern. Doch meistens liegt es daran, dass man darauf vergessen hat, wie es ist, einfach zu SEIN. In der Gegenwart zu SEIN.
Aus dem einfachen Sein die Kraft und die Liebe zum Leben zu schöpfen!
Warten und die gegenwärtige Präsenz

Erwarten	Manipulation
Zuwarten	auf subtile
Aufwarten	aber effiziente Weise

Erhöhen Sie den Grad des zu Erwartenden im Zuhörer und er wird Ihnen alles glauben. Erhöhen Sie den Grad des Wartens, indem Sie den Wert einer Sache ins Unbestimmte, aber doch Sichtbare rücken und viele werden diesem Reiz folgen.
Es ist so, wie die verheißungsvolle Karotte, die immer wieder entschwindet, sobald man sich ihr angenähert hat. Ein ständiger Wettlauf – worum? Eine Karotte!
Ich habe Leute sagen hören, sie warten auf den Tod. Aber noch nie sagte jemand zu mir; ich warte auf das Leben. Denn auf das Leben kann man nicht warten, es ist ja da! Im Hier und Jetzt. Und wie es aussieht, warten zu viele (!) auf etwas, das ich hier der Einfachheit halber die Karotte nenne. Die Kraft des Seins beginnt, wenn Sie aufhören zu warten.

Beschreibung des Symbols
Die fehlende Wellenlinie zeigt an, dass die Kraft im Inneren steckt. Im Geist, in der Stille, im Vertrauen. Es sind drei gleich große Blätter die aus dem Geist, der Kugel in der Mitte, entstehen. Sie stehen für den Willen Gottes, die Reinheit Gottes und die Liebe Gottes, die in jedes Menschen Herzen blühen. Sie im Außen zu zeigen ist nur durch Taten möglich.

Kraft des Seins

Dreiergruppe

WISSEN	FÜLLE
Macht	ANZIEHEN
GELD	ENTSCHEIDUNGSVERMÖGEN

FÜLLE

Wollen Sie sich aus dem Mangel erheben, so konzentrieren Sie sich auf Fülle, auf Überfluss, und möglichst in jeder erdenklichen Richtung. Wenn Sie im Bereich Geld Mangel verspüren, so wird es Ihnen erwiesenermaßen Erfolg bringen, die Fülle in allem zu sehen und zu verehren. Fülle und Pracht in der Natur zu sehen, zu empfinden ist ein guter Anfang. Setzen Sie dies in allem, was Sie sehen oder hören fort. Die Klangwelt hat eine Fülle zu bieten, die oft als Selbstverständlichkeit hingenommen wird. Sie anzuerkennen und anzunehmen macht Sie zu einem reichen Menschen. Gehen Sie durch die Straßen und nehmen Sie die Fülle der Kreativität von Architekten, Bauherren, Malern, Steinmetzen auf. Sehen Sie die Fülle an Muskeln, an Sehnen, an Haaren. Erschauen Sie die Fülle der Meere, Flüsse und Seen, die Fülle der geschriebenen Worte und die Fülle der dargebotenen Möglichkeiten auf diesem wunderbaren Planeten. Fülle sehen, riechen, atmen – sich der Fülle ganz zu öffnen, ist die beste Möglichkeit, sein Denken und dadurch auch das Anziehungsfeld zu verändern. Das, was Sie denken, ziehen Sie in Ihr Leben.

Wenn Geld in Fülle in Ihr Leben treten soll, so macht es viel Sinn, sich mit den Menschen zu beschäftigen, die bereits Geld haben. Und es macht gar keinen Sinn, sich mit jenen zu beschäftigen, die keines oder wenig haben. Doch die meisten handeln genau umgekehrt. Sie reden mit denen, die auch keins haben und beschweren sich über die, die im Überfluss leben. Das Jammern und Lamentieren ist einfacher als sich die Mühe zu machen, etwas zu unternehmen, das verstehe ich schon. Aber da Sie dies hier lesen, nehme ich an, dass Sie schon dahinter gekommen sind, dass Sie das nicht in den Genuss der Fülle gebracht hat. Die Fülle ist wie eine Frau. Sie will gesehen werden, gehört, umarmt, geliebt und verstanden. Sobald dies geschieht, ist sie bemüht, diese ihr zugewandte Neigung zu erhalten oder gar noch zu steigern. Sie bemüht sich umso mehr, wenn man ihr die richtige Aufmerksamkeit zukommen lässt. Und so ist es mit der Fülle. Bekommt sie Ihre Aufmerksamkeit und Ihre uneingeschränkte Beachtung, wird sie mit Ihrem Bruder, dem Überfluss, in Ihr Haus einziehen!

Beschreibung des Symbols:
Die unendliche Acht. Fülle ist in unermesslicher Größe vorhanden. Sie kehrt zu jedem zurück, der sich auf sie einlässt. Die 8 ist Symbol für Reichtum und Fülle.

Fülle

M(macht)ACHT

ist der Überbegriff für die folgenden 9 Symbole, die sich damit befassen, die Kraft und Macht in uns zu erwecken, zu fördern, zu erkennen. Ein Spruch, den ich einmal las, lautet: Kühne Geister trachten die Welt zu beherrschen, weisere lernen wie sie funktioniert. Die Kinder stellen die größte Macht auf Erden dar. Nur wer sein inneres Kind kennenlernt, wird diese innere Macht würdigen. Wenn ein Kind etwas will, wird es alle ihm zur Verfügung stehenden Mittel anwenden, um das Gewünschte zu bekommen. Ein Kind hat noch keine Vorurteile oder wie auch immer geartete Widerstände. Es will etwas! Nur das ist ausschlaggebend. Eine Mutter tut (fast) alles, um die Wünsche ihres Kindes zu erfüllen. Ein Kind spürt genau, wie es an diese Gefühle anknüpft. Wer kann schon den flehenden Kinderaugen widerstehen? Mit Kinderfotos wird manipuliert, werden Erinnerungen wachgerufen, werden ganze Nationen zum Geld geben veranlasst. Was die meisten nicht wissen, ist, dass diese Bilder das Kind in uns ansprechen, das Spiegelbild der Kindheitserfahrungen, ob gut oder weniger gut, spielt dabei keine Rolle.
Was hat noch große Macht? Es sind die Elemente – Wasser zum Beispiel. Im Wasser liegt die Macht des Überlebens. Feuer – Licht – Elektrizität. Luft – die Atmung. Macht, die vom Menschen eingesetzt, verbraucht, vergeudet, verschenkt oder zum Nutzen verwendet wird. Gegensätze sind Macht. Ob wir reden oder schweigen, ist – bewusst eingesetzt – Macht!
Sehen wir uns die Symbole an, werden wir feststellen, dass die Macht von m a c h e n hergeleitet ist. Im Wort M A C H T steckt auch die Zahl ACHT. Diese Zahl ist eine sogenannte Meisterzahl. Wer mit der ACHT arbeitet und sie versteht ist daran interessiert, die Unendlichkeit in seiner Vielfalt und Schönheit anzunehmen.
Macht hat jeder. Die größte Macht auf Erden haben, nochmals weise ich darauf hin, die Kinder. Viele unserer Entscheidungen treffen die Kinder in uns. Macht ist nur möglich, wenn wir sie erkennen und anwenden. Es ist ein Geschenk.
Macht zu haben und Macht anzuwenden sind zwei verschiedene Dinge. Macht wissend ungenützt zu lassen kann ein Segen sein oder auch nicht. Wer die Macht hat und sie nicht anwendet, wenn sie gebraucht wird, begeht eine Sünde, die sogenannte Unterlassungssünde. Wer die Macht hat und sie missbraucht, begeht auch eine Sünde. So oder so, die Macht will gebraucht werden. Sie ist ein Geschenk unseres Schöpfers damit wir sie für unsere Schöpfungen gebrauchen. Die Gebrauchsanweisung hat er nicht mitgegeben. Das Benützen dieses starken Instrumentes obliegt dem Einzelnen und entwickelt Potenzial. Im Gebrauch der Macht liegt die Wurzel des sogenannten Karmas. Karma ist die Bezeichnung für Ursache und Wirkung. Die Wirkung von Gedanken, Handlungen, Gefühlen und Worten liegt in der Vergangenheit, das heißt in der Zeit, die bis JETZT war.
Was uns als Kind geprägt hat, ist meistens hier und jetzt ausschlaggebend dafür, was und wie wir denken, sprechen und handeln. Die Macht im gesprochenen Wort ist eine weitere Perspektive. Wie die Worte eingesetzt werden ist von Mensch zu Mensch unterschiedlich, genauso wie jeder nach seinem Ermessen die Aufnahme des Wortes interpretiert. Man kann mit einem oder ein paar wenigen Worten alles zunichtemachen oder alles retten. Man kann mit liebenden Worten verletzen oder mit ein paar ehrlichen Worten die Entwicklung eines Freundes fördern.

Das Wort ist s e h r mächtig! Das innere Kind ist s e h r mächtig!
Die Elemente sind s e h r mächtig! Gegensätze sind s e h r mächtig!

Beschreibung des Symbols
Das Dreieck oben symbolisiert das Dach, den Himmel und die Essenz, die uns von oben zuteilwird. Der Kreis ist die Mutter Erde mit all ihrer Fülle. Die Linie stellt alle sich selbst bewussten Lebewesen (Menschen) dar – verbunden mit der Erde. Aus dem unteren Dreieck offenbart sich uns die Mutter Erde mit all ihrer Schönheit und den Gaben, die uns helfen sollen stark und vital durchs Leben zu schreiten. Aus dem oberen Dreieck fließen uns die Ideen, die geistigen Potenziale, zu. Diese beiden vereinen sich im Menschen – und nur er hat die Macht, auf beiden Ebenen zu agieren.

M(macht)ACHT

Dreiergruppe

WISSEN GUTES DENKEN
Macht WILLE
GELD GLÜCK

WILLE

Gehen wir davon aus, dass Sie Gott nicht mehr draußen im Orbit suchen, sondern wissen, dass Gott in Ihnen wohnt, dann stellen Sie sich vor den Spiegel und sprechen Sie laut aus, was schon in der Bibel stand: Nicht mein Wille, sondern Dein Wille geschehe! Lesen Sie dies ... und gehen Sie jetzt zu einem Spiegel! Jetzt! Beginnen Sie, ab jetzt, Ihren: Ihren Willen zu leben! DEIN Wille (damit bist Du, sind Sie liebe(r) LeserIn, gemeint!) geschehe!
Freier Wille, ist ein Geschenk, das anzunehmen mit Verantwortung einhergeht. Doch genau dies wollen die meisten Menschen ungern anerkennen. Nur allzu gerne geben wir anderen die Schuld für Missgeschicke oder unangenehme Situationen. Es scheint uns leichter zu fallen, unser Schicksal zu ertragen, wenn wir dabei auf andere zeigen können und sagen, dass dieser oder jener all das Schlimme verursacht habe. Wer sein Leben und das was geschieht selbst bestimmen will, kann sich da nicht mehr so leicht rausreden. Er muss dann auch zu dem stehen, was er verursacht hat. Das ist der Grund, warum so viele Menschen andere um Hilfe bitten, um Rat fragen. Das entbindet sie gewissermaßen von der Verantwortung. Aber um genau zu sein, erweitert sich auf lange Sicht gesehen dadurch die Eigenverantwortung auch auf die Verantwortung gegenüber dieser Person. Wenn Sie den Rat einer Person annehmen, ist das so, als ob Sie jetzt für zwei Leute das Schicksal übernehmen. Denn wenn Sie jemand anderen in Ihr Schicksal mit einbeziehen übernehmen Sie gleichzeitig – ob Sie wollen oder nicht – auch für diesen (Rat) die Verantwortung. Das gleiche gilt auch anders herum. Wenn Sie jemandem ungefragt Ihre Meinung aufzwingen, müssen Sie dafür genauso die Verantwortung übernehmen. Das kann zum Beispiel so aussehen: Sie üben Druck aus auf die Entscheidung von jemandem. Dieser handelt nun nicht mehr nach seinem eigenen freien Willen, sondern nach Ihrem. Sobald das geschieht, sind Sie verantwortlich für all das, was damit in Verbindung steht. Natürlich gehe ich davon aus, dass Sie aus guten Gründen handelten, aber es bleibt doch die Tatsache, dass Ihr Wille geschieht. Freier Wille ist eine tolle Sache, oder? Die Frage lautet: Geschieht nun mein Wille oder der eines anderen. Den freien Willen zu leben heißt, zu verursachen! Verursachen Sie ein schönes, ein erfülltes Leben? Das kann geschehen, indem Sie sich immer wieder selbst prüfen und feststellen, wann Sie Kompromisse eingehen, indem Sie nett sind, indem Sie kooperativ sind, indem Sie treu sind, indem Sie ehrgeizig sind, indem Sie das tun, was von Ihnen erwartet wird, usw. – f r e i willig...
Es ist völlig in Ordnung, soziales Verhalten zu entwickeln, aber es geht doch entschieden zu weit, wenn andere Ihr Leben bestimmen.

Wille - ist frei Wille - ist weit Wille - ist rein Wille - ist besonnen Wille - ist von Liebe gesteuert

Im Grunde genommen sind wir alle wie die Kinder, genauer wie Babies. Ein Baby ist niemals gewalttätig oder gemein oder sonstwie unangemessen. Wenn Sie Ihren Willen leben, dann lässt sich das an den Auswirkungen und an den Beweggründen erkennen. Sind diese unentschuldbar, kann man davon ausgehen, dass es der Wille eines anderen ist, der sich da gerade manifestiert. Oder es ist eine Auswirkung von einer Ursache, die Sie in früheren Handlungen hervorgerufen haben. Das nennt man Karma. Die Wirkung erfolgt aufgrund von Ursachen. Das sind entweder eigene oder fremdgesteuerte. Vielleicht ist das eine der möglichen Interpretationen dessen, was Jesus meinte, wenn er sagte, dass wir werden sollten wie die Kinder.
Überprüfen Sie, was Sie mit Ihrem Willen erreichen wollen! Der starke und unbeugsame Wille ist reine Liebe!

Beschreibung des Symbols:
Das Symbol stellt die Lebenslinie dar. Die zwei Kreise sind Symbol für den inneren und den äußeren Einfluss. Sie sind beide im Einklang, in Harmonie, ein wunderschönes Bild mit gleichmäßigen Abständen.

Wille

Dreiergruppe

WISSEN	Gutes Wollen
Macht	Tatkraft
GELD	Erfolg

TATKRAFT

Die Tat und die dahinter liegende Kraft sind ein Zusammenspiel, das sich auf das Resultat entscheidend auswirkt.
Kraft ist von Natur aus eine unabhängige und wertfreie Energie. Die Intensität der Kraft ist vom Willen und vom Wollen, vom Denken, der Einschätzung, der Konzentration und der dahinter liegenden Empfindung abhängig. Daher wird ihr eine Intensität oder eine Beschreibung erst dann zugeführt, sobald das Denken, die Gefühle, Empfindungen und Erinnerungen dazu beitragen.
Ist eine Erinnerung für ein bestimmtes Erlebnis schwach, wird die Kraft, um es zu beleben, auch gering sein. Hat die Erinnerung an ein bestimmtes Erleben eine hohe Intensität, wird die Kraft dahinter dementsprechend sein. Der Gedanke gibt der Kraft einen Wert. Die wesentlichen Eigenschaften einer Tat entspringen dem Gedankengut. Wie denken Sie über Ihre nächste Tat? Sind die Gedanken überhaupt bei der Sache oder geschieht sowieso fast alles, was Sie tun, automatisch? Es macht einen Unterschied von subtilem nichtsdestotrotz aber gigantischem Ausmaß, wenn Sie sich erlauben, einen Tag lang jede Ihrer Taten einmal zu hinterfragen. Und sind Taten sind nicht gleichermaßen Handlungen?
Was unterscheidet eine Tat von einer Handlung? Die Handlung ist im Tun verankert, aber die Tat ist bereits vollbracht.
Bevor Sie handeln, aktivieren Sie die Erinnerung, dann denken (meist unbewusst) und fühlen Sie. Diese drei Komponenten – erinnern, denken, fühlen – entscheiden über die Intensität, die Ausprägung der Kraft, die zur Tat führt.
Was fordert uns heraus, eine Tat zu begehen? Es sind diese drei Größen Erinnerung – Gedanke – Gefühl.
Im Prinzip kann man alle drei auch wiederum beeinflussen. Genau dies geschieht ununterbrochen. Wir werden ständig daran erinnert, dass wir „schuld" sind, dass wir „krank" sind, dass wir „weniger wert" sind usw.
Wir denken (leider) allzu oft zu wenig nach. Denn wenn wir mehr nachdenken würden, kämen wir hinter so manchen Schwachsinn, der uns ständig suggeriert wird. Wir würden unser Denken mit eigenen Ideen füttern, mit großartigen und machtvollen Worten ausstatten und diese dann sprechen, anstelle von Kritik und Nörgeleien.
Gefühle – dem Leiden ein Ende setzen! Wie soll das gehen, wenn wir uns ununterbrochen dem Gefühlschaos aussetzen, das uns umgibt. In jeder freien Minute wird uns ein Szenario geboten, dem ein Leiden zugrunde liegt. Nachrichten, Filme, egal ob Krimi oder Liebesgeschichte, einer leidet immer – und wir leiden mit. Es wirkt fast so, als ob die Menschheit ohne Leiden keine Daseinsberechtigung hätte. Jeder hat was zu erzählen. Natürlich wird die Geschichte nur dann interessant, wenn sie eine Leidenskomponente aufweist. Sogar ein Naturerlebnis kann nur dann erzählt werden, wenn doch wenigstens jemand ins Wasser gefallen ist oder wenigstens ein Sturm dabei war, etc. Versuchen Sie nachzudenken und erzählen Sie ein einziges Erlebnis, in dem kein bisschen Leiden vorkommt! Geht fast nicht!
Die gesamte Freizeitindustrie lebt davon, uns in immerwährende Competition, in einen Vergleich mit ..., in eine Herausforderung zu manövrieren.
Aber Denken und Fühlen, ohne sich selbst im Vergleich zu sehen ist viel, viel kraftvoller als alles andere.
Das ist TATKRAFT – die Kraft, die in dieser Tat steckt, ist frei, ohne Anhaftung. Von daher hat diese Kraft Flügel, kann sich immer weiter ausdehnen und entfalten. Wer einmal etwas von dieser Intensität erfahren hat weiß, wovon ich spreche. Es ist die Macht der wertfreien Gedanken, der wertfreien Erinnerungen und der wertfreien Gefühle, die eine Tat kraftvoll machen. Diese Tat hat „Strahl"kraft und ist dazu bestimmt, immer und immer weiter zu wirken.

Beschreibung des Symboles:
Das Symbol zeigt sich in der liegenden Acht – die Unendlichkeitsschlaufe, die fest mit Mutter Erde verbunden ist, sich ausdehnend, erweiternd. Die TAT und die KRAFT, ein Paar in Schönheit und Harmonie vereint.

Tatkraft

Dreiergruppe

WISSEN	Dankbarkeit
Macht	Schönheit
GELD	Wohlstand

SCHÖNHEIT

Die Macht der Schönheit liegt in ihrer Natur. Alles, was schön ist, hat Macht! Alles, was hässlich ist, muss sich Macht mit meist „unlauteren" Mitteln erkämpfen.

Aber wer bestimmt, was schön ist und wer sagt, was hässlich ist? Über Geschmack lässt sich bekanntlich streiten. Ist es wirklich der Geschmack, der Schönheit definiert? Oder steckt nicht auch da eine gewaltige Industrie dahinter? Sie ist schon ein wirtschaftlich entscheidender Faktor, die Schönheit. Hat Schönheit mit Ästhetik etwas zu tun? Wenn man sich die Models ansieht, wohl kaum ... (ich entschuldige mich hiermit gleich bei jedem Model, ich will niemanden beleidigen oder ihm zu nahe treten!) Was ich möchte, ist aufzeigen, unter welchen Maßstab wir die Dinge sehen. Wenn man überlegt, welch gigantische Summen ein Starmodel für einen einzigen Auftritt bekommt, dann lässt das den Glauben zu, dass es sich „lohnt" zu hungern. Wenn man beobachtet, wie sich fast nackt abgebildet zu werden „auszahlt", dann wundert es kaum, dass das von so vielen nachgeahmt wird – und der Großteil „profitiert" davon keineswegs. Nur die Industrie, die dahinter steckt, hat den finanziellen Vorteil.

SCHÖNHEIT (macht) MACHT und GELD.
Wer echte SCHÖNHEIT sucht und leben will, wird sich von den Klischees wegbewegen müssen.
Echte SCHÖNHEIT hat etwas Strahlendes, Leuchtendes, Klingendes.
SCHÖNHEIT drückt sich aus, ohne laut zu sein.
SCHÖNHEIT ist unvergänglich, weil sie sich ständig verändert, anpasst, hinein in eine sich entwickelnde, sich ausdehnende Kurve der Evolution.

Beschreibung des Symbols:
Das Symbol lässt alles offen und umschließt die Unendlichkeit in der liegenden Acht. Die Erde als unten und der Himmel als Oben könnte genauso gut umgedreht sein. Der Himmel auf Erden oder auf der Erde zu leben wie im Himmel.
Alles ist so SCHÖN wie man es sich SCHÖN macht.
Die Macht der SCHÖNHEIT liegt im eigenen Ermessen!
Die Macht der SCHÖNHEIT liegt im Auge des Betrachters!

Schönheit

Dreiergruppe

WISSEN	Geben und Nehmen
Macht	Wandlung
GELD	Idee

WANDLUNG

Das Leben hat eine einzige Konstante, nämlich, dass alles ständig in einem Prozess der Wandlung ist. Das ist notwendig, damit Leben überhaupt stattfinden kann. Was ist Wandlung? In der Natur kann man die Wandlung sehr genau erkennen. Der Boden ist saftig, lässt Gras und Pflanzen gedeihen, und dann ist dasselbe Stückchen Erde plötzlich ganz hart, kalt und mit Schnee bedeckt. Selbst bei noch so gutem Willen, da wächst kein Gras. Jeder sieht das ein und jeder kann das so hinnehmen. Aber beim Menschen ist man versucht, den Lauf der Dinge immer wieder zu stoppen, zu verhindern oder wenigstens zu verzögern.

Wir Menschen verändern unsere Kleidung, aber unser Körper wandelt sich. Wir verändern unsere Wohnung, aber unsere Möbel nehmen wir mit. Die Wandlung kann kaum vollzogen werden. In der langjährigen Tätigkeit als Immobilienmaklerin ist mir nur ein einziges Mal ein Kunde begegnet, der alle paar Jahre sein Zuhause komplett umgestellt hat, mit allem drum und dran. Das ist es, was ich meine. Eine echte Wandlung verändert. Eine Veränderung wandelt aber nicht, sie verleiht nur eine neue Sichtweise, gibt sich in einem anderen Outfit.
Die zeitgemäße Ausdrucksweise lautet: Transformation. Bei Wikipedia findet sich folgende Erläuterung: Die Transformation kann ohne Verlust der Substanz bzw. Inhalt erfolgen. Der Begriff wird in einer Vielzahl von Themengebieten mit unterschiedlicher Bedeutung verwendet.
Was soll also gewandelt werden, und vor allem warum?
Wenn wir uns nur den Veränderungen hingeben und den Wandel nicht anstreben, verfallen wir einerseits der Opferrolle und andererseits sind wir der Manipulation anderer ausgesetzt. Nämlich jener, die darum Bescheid wissen, dass unsere Seele die Wandlung bräuchte, aus der Faulheit und Trägheit der Menschen allerdings wesentlich mehr Kapital zu schlagen ist. So werden wir durch die Mode – um nur ein Beispiel zu nennen – einem ununterbrochenen Prozess der Anpassung gepresst. Dadurch entkommen wir dem Nachdenken, warum wir uns wie Hamster im Rad drehen. Das Rad hat zwar alle paar Monate eine andere Farbe, aber es bleibt ein Rad. Es gibt dafür einige Ausdrücke wie Rad des Schicksals, Karmisches Rad usw. Wollen wir ausbrechen, brauchen wir ein Ticket 1. Klasse
Vertraue auf die Wandlung
betreut durch das Team der freiwilligen Helfer aus allen Lebenslagen
mit dem Ziel:
FREIHEIT!
Die Schlüsselbegriffe sind: Vertrauen und Freiheit.
Durch Wandlung entsteht Freiheit!
Sie können in allen Bereichen Ihres Lebens nachvollziehen, ob Ihre im Augenblick ausgeführte Handlung oder der gegenwärtige Gedanke mit Wandlung oder Veränderung, genauer gesagt Anpassung zu tun hat oder mit der angestrebten Wandlung.
Immer, wirklich immer, wenn Sie das Gefühl von Freiheit spüren, ist es Wandlung. Stellt sich Enge oder Beklommenheit ein, so ist es eine Situation, die nochmals einer genaueren Prüfung unterzogen werden sollte.
In diesem Leben, in diesen Zeiten findet auf der ganzen Erde eine starke Umwandlung statt. Und die Zeit der

Wandlung

Anpassung ist endgültig vorbei. Natürlich könnten Sie nun einwenden, dass man sich dem Willen des Dienstgebers anpassen muss, ansonsten verliert man den Arbeitsplatz. Ja, das könnte durchaus sein. Aber ich wende ein, wenn Sie ein Leben lang acht Stunden pro Tag (oder länger) den Willen eines anderen leben, dann ist das nicht der Arbeitsplatz, den Sie zum Wohle der Gesellschaft ausführen. Und ich finde, jeder sollte einen Beitrag zum Wohle der Gesellschaft leisten. Das kann er/sie nicht, wenn er oder sich strichen ununterbrochen im Widerstreit mit den eigenen Interessen steht.
So wundert es nicht, dass oft zu beobachten ist, wie Menschen kündigen, und zwar aus Berufen, die sie ein Leben lang abgesichert hätten. Frauen verlassen Männer, die ihnen einen sorgenfreien Lebensstandard boten. Nicht etwa, weil sie es nicht gut hatten, nein, es geschieht, weil die Menschen entdecken, dass sie sich da wo sie sind, am falschen Platz befinden, mit den falschen Menschen zusammen sind. Wenn man das einmal gemerkt hat, kann man eigentlich nicht bleiben. Und genau so oft ist zu beobachten, dass es vielen auffällt, dass sie schon eine geraume Weile total unglücklich sind, aber einfach nicht den Mut oder die Kraft aufbringen zu gehen. Viel zu viele Ängste blockieren hier immer noch die Straßen, die Wege in die Freiheit.

Freiheit wird auch oft fehlinterpretiert. Wer frei sein will, spürt instinktiv, dass das auch mit Verantwortung einhergeht. Und seien wir mal ehrlich, da sind wir wieder beim Anfang all dieser Überlegungen angekommen. Sobald wir die volle Verantwortung tragen müssen, ziehen wir uns doch gerne wieder in die nette „Bequemlichkeitszone" zurück und lassen die anderen machen. Da hat man dann auch gleich wieder genügend damit zu tun, diese zu kritisieren, zu nörgeln und sich selbst zu bemitleiden. Wie schlecht sich doch alles entwickelt, die Wirtschaftkrise, die Arbeitslose usw. Dass all das auch damit zu tun hat, dass der Wandel nicht stattfinden kann, weil der Einzelne die Verantwortung nicht annehmen will, das fällt nur wenigen auf.
Mit dem Symbol der Wandlung sind Sie eingeladen, darüber zu meditieren, genauer gesagt, zu kontemplieren. Herauszufinden, in welchen Bereichen Sie die volle Kontrolle haben. Und in welchen Bereichen Sie sich „machtlos" fühlen. Nur das Erkennen dieser zwei Instrumente hilft Ihnen, den Wandel bewusst zuzulassen.
Macht und Kontrolle sind die Urheber von Schaffenskraft.
Schaffenskraft kommt vom Zustandekommen des Wandels.
Im rechten Augenblick die Macht und die Kontrolle anzunehmen – sie aber auch im richtigen Verhältnis zu Zeit und Situation wieder fallenzulassen ist die Kunst des WANDELNS.

Beschreibung des Symbols:
Wellen der Macht und Wellen der Kontrolle über und unter der Welle, die den Lebensweg des Menschen darstellt. Die Berührungsmomente sollten nur einseitig und kurz und geschmeidig stattfinden. Macht und Kontrolle ergeben immer Wellen. Sind diese zu heftig, berühren sie den Menschen zu oft und zu stürmisch. Dadurch entgleitet die Harmonie, die Stille wird zu laut unterbrochen.
Geschehen Macht und Kontrolle im Einklang mit den Gesetzen der Natur, so findet Wandlung statt.
Wandlung ist immer ein Zeichen von Vertrauen und ein Hervorbringen von Schaffenskraft.

Dreiergruppe

WISSEN	Glaube Hoffnung Liebe
Macht	Widerstand auflösen
GELD	Kompetenz

WIDERSTAND AUFLÖSEN

Fortschritt und Entwicklung entfaltet sich am besten ohne Widerstand.
Das ist eigentlich logisch, und fast jeder, der halbwegs vernünftig denkt, wird mir recht geben. Aber wie wird man den Widerstand, den man einer Sache, einer Idee, einer anderen Gesinnung außer der Eigenen, einer unliebsamen Person oder gar einer ganzen Nation gegenüber hat, los? Vielleicht ist es vermessen, dass ich da so gelassen daher komme, und der Welt ein Symbol offenbare – und dann auch noch behaupte, dass dieses Symbol auflöst, was die Ursache für so viel Leid ist.

Der Widerstand ist bei genauer Betrachtung ein sehr wichtiges Moment, um bei einer Sache darauf aufmerksam zu machen, dass es noch einige Dinge zu klären oder zu ändern gibt. Und wie bei so vielen anderen Verhaltensweisen, welche von großem Nutzen sind, kann ein kleines bisschen zu viel davon schon genügen und das Blatt wendet sich zum Übel. Um den Widerstand kennenzulernen ist es erforderlich in sich hineinzusehen, zu forschen, ob es da drinnen einen wunden Punkt gibt, der zum Widerstand aufruft oder ob es möglicherweise aus Gewohnheit geschieht. Widerstand wird uns von der Familie, vom Umfeld oder von der religiösen Gemeinde vorgelebt und wir ahmen nur nach, ohne zu hinterfragen, ob es sich immer noch um eine zeitgemäße oder für Sie und mich richtige Überzeugung handelt.

Ich bin der Meinung, dass es für die persönliche Entwicklung von enormer Wichtigkeit ist, den Widerstand zu erkennen. Viele Krankheiten beruhen darauf, viele zwischenmenschliche Beziehungen leiden darunter. Wer bereit ist, den Widerstand anzuerkennen und ihn dann bereitwillig auflöst, wird es mit Sicherheit zu wesentlich mehr bringen. Mehr, viel mehr! Zu mehr Gesundheit, mehr Geld, mehr Ruhm, mehr Anerkennung und ganz sicher zu mehr Selbstbewusstsein. Der Widerstand sitzt im Detail, sehr oft im Verborgenen, hinter einer Maske und wartet darauf, dass er entlarvt wird. Wer den Widerstand erkennt und ihm einen Namen geben kann, wird erleben was es heißt, den Dämon zu besiegen, nur dadurch, dass man seine volle Identität preisgibt. Jeder Widerstand ist zwecklos!

Wie erkennen Sie den Widerstand? Indem Sie sich die Mühe machen und nachsehen, wo es weh tut, wenn Sie weinen, wenn Sie traurig sind, wenn Sie aufhören an sich zu glauben. Der Widerstand ist immer im Inneren zu finden. Es gibt einen Ort, an dem er sich aufhält. Und dorthin zu gehen, erfordert Mut und Entschlossenheit!

Alle Suchtkrankheiten könnten aufgelöst werden, wenn man bereit ist, die Maske des inneren Widerstandes zu entfernen. Das wiederum hat aber meistens einen Haken. Sehr oft kommt dann eine ganze Lawine ins Rollen. Eine Lawine von Gefühlen, Emotionen, sehr oft Schuld und Schamgefühle, Angst und häufig richtiger Zorn. Dabei übersehen wir oft, dass es sich bei alldem nur um Energie handelt. Energie, die zu einer, meist fernen Zeit, mit Qualitäten beeigenschaftet wurde. Und genauso, wie sie damals zu dieser Eigenschaft kam, kann man sie ihr auch wieder nehmen und für etwas Angemesseneres, etwas Adäquateres verwenden. Doch zuerst muss ich diese Energie finden und an der Stelle umbenennen, an der sie zum ersten Mal auftrat.

Widerstand auflösen

Meine Anleitung zur Auflösung des inneren Widerstands:

- Augen schließen
- Fühlen und Schauen
- Erkennen
- Zulassen, dass es sich anfühlt – so oder so
- und dann erklären Sie es als null und nichtig – jetzt und für alle Zeit

Erklären Sie es sich selbst, laut und leise, mit jedem Atemzug. Erst wenn Sie wirklich fühlen, dass es sich aufzulösen beginnt, wird sich der Erfolg einstellen. Das Gefühl ist ausschlaggebend, nicht so sehr das, was Sie denken. Es kann eine Weile dauern, bis Sie gelernt haben, immer und zu jeder Zeit die Widerstände zu überprüfen. Aber nochmal: Es lohnt sich!

Ich gebe Ihnen gerne noch einen Tipp, sehen Sie es wirklich nur als Tipp und weniger als eine Vorschrift. Die Sauna oder das Vollbad sind zum Beispiel tolle Orte, um Widerständen aufzulösen.

Vielleicht ist es auch hilfreich, wenn ich Ihnen sage, dass es zwar von gutem Willen zeugt, wenn man sich bemüht, die Widerstände zu einer bestimmten Situation aufzulösen, dass aber meistens der wahre Namen dieses Widerstandes etwas ganz anderes ist. Der häufigste Name lautet: ANHAFTUNG
Wer sich an den Widerstand mit dem Namen Anhaftung herantraut, wird so viel Befreiung erfahren, dass es mir kaum bis gar nicht möglich ist, dies hier in Worte zu fassen! Suchen Sie den WAHREN Widerstand, und lösen Sie ihn auf!

Beschreibung des Symbols:
Das Symbol zeigt wieder unsere Lebenslinie und geschlossene Augen. Es wird Sie daran erinnern, dass Sie sich viel häufiger die Zeit nehmen sollen, nach innen zu sehen. Nur in Ihrem Inneren, tief drinnen, finden Sie die wahren Antworten!

Dreiergruppe

WISSEN	Leichtigkeit
Macht	Neubeginn
GELD	Ausdauer

NEUBEGINN

Geboren werden
Starten
erster Schrei
oder letzter Schrei – ein Neubeginn ist es allemal!
Jede Minute des Tages bietet eine Gelegenheit zu einem Neubeginn.
Aber wozu brauchen wir etwas Neues und wie oder wann soll es beginnen?
Betrachten wir einige wenige Neubeginne – solche, die uns in Entzücken versetzen oder solche, die sehr begehrenswert erscheinen.
Da wäre einmal die Geburt eines Kindes.
Bei der Frage, wann beginnt denn nun das Leben in diesem neuen Menschen, driften die Meinungen auseinander. Ist es bei der Zeugung? Oder erst nach einigen Wochen im Mutterleib? Oder beginnt das Leben mit dem ersten Schrei? Es ist ein vielbesprochenes und viel debattiertes Thema. Da geht es niemandem um das Leben selbst. Es ist vielmehr diese Neugier auf das, was daraus entsteht, wenn sich etwas Neues bildet.
Ist Neuanfang ein Prozess, der sich dann in eine unbestimmte Form hinein entwickelt? Oder kann man den Beginn als einen Akt des Hier und Jetzt beobachten?
Jungfrauen sind heute weniger gefragt als noch vor Jahren, möchte man meinen. Ich wollte das genauer wissen und habe mich sowohl bei jungen als auch bei nicht mehr ganz taufrischen Männern erkundigt. Ergebnis: So eine Jungfrau hat schon was! Sie ist mit Sicherheit eine sehr begehrenswerte Person, mehr als sie selbst es erahnen könnte.
Der Start in ein neues Jahr ist gepflastert mit guten Vorsätzen von allen möglichen Ausmaßen. Beim Eheversprechen sprudelt es nur so von guten und liebevollen Worten, und jede Menge Glückwünschen.
Ein Neuanfang ist erwiesenermaßen etwas Besonderes.
So gesehen, wird dieser speziellen Energie nach meinem Empfinden viel zu wenig Beachtung geschenkt.
In all den Seiten dieses Buches, mit all den Symbolen versuche ich, Ihnen einen Weg aufzuzeigen, wie man andere Wege gehen könnte als die, welche schon so lange ausgetreten wurden.
Die guten alten Zeiten! Was war denn so gut an Ihnen? Doch meistens nur das, was als Gut in Erinnerung zu bleiben hat. Dass der Rest der Vergangenheit meistens schwierig war, wird gern schöngeredet oder verdrängt.
Sie kennen das? Sie haben diese Worte schon mal gehört?

Gut ist ... gewohnt
Gut ist ... bekannt
Gut ist ... nicht darüber zu reden
Gut ist ... setzen Sie selbst ein, was Ihnen an ähnlichen Phrasen einfällt
Neu ist ... ungewohnt
Neu ist ... unbekannt
Neu ist ... gefährlich
Neu ist ... auch hier haben Ihre eigenen Worte mehr Aussagekraft

Neubeginn

Ein Neubeginn hat etwas äußerst Reizvolles an sich, wird aber gleichzeitig gefürchtet. Die Angst vor dem, was da kommt, ist oft so groß, dass es beim Alten bleibt.
Wie viele Ehen gibt es, in denen die Partner aus Angst vor dem Neuen lieber in einer Beziehung bleiben, in der sie wissen, wie sie damit umgehen können, ihr unglücklich sein gut zu vertuschen? Oder wie viele Arbeitsverhältnisse werden aus Angst vor der ungewissen Zukunft aufrecht erhalten, obwohl sich alles wesentlich besser anfühlen würde, wenn man was änderte? Wie viele Streitereien werden seit Jahren über Dinge geführt, die längst nicht mehr zeitgemäß sind?
Neubeginn ist jederzeit möglich! Und ja, wenn man sich darauf einlässt, sich voll und ganz hingibt, wird der erste Schmerz nur kurz sein.
Der Schmerz ist dann groß, wenn man am Alten anhaftet. Loslassen ist eine der Grundregeln bei einem Neuanfang.
Wir gehen immer durch Prozesse. Der Neuanfang ist das Ende eines Dreierprozesses: Wandlung, Widerstand auflösen und neu anfangen
Im Geist, im Denken ist die Voraussetzung, dass wir Leichtigkeit entwickeln.
Das, was neu beginnt, ist von Dauer, wenn wir uns mit der Leichtigkeit, also frei von Altlasten, hinein bewegen. Geben Sie sich selbst an diesem heutigen Tag vor, sich von einer neuen Seite zu präsentieren. Es liegt an Ihrer Aufmerksamkeit, das Neue zu erkennen und etwas damit anzufangen! Lassen Sie zu, dass dies ein Moment ist, an dem Sie sich selbst neu ausrichten, neu orientieren. Das kann in vielen verschiedenen Richtungen geschehen. Sie können es auch einfach einmal ausprobieren. Heute lassen Sie sich vom Leben überraschen und geben dem Leben dafür eine Überraschung zurück. Indem Sie sich dies vornehmen, wird sich etwas tun, wird sich etwas ändern. Es ist Ihre Entscheidung! Nun treffen Sie sie!

Beschreibung des Symbols:
Die Welle, die den Lebensweg beschreibt, fließt vor den Augen des Menschen. Fließt die Welle vor verschlossenen Augen?

Dreiergruppe

WISSEN	Sieg ohne Kampf
Macht	Vergeben
GELD	Geistesgegenwart

VERGEBEN

Im Wort „vergeben“ steckt so viel Weisheit, soviel Klarheit, soviel Schönheit. ver- geben

Das Thema Geben und Nehmen ist ein anderes, spezielles. Ver - geben hat aber trotzdem etwas mit Geben zu tun.
Es geht in diesem Zusammenhang darum, was oder wem man etwas zu ver - geben hat.
Es kommt vor, dass dieses Wort oder der dahinter stehende Sinn ein wenig anders ausgelegt wird, als es ursprünglich gedacht war. So manch einer verwechselt es mit verzeihen. Wenn man verzeiht, hat das, von der Schwingung her etwas Anmaßendes, etwas leicht Überhebliches an sich. Man stellt sich gewissermaßen über den anderen, blickt ein wenig mitleidig herunter und verzeiht, gnädig und im Wissen, dass der andere unendlich dankbar ist für diese großherzige Geste. Das ist Verzeihen! Es tut mir leid, wenn ich jetzt ein paar Illusionen zerstört habe! Aber seien Sie ehrlich. Jedes Mal wenn Sie jemanden um Entschuldigung gebeten haben, waren Sie da nicht auch in einer leicht gebückten Haltung und konnten sie nicht auch spüren, wie es dem anderen eine zarte Genugtuung war, Ihnen zu verzeihen?
Vergeben hingegen ist ein Akt der Liebe!

Wenn Sie Liebe ver – geben, gibt es nichts zu verzeihen! Es ist in dieser Gabe enthalten. Im Vergeben ist auch die Gleichberechtigung aller Beteiligten angesprochen. Denn wer etwas zu vergeben hat, wurde meist auch vorher mit etwas anderem beschenkt. In einem Konflikt steckt immer ein Geschenk. Meistens für denjenigen, der sich beim ersten Hinschauen als der Unterlegene, als der Leidtragende darstellt. Jedoch ist es in der Natur der meisten Menschen so angelegt, dass sie zuerst einen Schuldigen im Außen suchen und erst viel später realisieren, dass der andere ihnen oft einen Gefallen getan hat, mit dem was er tat oder nicht tat.

Denn das Gesetz der Anziehung gibt uns immer Gelegenheit, einen Partner zu finden, der die dunklen Seiten in uns zum Leuchten bringt. So kann es sein, dass wir durch einen Streit Klarheit in eine Situation bringen. Und in unser Herz! Durch eine Beleidigung erkennen wir, wie verletzlich wir sind und können dem auf den Grund gehen, feststellen, dass dies ganz und gar nichts mit dem „Beleidiger“ zu tun hatte, sondern nur damit, dass wir das eine oder andere Thema einfach noch nicht aufgelöst haben. Und so kommt es, dass eine Beleidigung sich zu einem Geschenk wandelt. Dann sind wir auch in der Lage, dem anderen zu vergeben – und damit meine ich, wir sind in der Lage, Liebe zu geben.

Wer verzeiht, ist noch nicht soweit! Vergeben ist teilen. Das teilen, was man gelernt hat. Damit sind beide Beteiligten ein Stück gewachsen. Und können Loslassen! Um wieder Neues und Wunder bringendes anzuziehen!

Beschreibung des Symbols:
Es sind Gefäße, gerundet und sich weiter ausladend. Je tiefer wir in uns hineingehen umso mehr solcher Gefäße werden wir finden. Aber letztlich wird sich alles nur als kleiner Krümel ins unendliche Licht begeben und sich umwandeln – in eine neue Form.

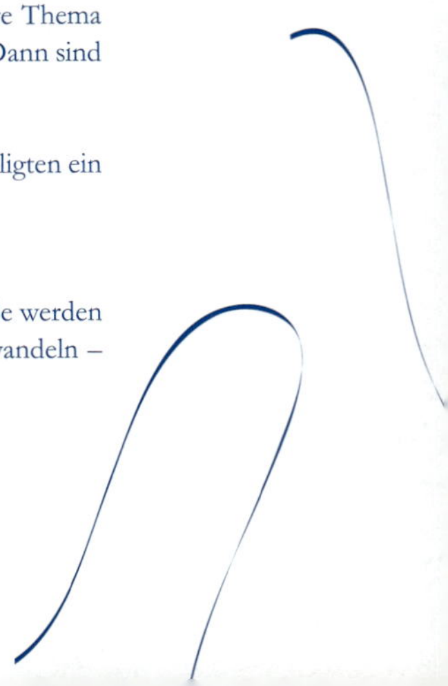

Vergeben

LOSLASSEN

Loslassen ist ein wunderbares Thema. Alle Welt da draußen ist damit beschäftigt etwas loszulassen. Viele Therapeuten haben unendlich viel Mühe damit, ihre Klienten dazu zu bewegen, was auch immer loszulassen. Ich bin der Meinung, dass dies nur in zwei Schritten möglich ist:

1. Im Erkennen und festhalten
2. Im Befreien von dem, was uns bindet

Die Macht des Loslassens liegt im Ausmaß der Erkenntnis dessen, woran wir anhaften.
Zuerst müssen wir einmal festhalten, damit wir überhaupt wissen, was wir da loslassen sollen. Und wer sagt, dass das Loslassen so eine tolle Idee ist!?
Manchmal erübrigt sich die ganze Mühe mit dem Loslassen, wenn wir annehmen.
Das Loslassen bezieht sich fast immer auf Empfindungen, die wir liebgewonnen haben und einen Verlust empfinden, wenn wir daran denken, dass sie aus dem Leben verschwinden. Aber eine liebgewordene Sache, ein Mensch, den man innig mag oder ein Gefühl, das unwiderruflich verloren ist, wird zum Schatz desjenigen, der es versteht zu akzeptieren, respektieren und lieben.
Im vorigen Symbol „Vergeben“ hatte ich bereits angedeutet, dass wenn jemand etwas zu vergeben hat, es nur in Liebe sein kann. Alles andere wäre falsch oder genauer gesagt manipulativ. Die Perspektiven verändern sich, wenn wir die Dinge aus dem Blickwinkel der Liebe betrachten und aus dieser heraus agieren. Ein Vergeben von Liebe mit Liebe kann alles Mögliche sein, und es wird immer eine Bereicherung für beide Beteiligten. Vergeben ist also eindeutig eine Form von Loslassen.
Wenn Sie vergeben, machen Sie sich ein Geschenk und einer ganzen Menge anderen Beteiligten. DAS, meine lieben Leser, ist LOS lassen. Sie ziehen das große LOS. Sie sind der Gewinner. Sie sind der Sieger. Sie lassen andere und sich selbst an einem großartigen Ereignis teilhaben. Nämlich an der Möglichkeit FREI zu sein und doch an allem, was ist, teil zu nehmen. Ohne ANHAFTUNG!
Die Kraft und Macht des Loslassens liegt demnach im Befreien von Anhaftungen.
Wie stark so eine Anhaftung ist, lässt sich in einer sehr effizienten Übung nachempfinden. Sie haben ganz sicher eine Reihe von Schlagwörtern, die Ihnen einfallen, wenn ich Sie darum bitte, aufzuzählen, was Sie loszulassen wünschen. Übrigens, sich zu wünschen etwas loszulassen und die Bereitschaft dazu sind zwei Paar Schuhe!
Der erste Schritt besteht darin, ein Blatt Papier zu nehmen und in zwei Spalten zu teilen. In die linke Spalte schreiben Sie: „Was lasse ich jetzt los“, und in die andere Spalte: „Wovon weiß ich, dass ich es loslassen sollte, aber ganz sicher noch nicht dazu bereit bin“.
Nun suchen sie sich einen glatten Stein, so in etwa mit der Größe eines Tennisballes. Schön handlich! Wenn es sich für Sie stimmig anfühlt, können Sie das darauf schreiben, was in der linken Spalte ganz oben steht.
Halten Sie nun den Stein für einen ganzen Tag lang in der Hand. Der Tag hat übrigens 24 Stunden! Es ist wichtig ein körperliches Gespür dafür zu bekommen, was es heißt, etwas festzuhalten. Etwas festzuhalten, das eigentlich schon längst nicht mehr angemessen, zeitgemäß, wunschgerecht, passend, angenehm, usw. ist.

Loslassen

Eine Sache, einen Menschen, eine Situation, ein Erlebnis, eine Emotion, einen Skandal, all das kann man loslassen. Was den meisten Menschen jedoch wirklich schwer fällt ist, sich vom Leiden zu trennen, von der sagenumwobenen Opferrolle, vom Märtyrer, von der bemitleidenswerten Einsamkeit oder von der Sucht, sich selbst zu schaden (Alkohol, Rauchen etc.).
Es ist sicher, dass Sie schon nach einer kurzen Weile den Stein am liebsten weit weg werfen würden, denn er ist störend, hindert an allen möglichen Handlungen. Halten Sie durch! Es ist ganz wichtig, diesen Stein, der Ihre Anhaftung darstellt, 24 Stunden lang zu spüren, damit Sie dies endgültig loslassen können. Sie werden sehen, dass sich in dieser Zeit eine Menge Assoziationen einstellen werden. Wenn es Ihnen möglich ist, schreiben sie diese auf. Es wird dazu beitragen, dass Sie sich besser kennenlernen.

Nach diesem ganzen langen Tag, wenn Sie den „Stein der Weisheit", der er nun geworden ist, loslassen, gibt es in Ihrem Körper eine unbeschreibliche Leichtigkeit. Denken Sie weniger, fühlen Sie (!) stattdessen in sich hinein und schenken Sie sich die Chance einer Befreiung, um ein erfülltes Leben zu erfahren.

Beschreibung des Symbols:
Das Symbol gleicht einer Glockenblume. Der Boden ist stark auf der Erde mit der Halbkugel angedeutet, und die Ziele sind vom innersten, reinen Kern nach außen hin gerichtet, noch weit weg, frei von Zeit im unbeschränkten unendlichen Raum. Läuten sie heute Ihre Freiheit ein! Lassen Sie los ...

Dreiergruppe

WISSEN Fülle
Macht Anziehen
GELD Entscheidungsvermögen

ANZIEHEN

Zum diesem Thema gibt es eine Menge zu sagen. Ich will den Versuch wagen, die Essenz all der Informationen, von denen es eine enorme Fülle gibt, für Sie herauszuholen.
Beim Anziehen dessen, was man sich wünscht, sind zu beachten

- die Polarität
- die Fülle
- die Entscheidung

- Polarität

In der Polarität sind es die zwei gegensätzlichen Seiten, die harmonisch zusammen kommen müssen, um ein wertvolles Ganzes zu erzielen. Die Kraft der Polarisierung liegt im richtigen Rhythmus. Der Rhythmus ist der entscheidende Faktor.
Für die Manifestierung von Fülle, was wir hier ja wollen, möchte ich Sie ganz besonders darauf hinwiesen, dass Sie jeden Tag (!) – Ja, jeden Tag – zur selben Zeit Ihren Wunsch visualisieren!
Erlernen Sie die Kraft der Visualisierung! Genauer: SIE MÜSSEN ES LERNEN.
Das, was Sie sich wünschen, muss in Ihrer Phantasie so klar in Erscheinung treten, als ob sie es schon vor sich hätten. Riechen Sie es? Fühlen Sie es? Ist es weich, hart, rippig, trocken oder sämig, … Finden Sie auch das kleinste Detail heraus. Jede Faser Ihres Seins sollte in der Vision dabei sein!
Ein ganz wesentlicher Punkt ist auch, dass man oft einen Wunsch hat, der dann, wenn er in Erscheinung tritt, auf einmal seinen Glanz verliert. Dann will man das plötzlich nicht mehr. Ist Ihnen sicher auch schon passiert. Genau das kann man in der Visualisierung ausprobieren. Probieren Sie die Wünsche an! Wenn Sie richtig dabei sind, wird es sich sehr oft herausstellen, dass so mancher lang gehegte Wunsch längst überholt und ausgeleiert ist. Das ist gut! Dann können Sie sich gleich einem neuen Projekt zuwenden. Mit der Zeit werden sich die wahren und die wirklich lohnenswerten Wünsche herauskristallisieren!
Wenn Sie diese „Vorstellung“, die Sie sich da geben, jeden Tag aufs Neue und ohne jegliche Ablenkung durchspielen, wird, ja muss (!) das Erwünschte in Erscheinung treten.
Der Rhythmus ist von großer Wichtigkeit. Damit meine ich, regelmäßig, zu einer ganz bestimmten, von Ihnen festgelegten Zeit Ihren Wunsch zu visualisieren.
Fülle:
Wie erklären Sie sich die Fülle? Was ist Fülle im Gegensatz zu Mangel?
Alles, was Sie erwünschen, genau da sind Sie im Mangel. Der Mangel ist die Abwesenheit von Fülle. Die Fülle erklärt sich über den Mangel, definiert sich über den Mangel.
Wenn Sie Mangel an Geld haben so fehlt Ihnen die „Vorstellung“ von Fülle.
Wenn es Ihnen an Liebe mangelt, so fehlt Ihnen die „Vorstellung“ von Liebe.
Wenn es Ihnen an Gesundheit mangelt, so fehlt Ihnen die „Vorstellung“ von Gesundheit.
Sie müssen es sich v o r s t e l l e n.
Sie müssen es sich in regelmäßigen Zeitabschnitten v o r s t e l l e n.

Anziehen

Sie denken vermutlich, das redet sich nur so leicht ... ja das stimmt. Sie sagen, Sie hätten sich das schon so oft gewünscht: Liebe, Gesundheit und Geld.
Die Kraft der Anziehung wirkt aufgrund freudiger Erwartung!
Bis jetzt haben Sie sich möglicherweise Gesundheit gewünscht, in der Form, dass Sie die Krankheit hassten, dass Sie das, was Sie bedrückt, dauernd gedanklich aufrollen, analysieren, mit sich selbst schimpfen, sich heruntermachen, andere kritisieren, es durch und durch unangenehm finden, dass man Ihnen so arg mitgespielt hat, usw.
Sie sehen, es handelt sich keineswegs um erfreuliche Empfindungen. Es sind vorwiegend Gedanken des Hasses, der Schuldgefühle, der Selbstverleugnung.
Meine Bitte an Sie ist, an einem bestimmten Zeitpunkt ganz bewusst all Ihre Kraft der Konzentration zu nehmen und darauf zu fokussieren, wie sehr es Ihnen gut tut, so richtig reich zu sein. Malen Sie sich aus, was Sie alles tun werden mit dem vielen Geld, wie Sie sich und andere damit bereichern. Das Geld allein macht nicht glücklich! Allein, was Sie damit machen, ist entscheidend!
Stellen Sie sich zum Beispiel vor, wie Sie glücklich, romantisch mit Ihrem Liebsten durchs Leben gehen. Stellen Sie sich vor, was Sie alles zusammen erleben.
Lassen Sie es zu, Gefühle zu investieren – in Ihre Vorstellung von einer glücklichen Partnerschaft.
Stellen Sie sich vor, vollkommen gesund zu sein, in dieser Ihrer neuen und liebevollen Beziehung, in der Sie leben und alle Fülle genießen.
Fällt Ihnen auf, dass man diese Fülle ganz und gar teilen muss, um sie zu erleben?
Im Teilen siegt die Anziehung.
Wer zu teilen vermag kann alles anziehen.

Beschreibung des Symbols:
Der Mensch ist wie ein Gefäß, in das das Göttliche unentwegt seine Essenz ergießt. Welche Eigenschaften diese Essenz bekommt, hängt von der Geisteskraft, vom Unterscheidungsvermögen und von der Liebesfähigkeit des Individuums ab.

GELD

Geld ist die 3. Stufe der Kombination von WISSEN und M(m)acht, und als solches hat Geld die ehrenvolle Aufgabe sichtbar zu machen, was machtvoll anerkannt und mit Wissen umgesetzt wurde.
Man unterschätzt den Wert des Geldes häufig, indem man in ihm nur den „schnöden Mammon" sieht. Geld ist ein Synonym für die vorherrschenden Gedanken, für die gewohnten Gedanken, für die „eingebläuten" Gedanken. Gedanken verändern die Welt! Nicht das Geld! Aber mit dem Geld, das Sie gedanklich manifestieren, haben Sie eine neue Wahlmöglichkeit. UND DAS verändert die Welt. Geld ist immer eine Form der Energie, die sich manifestiert. Und wie oder auf welche Weise das geschieht ist das Resultat einer Reihe von Prozessen im Gehirn und im Gemüt eines Einzelnen oder eines Kollektivs. Wenn die Menschen wüssten, dass das Geld keinen Cent wert ist, wären sie wahrscheinlich immer noch genau so wild und begierig darauf! Nur das Wort allein löst schon eine Art Erregung aus. Der Anblick von Geld kann auch ganz schön einschüchternd sein. Geld wird in Zahlen ausgedrückt. Ist Ihnen schon aufgefallen, dass eine Zahl mit vielen Nullen hinten dran einen größeren Stellenwert einnimmt und Summen mit weniger Nullen weniger begehrenswert sind? Von der Numerologie aus betrachtet ist das höchst interessant, denn da wird der Null nicht besonders viel Aufmerksamkeit zuteil. Im Tarot ist die Null „der Narr". Also lassen wir uns auf einen Haufen von Narren ein, wenn wir denken, dass die Null nach der Zahl von Bedeutung ist? Wenn ein Produkt etwa 100 Euro kostet erscheint es uns teuer. Steht am Preisschild 99 Euro ist die Hemmschwelle, das Produkt zu kaufen, wesentlich geringer. Zwei Nullen erwecken den Eindruck von „zu teuer" und 99 ist ok. Aber bedenken sie auch denjenigen, der sich das ausgedacht hat. Er hat einen echten Wert erhalten. Er hat 99 Euro bekommen, nicht einen Euro und zwei Nullen. Vom energetischen Standpunkt aus ist das etwas völlig anderes. Von außen betrachtet mag es sich um 1,- Euro handeln, aber in Wirklichkeit ist es ein großer Unterschied wenn man bedenkt, dass 99 eine Basis für weitere 99 darstellt, die 1 aber nur die Basis für eine weitere 1 ist. Die Null ist der Narr, den wir aus uns machen lassen. Eine Alltagsfloskel lautet, dass wir uns mit einer NULL, und damit meinen wir eine Person(!), nicht abgeben wollen. Beim Geld schon? Was ich mit diesem Beispiel erreichen möchte: Visualisieren Sie beim Wünschen von Geld jene Summen und Zahlen, die auch tatsächlich einen Wert darstellen.
Ein *Beispiel*: Ihr Wunsch ist ein Haus mit Garten im Wert von ca. 1 Million Euro. Jetzt gehen Sie davon aus, dass Sie sich 1 000 000 manifestieren müssen. Die haben Sie doch schon längst! Einen Euro und ein paar von Nullen ein Etwas von Nichts ... Sie verstehen? Ihr neuer, besserer Zugang ist, dass Sie sich für das oben genannte Beispiel ab sofort 999.999 Euro manifestieren, indem Sie diese Zahl erstens gedanklich festhalten. Zweitens müssen Sie Ihren Willen trainieren – er muss neu geschult werden. Der dritte Schritt ist, das, was im Symbol als Geld bezeichnet wird, nicht zu eng zu sehen. Es kann eine entscheidende Idee kommen, Sie erfinden etwas Sensationelles und erhalten für Ihr Patent die Summe, die sie sich wünschen. Oder Ihre Ausdauer wird belohnt, oder Ihre Geistesgegenwart rettet jemandem das Leben und der wiederum schenkt Ihnen Ihr Traumhaus ... Was immer geschieht, geschieht nur dann, wenn Sie sich dafür öffnen!
Genauer gesagt, bleiben Sie in Gedanken und mit Ihren Emotionen bei dem, was sie wollen und weniger an dem was es kostet, und halten Sie daran fest.
Um Geld zu manifestieren, muss man sich nur daran erinnern, dass es sich um Energie handelt. Energie folgt der Aufmerksamkeit! Lenken sie Ihre Aufmerksamkeit in das, was Sie WOLLEN und nicht in den Mangel.

Beschreibung des Symbols:
Das Symbol besteht aus einem Kreis, der die Erde darstellt. Die Erde ist die Manifestation der Gedanken und des Wunsches des Schöpfers. Die schwungvolle Linie stellt den Menschen dar. Der Mensch ist nicht in der Lage, aus einem anderen Teil des Universums einen Euro zu formen, er muss sich in Sachen Materie schon an Mutter Erde wenden.

Geld

Dreiergruppe

WISSEN	Gutes Denken
Macht	Wille
GELD	Glück

GLÜCK

Diese Ausdrücke stehen hier für Wahlmöglichkeiten.
Glück ist für den einen ein emotionales Erlebnis im Bereich der Liebesangelegenheiten und für einen anderen ist es Glück im Spiel. Glück zu haben bedeutet Glück zu besitzen. Sich Glück zu wünschen setzt voraus, dass Sie davon ausgehen, es noch nicht zu haben. Es drückt Mangel aus, so wie es immer ein Bekenntnis dessen ist, von einer Sache nicht genug, zu wenig oder gar nichts zu haben, wenn man es sich wünscht. Jemandem Glück zu wünschen ist eine Sache von Großzügigkeit, die breit gefächert sein kann. Glückwünsche zum Geburtstag, zum Hochzeitstag, zum neuen Jahr beinhalten, dass der Überbringer stets davon ausgeht, dass Sie wissen, wofür Sie das Glück, das man Ihnen wünscht, einsetzen werden. Es ist eigentlich ein Geschenk, das sehr oft nur leichtfertig ausgedrückt und auch oft nur mit einem nichtssagenden Lächeln angenommen wird. Will man aber das dargebrachte Gute und die Echtheit des Wortes Glück wirklich umsetzen bzw. die Erfahrung davon machen, so muss man mit dem eigenen Willen Kraft und Macht in diesen Wunsch einbringen. Ein Glückwunsch kann somit viel mehr sein als nur ein Wort. Es kann, wenn Sie es wollen wirklich Glück in der Liebe bringen! Glück für das neue Jahr! Glück für die Eröffnung einer Firma!
Jedes Mal, wenn Ihnen jemand Glück wünscht, könnte das eine Gelegenheit sein, mehr zu erhalten als Sie sich je vorgestellt haben. Denn es heißt: „Wo mehr als zwei Menschen sich für eine Sache einsetzen wird sich der Erfolg vervielfältigen!“ Nehmen wir an, Sie feiern eine Housewormingparty und haben dazu 12 Freunde eingeladen. Jeder dieser 12 Personen bringt ein Geschenk mit und eine Karte mit dem Wunsch, dass es Ihnen GUT gehe und dass Sie GLÜCK haben mögen. 12-mal wird das schriftlich festgelegt und 12-mal wird es meistens sogar ausgesprochen.
Erwarten Sie Glück! Hoffen Sie nicht – das ist ein Luxus, den sich nur einfältige Menschen einreden lassen. Es ist wesentlich mehr Erfolg im Gelingen, wenn Sie das, was Sie WOLLEN, auch tatsächlich erwarten! Wenn Sie bei dieser Einstellung erst mal angelangt sind, wird es Ihnen auch besser gelingen, ganz klar Glück zu fordern.
Wenn Sie nun in Erwägung ziehen, dass Sie das, was Sie noch nicht besitzen, in Anspruch nehmen, dann bekommt das Ansinnen eine andere Dynamik, finden Sie nicht auch?
Ihr WILLE entscheidet, ob Sie Glück haben werden! Wenn sie Glück wollen, werden Sie Glück haben! Darauf folgt der Erfolg, der Wohlstand!
Die Dankbarkeit hat ihren besonderen Stellenwert in dieser Zusammenstellung. Wenn sie lernen für alles, wovon Sie sich Glück erwarten, ein Gefühl der Dankbarkeit zu entwickeln wird es Ihnen helfen das Glück auf Ihre Seite zu ziehen!
Formulieren Sie Ihre Erwartung ans Glück und die Dankbarkeit dafür! Einige Beispiele, wie solche Sätze beginnen können, habe ich hier zusammengetragen. Sie können selbstverständlich in jeder beliebigen Form abgewandelt werden:
Ich gehe heute zu einem Date und erwarte ... – Ich bin voll Dankbarkeit für das Glück dieses Abends.
Ich gehe heute Abend ins Spielkasino (das ist ein gewagter Vorstoß!) ... – Ich bin voll Dankbarkeit für die vielen glücklichen Eingebungen, die ich haben werde!
Ich habe einen wichtigen Geschäftstermin vor mir ... – Ich bin sehr gut vorbereitet für dieses Treffen, und freue mich voll Dankbarkeit auf die Erfahrung, die ich machen werde. Falls es unerwartete Ereignisse gibt erwarte ich, dass das Glück auf meiner Seite ist!
Ziehen Sie Glück in Ihr Leben! Unter „ziehen“ verstehe ich eine aktive geistige Forderung! – Ich ziehe von nun an Glück in mein Leben ... Glück in mein Geschäft ...

Glück

Dreiergruppe

WISSEN Gutes Wollen
Macht Entscheidung
GELD Erfolg
ER – folgt wie?

ERFOLG

ER – folgt wie? ER – folgt wem? ER – folgt warum? ER – folgt was? ER – folgt wann?
Der Erfolg ist immer dann vorhanden, wenn ihm etwas vorausgeht.
Sie können den Erfolg planen, Sie können dem Erfolg aber auch hinterherrennen. Beides ist eine aktive Handlung. Erfolg stellt sich ein, wenn Sie ihm eine geistige Aufforderung geben, zu erscheinen. Erfolg ist von verschiedenen Faktoren abhängig. Zum Beispiel vom guten Wetter oder dem schlechten Wetter. Es gibt Sportler, die gewinnen nur wenn es regnet, weil sie bei nassen Verhältnissen eine günstigere Einstellung mitbringen als die meisten anderen Mitbewerber.
Also hat Erfolg etwas mit Ihrer Einstellung zu tun? Ich antworte mit einem klaren JA. Wer Erfolg haben will, muss sich dazu bereit erklären und eine Abmachung mit sich selbst treffen: Ich will erfolgreich sein und ich werde mein Ziel erreichen. Das ist wichtig, denn: Auch Misserfolg hat seinen Reiz! Haben Sie schon einmal erlebt, wie es so manch einer schafft, trotz seiner ständigen Misserfolge im Rampenlicht zu stehen oder wie es einem verlassenen Partner oft leichter fällt die Gunst der Mitmenschen auf seine Seite zu ziehen. Erfolgreich zu sein hat seinen Preis, so heißt es doch? Der Preis ist weniger der Schweiß und das investierte Geld, es ist vielmehr der Preis, allein zu sein, ganz oben auf dem Siegerpodest. Dort ist kein Platz für einen Zweiten. Und der Druck, der auf einem ersten Erfolg lastet, ist auch nicht zu verachten. Schließlich erwartet nun die ganze Welt, dass das so weitergeht. Schlimmer noch, es wird gefordert, dass es noch bessere und weitaus spektakulärere Erfolge geben wird. Ich rate Ihnen, genau zu wissen, was Ihr Ziel ist und diesem Ziel zu folgen, selbst wenn Sie merken, dass es tatsächlich erreicht wird. Wahrscheinlich gibt es auch in Ihrem Leben Personen, von denen Sie wissen, dass sie es besser können und trotzdem hinter einer anderen Person zurückbleiben. Ist es Feigheit oder ist es einfach nur Angst vor der Herausforderung, auch dann weiterzumachen, wenn andere schon längst das Handtuch geworfen haben? Es gibt Studien, die besagen, dass die größte Angst des Menschen darin besteht, vor anderen Menschen zu reden. Es ist die Angst vor dem Versagen! Erfolgreichen Menschen ist eines gemeinsam: Sie versagen sich diese Angst vor dem Versagen, sie ignorieren den Neid der Versager, sie geben sich voll und ganz der Idee hin, Erfolg zu haben. Eine andere Sache ist, ErfolgREICH zu sein. ErfolgREICH sind jene Menschen, die den Erfolg zum Wohle aller Beteiligten erzielen. Denn sie haben nicht nur den Wert daraus (das Geld) erzielt, sondern auch das Gefühl einer wohlwollenden Handlung.

Erfolg ist abhängig von
- der Entscheidung, die Sie zu treffen haben, und dem Willen.
- der Konzentration und der gezielten Aufmerksamkeit.

Eine Affirmation dafür könnte lauten:
Ich entscheide mich für …
(setzen Sie etwas ein, das für Sie wichtig genug ist, um erfolgreich zum Abschluss geführt zu werden)
und ich will dies erreichen!
Wenn es für Sie stimmig ist könnten Sie noch die Worte hinzufügen „zum Wohle aller Beteiligten“

Beschreibung des Symbols:
Die Erde, eine Sphäre, aus der der Kreis gebildet ist, mit einer in sich entwickelnden Blüte, die nach außen drängt. Die Welle, die den Lebensweg symbolisiert und alles balanciert, zeigt an, dass Erfolg ein Akt ist, der voraussetzt, dass Sie das Gleichgewicht halten obwohl alles in Bewegung ist.

Erfolg

Dreiergruppe

WISSEN Glaube – Hoffnung – Liebe
Macht Widerstand auflösen
GELD Kompetenz

Wohlstand – Reichtum

Wohlstand und Reichtum liegen nahe beieinander und würden wohl einen neuen Ausdruck brauchen, wenn sie exakt dasselbe auszudrücken wünschten.
Was unterscheidet jemanden der „reich" ist von dem der „wohlhabend" ist? Wobei eines das andere keinesfalls ausschließt.
Betrachten Sie bitte auch die Reihenfolge in der der Sachverhalt aufgebaut ist:
GELD – Wohlstand – Reichtum

Der Wohlstand hat in erster Linie mit der Materie zu tun. Ein Mensch, der wohlhabend ist, kann sehr viele Besitztümer sein Eigen nennen und dennoch sehr arm sein.

Der Reichtum setzt sich aus dem zusammen, was in machtvoller Tatkraft im Inneren so wie im Äußeren entstanden ist. Dankbarkeit ist ein sehr zartes und vielseitig einsetzbares, unschätzbares Instrument. Wer Dankbarkeit zu seinem Lebensprinzip macht, wird unweigerlich das ernten, wofür er dankbar ist!

Die Frage, die sich hier nun stellt lautet: Wollen Sie wohlhabend oder wollen Sie reich werden?
Wohlhabend zu werden ist gar nicht so schwer. Richten Sie Ihre Gedanken auf die materiellen Wünsche, von denen Sie überzeugt sind, dass Sie diese wollen und verschwenden Sie keinen Gedanken an ein „WIE wird sich das manifestieren?" Ein Hinterfragen erfordert unangemessene Kraftverschwendung. In der Zeit, in der Sie sich mit unnötigen Fragen beschäftigen, könnten Sie zum Beispiel visualisieren wie Ihr Traumobjekt aussieht, wie es sich anfühlt, wie Sie es in Besitz nehmen. Glauben Sie mir! Ich selbst und auch einige meiner Kunden haben das schon oft ausprobiert. Sie können alles manifestieren, von dem Sie überzeugt sind, dass Sie es wirklich haben wollen. Das nennt man Wohlhabend!
Reichtum ist dem materiellen Besitz gegenüber erhabener. Um reich zu sein ist es nicht unbedingt notwendig, ein dickes Bankkonto zu haben. Aber es schließt den materiellen Wert mit ein. Reich ist derjenige, der in jeder Situation etwas entdeckt, das von Wert ist! Ein reicher Mensch erkennt das Leben als so wertvoll an, dass dieses Leben zu leben für ihn die beste Investition ist, die er machen kann.
Leben leben, Leben erkennen, Leben annehmen ist Reichtum.

Beschreibung des Symbols:
Das Symbol ist ein sehr komplexes Zusammenspiel von „Innen" und „Außen". Alles ist schön, das Oben und das Unten. Die Welle ist die symbolhafte Darstellung eines Menschen. Die Mutter allen Seins ist das Wasser, aus dem das Leben entsteht. Von oben aus der kosmischen Sphäre werden die Elektronen immer schwerer und schwerer, sodass Sie schließlich als „Gold" in den Schoss von Mutter Erde sinken. Jeder darf sich davon nehmen!

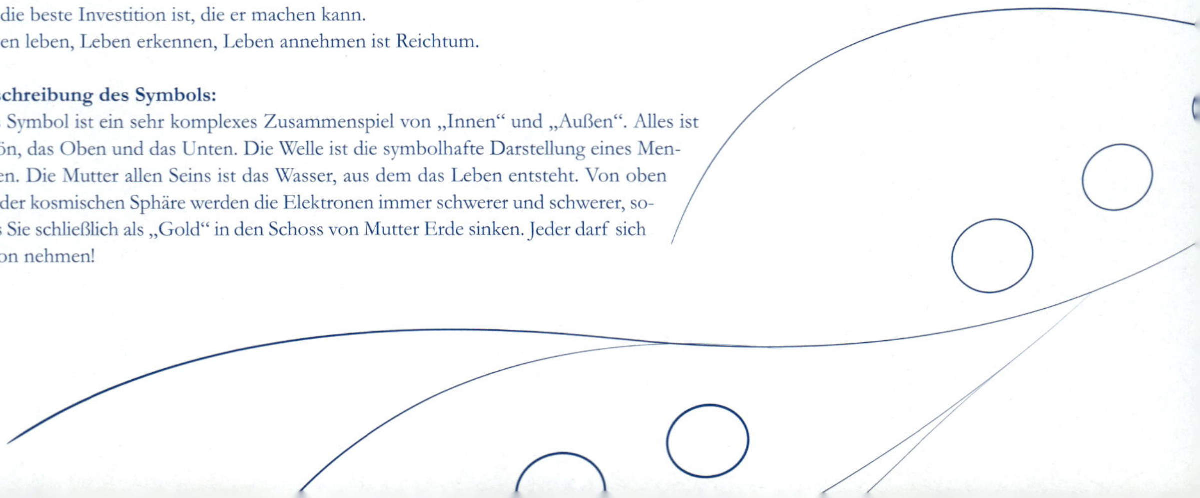

Wohlstand

IDEE

Fast jeder hatte schon mal eine zündende Idee und konnte sie einfach nicht umsetzen. Entweder fehlten die Mittel oder die Ausdauer oder es gab sonst einen Hinderungsgrund. Oder das Gegenteil: Es wird eine Idee dringend gebraucht und ... keine stellt sich ein! Oder Sie hatten eine Idee, vergaßen sie aber schnell wieder. So ähnlich verhält es sich mit Träumen, man vergisst sie, sobald die Aufmerksamkeit ins Tagesbewusstsein gelenkt ist. Dabei gibt es in den Träumen so viel Potenzial für gute und unerwartete Ideen. Wenn Sie etwas umsetzen wollen und keine Idee dazu haben, so schlafen Sie einfach einmal darüber und die Idee wird sich einstellen. Aus der Bibel kommt: „Den Seinen gab's der Herr im Schlaf." Genauer ausgedrückt heißt das, dass Ideen am besten entstehen wenn man im Ruhezustand ist.
Ideen sind kostbar – Gold wert! Ideen werden verkauft und sind sehr gefragt. Keine Firma wäre entstanden oder könnte überleben ohne die Kreativität und dem Ideenreichtum Ihrer Begründer.
Eine Idee ist ein Geschenk. So wie ein Kind ein Geschenk des Himmels ist. Eine Idee entsteht auch so ähnlich wie ein Kind. Da gibt es unzählige Samen, die nur darauf warten, befruchtet zu werden. Von wem? Von Ihnen! Ihre Bereitschaft und ihre Hingabe bilden den Schoß, in dem der Samen Früchte tragen kann. Ihre Emotion ist die Lust und die Freude, die am Entstehen so entscheidend sind.

Sie werden durch Ihre Umwelt (von den Medien über die Nachbarn bis hin zur Natur), Ihrer Erziehung (Eltern, Lehrer, Priester ...) und Ihrer Einstellung zu all diesen geprägt. Ihre Ideen sind von daher meistens an diese Welt, in der Sie agieren, angepasst. Gehen wir davon aus, dass Sie an mehr Geld, Erfolg, Wohlstand interessiert sind, nach die (sonst würden Sie wohl kaum dies hier lesen) dann stelle ich in den Raum, dass Sie einen gewissen Mangel spüren. Um diesen Mangel in Fülle umzuwandeln bedarf es so wie es aussieht einer IDEE, oder?!
Das heißt in weiterer Folge, dass Sie sich für eine unerwartete Lösung öffnen sollten bzw. dürfen. Denn Ideen sind in den meisten Fällen etwas Unerwartetes. Das bedeutet aber auch, dass man dieses Unerwartete erst einmal ablehnt, weil neu, weil unbehaglich, weil ... und da sind sicher noch einige Weil's! Es fällt den Menschen schwer anzuerkennen, dass die Situation, in der sie leben und in der sie sich gleichzeitig unwohl fühlen, sehr wohl verlassen werden kann. Und dass es da an tollen, guten Ideen keinesfalls mangelt. Nur sehen das die meisten nicht! Hören wollen sie die neue gute Idee auch nicht. IDEEn umsetzen bringt Arbeit mit sich! Und wer arbeitet schon gern. Noch dazu, wo man doch noch gar nicht absehen kann, ob es nur ein Hirngespinst ist oder ob es tatsächlich eine grandiose Idee ist.
Mit diesem Symbol wird es Ihnen leichter fallen, Ihre Eingebungen, Ihre Ideen genauer zu studieren. Sie werden auch leichter Zugang zu der inneren Instanz finden, die mit Sicherheit nur gute Ideen von sich gibt.
Wussten Sie, dass jeder Mensch am Tag mindestens 8 Ideen zu dem einen oder anderen Thema hat. Ideen produzieren ist Trainingssache. Empfehlenswert ist, sich alles sofort zu notieren. Denn man vergisst so leicht wieder!

Beschreibung des Symbols:
Das Symbol besteht aus der bereits bekannten schwungvollen Linie, die den Menschen und seine Lebensenergie darstellt. Einem offenen Dreieck oberhalb und einem offenen Dreieck unterhalb der Linie. Offen bedeutet, offen für die Eingebung von oben und offen für die Eingebung von unten zu sein. Dreiecksformen bedeuten Feuerenergie. Es ist wichtig zu

Idee

wissen, dass eine Idee uns mit Feuer und Flamme (Enthusiasmus) ausstattet, damit wir sie auch durchzuziehen im Stande sind.
Hinter jeder Idee steckt eine Emotion! Das Befriedigen der Emotion ist der Hauptfaktor für das Umsetzen der Idee. Die Stärke der Emotion ist der Motor. Es kann ein Ferrari- oder ein Mopedmotor sein. Sie entscheiden, welche Dynamik Sie einer Idee geben, indem Sie die Emotion untersuchen.

Hier eine **Geistesübung** zum Symbol IDEE

Am besten legen Sie sich hin und schließen die Augen.
Stellen Sie sich vor, Sie sind eine Empfangsstation. Die liegende schwungvolle Welle sind Sie ...
Sie werden getragen von der bisher gelebten Weisheit, die aus dem unteren sich weit öffnenden Dreieck kommt. Alle Ihre Lebenserfahrung wird hier aussondiert und das Beste von allem kommt an die Oberfläche, dringt in Ihren Körper und in Ihr Bewusstsein ein, in Ihre Gedanken – macht Sie stark und selbstsicher. Sie wissen, dass alles in Ihrem Leben aus gutem Grund geschehen ist! Dass jede Erfahrung Sie beschenkt hat, auch das offensichtlich Unangenehme nur Training war, um zu erkennen, dass Sie es von nun an nicht mehr brauchen. Sie sind JETZT offen für Ihre wunderbare, erfolgreiche, glückliche Zukunft ...
Bleiben Sie einige Atemzüge ganz in diesem Gefühl der Zuversicht, des Vertrauens und der Geschmeidigkeit des Augenblicks.

Wenn die Welle in Ihnen sanft und ruhig geworden ist lenken Sie Ihre Aufmerksamkeit in das Dreieck, das von Oben auf Sie zukommt. Es ist wie ein postmoderner Fernseher, in dem Sie zuerst einmal den Sender finden müssen, auf dem Sie sehen wollen. Wollen Sie im Privatleben, im Geschäftsleben inspiriert werden, wollen Sie einen Urlaub machen und wissen noch nicht wo oder wie Sie diesen finanzieren – was auch immer Ihre Ideen anregen soll, Sie müssen es zuerst definieren. JETZT entscheiden Sie, welches Thema Sie heute, hier und jetzt sehen wollen.

Erfahrungsgemäß ist es so, dass alle anderen Themen, von denen Sie JETZT nichts wissen wollen, sich in den Vordergrund drängen. Sie können das fast nicht verhindern. Aber Sie können aufmerksam sein, denn in diesen vorbeiziehenden Gedanken stecken die „Hinderungsgründe“. DESHALB: Lassen Sie diesen Gedanken Ihre Daseinsberechtigung, so wie Sie auch anderen Kanälen im Fernsehen Ihr Recht lassen, aber switchen Sie einfach weiter. Wenn Sie einem dieser Kanäle eine kleine Weile Zeit einräumen und hinschauen, verpassen Sie eine wichtige Stelle von dem „Film“, den Sie eigentlich sehen wollten. Erst mit ein wenig Übung werden Sie wissen, aha Kanal 14 ist der Film mit diesem Thema, Kanal 3 ist das oder jenes Thema. Bis Sie das automatisch einstellen können, rate ich Ihnen, am Anfang der Übung die Gedanken kommen zu lassen und ganz locker und gelassen weiter zu switchen ohne zu verharren, jedoch wohl wahrnehmend was es alles gibt. In dem Moment, wo Sie das geschehen lassen können, wird es Ihnen leicht fallen, Ihren Film zu finden und nur diesen anzusehen. Sie wählen, indem Sie vorher definieren, welcher Bereich eine Idee braucht!

Nach einer Weile des Gedanken Ansehens sollten Sie Ihre Aufmerksamkeit in Ihren Körper lenken. Sie tun dies, indem Sie Ihren Atem bewusst zu den Füßen lenken. Spüren Sie Ihre Füße von innen heraus. Gehen Sie mit der Aufmerksamkeit zuerst in den rechten Fuß.

Nun fühlen Sie, wie das von oben kommende Dreieck wie ein Trichter eine imaginäre Flüssigkeit in Ihre Füße fließen lässt. Nun stellen Sie sich vor, diese wundersame Flüssigkeit steigt ganz langsam entlang Ihres Beines bis zum Becken.
Jetzt geht das Dreieck, der Trichter, zum linken Bein und beginnt auch hier Flüssigkeit einzutropfen, fährt dann am Bein entlang – sehr behutsam, sehr bedächtig – bis es bis zum Becken gefüllt ist. Das Becken wird angefüllt mit der Energie der Flüssigkeit aus beiden Beinen.
Genießen Sie eine kleine Weile und kommen dann in Ihrem Tempo, mit Ihrer Aufmerksamkeit zum Kopf und zum Punkt zwischen den Augenbrauen. Nehmen Sie wahr, wie dort ein Trichter über diesem Punkt entsteht, wie aus diesem Trichter eine Flüssigkeit in Ihr drittes Auge tropft.
Lassen Sie sich Zeit!
Bleiben Sie ganz und gar ruhig und frei von Bewertung!
Je weniger Sie dabei versuchen, etwas zu interpretieren, umso größer wird der „Einfluss“ aus den geistigen Ebenen sein. Die imaginäre Flüssigkeit fließt in Ihren Hypothalamus und kann auf diese Weise im gesamten Körper aufgenommen werden.

Sie haben die Macht diese Energie, dieses Geschenk, wenn Sie so wollen, in Ihrem Körper überall dahin zu lenken, wohin Sie wollen. Oder Sie nehmen einfach eine Dusche mit dieser Flüssigkeit. Eine große Hilfe dabei ist, den Atem zu benutzen. Sie atmen tief in das 3. Auge ein und lassen beim Ausatmen der Energie langsam durch den Körper fließen. Es entstehen durch diese Art der Aufmerksamkeit neue Wege und unbekannte, doch meist sehr vertraute, Kräfte in Ihnen erwachen.

Die Erfahrung mit dieser Art von Meditation hat gezeigt, dass die Personen gerne einige Augenblicke glauben eingeschlafen zu sein. Sobald Sie diese Gefühl überkommt: „Jetzt hab ich geschlafen“, öffnen Sie Ihre Augen noch nicht, fühlen Sie das Erlebte noch einmal nach. Erst dann öffnen Sie die Augen, um sich Notizen zu machen. Tun Sie das! Auch wenn Sie glauben, nichts notieren zu müssen, denn es ist ja offensichtlich nichts geschehen. Nehmen Sie sich trotzdem die Zeit und machen sich die Mühe, um das, was nicht geschah, aufzuschreiben!
Ideen habe ihre Schleichwege um sich zu offenbaren!
Lassen Sie den Ideen den Spaß, und Sie werden viel Glück und viel Freude daran haben!

Dreiergruppe

WISSEN	Glaube – Hoffnung – Liebe
Macht	Widerstand auflösen
GELD	Kompetenz

KOMPETENZ

In dieser Dreiergruppe geht es darum, herauszufinden, wie Sie sich neue Bereiche erobern können. Bereiche, in denen sie – und nur Sie – brillieren. Niemand stellt in Zweifel, dass es nur Ihnen gelingt, eine Sache zum Abschluss zu bringen. Ihre Zuständigkeit wird durch die Arbeit mit diesem Symbol auf eine ganz persönliche Weise definiert. Das kann alles sein, wonach Sie streben. Und glauben Sie mir, es geschieht oft auf eine denkbar unwahrscheinliche Weise. Wenn Sie etwas erreichen wollen und das schon seit geraumer Zeit, dann haben Sie ganz offensichtlich noch keinen Bereich gewählt, der Ihnen die Wege bereitet und Türen öffnet. Schauen wir uns die Abwicklung an, so erkennen Sie schon, dass es um einige Glaubensbarrieren geht, um Hoffnungen und Liebe.

Bitte was hat das jetzt mit Kompetenz zu tun? Ich sage es Ihnen: Wenn Sie an eine Sache glauben und alle Ihre Hoffnung dazu verschenken und dazu mit aller Liebe handeln, wird man Sie zum Partner wählen und keinen anderen. Widerstände sind niemals im außen zu finden, sondern immer und wirklich immer in uns Selbst. Lösen Sie Ihre Widerstände auf und finden Sie dadurch Ihre neuen und erfolgreichen Zuständigkeiten.
Zu Ihrem besseren Verständnis hier ein Beispiel: Ich kenne einen wirklich erfolgreichen Immobilien-Mann. Er handelt schon seit vielen Jahren mit Immobilien. Er kauft die günstigsten Objekte ein. Warum bekommt er sie so günstig? Weil – und jetzt halten Sie sich fest – er ein kompetenter Klavierhändler ist. Klaviere sind sein Leben! Er liebt Klaviere! Und er hofft immer darauf, ein noch besseres Stück zu finden. Und weil Klaviere fast bei jeder Erbschaft verkauft werden – so wie die geerbte Immobilie – kommt er als DIE Kompetenz in Klavierfragen zuerst ins Haus, lange bevor ein Makler überhaupt in Erwägung gezogen wird, denn das Klavier muss ja weg!
Verstehen Sie jetzt, was ich unter Zuständigkeiten, Kompetenzen meine? Suchen Sie sich einen Bereich aus, der nur auf Sie zugeschnitten ist und der Erfolg ist Ihrer!

Kompetenz ist in erster Linie eine Ausstrahlungssache.

Verweilen sie für einige Minuten mit Ihrer Aufmerksamkeit bei dem Symbol.
Das Symbol wir Ihrem Unbewussten helfen, eine stabile und sich fortschreitend entwickelnde Kompetenz zu finden.

Beschreibung des Symbols:
Die schwungvolle Linie ist wieder die symbolhafte Darstellung des Menschen und seines Lebensweges. Die Dreiecke sind mit der Öffnung nach unten gerichtet, sodass die Ausschüttung bereits stattgefunden hat. Die Idee ist schon präsent, hat bereits offenbart, manifestiert. Jetzt geht es darum, die gewinnbringende Idee kompetent umzusetzen, sowohl geistig als auch physisch.

Kompetenz

Dreiergruppe

Wissen	Die Kraft des Seins
Macht	Loslassen
Geld	Konzentration

AUSDAUER

Ausdauer ist die am schwierigsten zu manifestierende Eigenschaft. Geduld und Ausdauer sind Geschwister, die sich mit den Menschen auskennen, die alles am liebsten gestern erreicht hätten.
Wer Ausdauer hat, weiß auch besser zu schätzen, was erreicht wurde. Sagt man so! Ist das so? Ich weiß nicht so recht ...
Ich bin Steinbock und von Natur aus mit einem langen Atem ausgezeichnet, aber ich muss gestehen, dass ich mich immer mehr freue wenn etwas schnell und reibungslos über die Bühne geht.
Bei Geldanlagen sollte man Ausdauer haben.
In Liebesangelegenheiten sollte man Ausdauer haben.
Mit Kindern sollte man Ausdauer haben.
Kinder, Liebe, Geld sind Beispiele, von denen ich weiß, dass sie von vielen Menschen angestrebt werden, und doch wundert es die meisten, dass Ausdauer doch ein etwas schwieriges Unterfangen ist.
Gut Ding braucht lang Weile, sagt der Volksmund. Es kann ja auch eine schöne Zeit sein, in der Sie Ausdauer praktizieren.
Aus dem Bereich WISSEN wird die Leichtigkeit angeboten, was so viel bedeutet wie „ausdauernd – aber schön cool und flockig bleiben".
Die MACHT, die hinter dem ganzen Unternehmen steckt, ist der „Neubeginn". Der Beginn Ihres neuen Erfolges, Ihres neuen Wachstums, Ihrer neuen Geldquelle!
Warum ist Ausdauer von so großer Wichtigkeit? Wenn wir lernen, rechtzeitig den Zeitfaktor mit einzubeziehen, dann bleiben Enttäuschungen aus. Der Rahmen der Ausdauer sollte nicht überzogen sein, aber gleichermaßen wichtig wie das Unternehmen, für das Sie Ausdauer mit einkalkulieren. Wer zum Beispiel einmal mit arabischen Personen Geschäfte gemacht hat weiß, dass es niemals in dem Tempo abgehandelt wird wie wir Österreicher das gewohnt sind. Wer da keine Ausdauer in seine Geschäftsanbahnungsideen mit einbezieht, der hat es schon viel schwieriger. Wer sich einen Fond aufbauen will, braucht Ausdauer. Wer sich ein neues Geschäft aufbauen will, braucht auch Ausdauer. Für alle neuen Unternehmungen ist Ausdauer von immenser Wichtigkeit.
Für mein Dafürhalten habe ich mit der Ausdauer immer einen guten Deal gemacht. Alles geschieht zur angemessenen Zeit! Um allerdings nicht in die unerwünschte Energie des Wartens zu geraten bediene ich mich einer Version die da heißt: Ich lasse immer ein bis fünf Dinge gleichzeitig laufen, somit gibt es stets etwas zu tun.

Beschreibung des Symbols
Die Welle die den Weg des Menschen beschreibt. An Ihr hängen ein Dreieck und eine halbe Welle. Während des Weges kann es schon mal ein kleines Feuer geben, das wird vom angedeuteten Dreieck angezeigt, oder es kommen unerwartete Wogen, wie die halbe Welle zeigt. Das Symbol hilft Ihnen mit den verschiedenen Situationen während der Ausdauerphase umzugehen, in dem Sie daran erinnert werden, dass es ganz normal ist, wenn sich etwas möglicherweise Unerwartetes tut.

Der Mensch mit Ausdauer wird letztlich den Erfolg einfahren!

Ausdauer

Dreiergruppe

WISSEN	Sieg ohne Kampf – Vertrau
Macht	Vergeben
GELD	Geistesgegenwart

GEISTESGEGENWART

Dieses Symbol ist meiner Meinung nach eines der Wichtigsten überhaupt.
Mit Geistesgegenwart sind Sie immer und allezeit gegenwärtig im Augenblick verankert, im Zentrum des Universums. Denn alles, was ist, und alles, was je war, trifft sich im gegenwärtigen Moment, in der Gegenwart, im Jetzt!
Die Schönheit und Klarheit, die in einem einzigen Augenblick zutage kommen kann, ist unbeschreiblich. Sicher haben Sie schon erlebt, dass Sie ein und dasselbe Ding jahrelang sahen und urplötzlich öffnete sich für Sie der Blick in einem Augenblick der Klarheit und Sie konnten eine Schönheit entdecken, die vorher nicht sichtbar war. Sie war genauso da gewesen, nur eben übersehen worden. Wer es schafft in der Gegenwart präsent zu sein, einzutauchen in diese eine winzige Schlaufe der Zeit, bekommt einen Einblick in Weiten und Sphären, die hier keine Worte finden. Von dort kommen die Ideen, von dort kommt die Einsicht, von dort kommt Vergebung, von dort kommt die Liebe zu allem, was ist, von dort kommt Vertrauen, von dort kommt die Inspiration, die Kraft und die Macht. Von dort kommt auch die Sehnsucht, nach mehr ... Es ist ein Blick in die Unendlichkeit, ein Blick in das, was alles sein kann und sein wird ... wenn Sie es wollen.
Mit dem Geist in der Gegenwart sein, heißt: SELBST SEIN!

Eine Atemübung zur Verankerung:
Atmen ist der beste Weg zu diesem einen entscheidenden Moment, den sie erkennen, wenn er da ist und den Sie danach immer wieder aufsuchen werden. Den geistesgegenwärtigen Moment!
Atmen bedeutet Gegenwart. Atmen bedeutet sich spüren in der Gegenwart.
Atmen bedeutet sich annehmen in der Gegenwart.
Atmen bedeutet sich seines Körpers ganz und gar bewusst zu sein – in der Gegenwart.
Atmen bedeutet SICH atmen im Jetzt.
Niemand atmet in der Vergangenheit. Niemand atmet in der Zukunft.
Jeder atmet in der Gegenwart.
Sie atmen jetzt ein. Sie atmen jetzt aus. Sie atmen jetzt ein. Sie atmen jetzt aus.
Einatmen und genau in dem Augenblick, in dem der Atem tauscht und sanft zum Ausatmen wird, ist der Moment der Einsicht - der EIN-s i c h t. Richten Sie nun Ihre Aufmerksamkeit in den Bereich zwischen den Augenbrauen und versetzen Sie Ihren Geist, Ihre Konzentration etwa zwei Zentimeter in die Stirn, in den Kopf hinein zu Ihrem 3. Auge. Wenn Sie dort gut „sitzen", bleiben Sie dort und beobachten Ihren Atem vom Thron des Geistes aus. Nur beobachten – wie Sie einatmen und den sanften Wechsel zum Ausatmen. Und wieder erfolgt ein sanfter Wechsel zum Einatmen, um wieder sanft zum Ausatmen zu werden.
Wenn Sie jeden Tag für ein paar Minuten – wenn möglich immer zur gleichen Zeit – diese Beobachterrolle einnehmen, wird Ihnen eines (wie ich hoffe) baldigen Tages, ein Geschenk gemacht. Sie werden sich in einem Raum wieder finden ... und erfahrungsgemäß werden Sie in dem Augenblick, wo sie wissen, dass es genau das ist, wovon hier die Rede ist, wieder draußen sein. Doch dieser eine Augenblick wird Ihnen den Weg ein weiteres Mal zeigen und Sie beginnen eine Zeitreise zu machen, Tag für Tag – für kurze Momente werden Sie erfahren, dass der Geist in der Gegenwart alles ist, was es zu sein gibt. Gute Reise!

Beschreibung des Symbols:
Sie erkennen den Geist, Ihren Geist, den universellen Geist, als Mittelpunkt zwischen den Welten. Der Welt innen und der Welt außen, der Welt links von Ihnen und der Welt rechts von Ihnen, der Welt nach oben geöffnet und der Welt nach unten geöffnet. Der Geist bleibt unverändert – die Welt bewegt sich ... aber wer bewegt die Welt?

Geistesgegenwart

Dreiergruppe

Wissen	Die Kraft des Seins
Macht	Loslassen
Geld	Konzentration

KONZENTRATION

Die Konzentration ist ein viel wesentlicherer Faktor zum Erfolg als hinlänglich angenommen und daher gefördert wird. Und doch, im täglichen Leben kann man beobachten, dass mit „Konzentration" viel, viel Geld gemacht wird. Wenn sich Sportler auf Ihr Ziel konzentrieren, wird das in den verschiedensten Formen zu Geld gemacht. Ganz unabhängig davon, dass ein Spitzensportler sowieso viel verdient, es ist richtig viel Geld in diesem Business. Aber die Wahrheit ist, dass es gar nichts zu verdienen gäbe, hätte der Ausführende nicht diese extrem ausgeprägte Konzentrationskraft. Niemand könnte mit großem Staunen dem Athleten zusehen oder in Spannung versetzt ein Rennen verfolgen. Das alles wäre wohl kaum möglich ohne die großartige, außergewöhnliche Konzentration des Sportlers. Es geht beim Sport also weniger um eine physische Ausführung, sondern vielmehr darum, wie gut sich jemand auf ein gewisses Gebiet über eine geraume Zeit hinweg konzentrieren kann.

Denken und sich konzentrieren ist Sport und wird, wenn man es reichlich trainiert, sehr gut bezahlt. Alles, was zu einem Erfolg gebracht werden will, setzt ein hohes Maß an Konzentration voraus. Ohne gibt es nur Mittelmäßigkeit!
Um die Konzentration zu stärken ist Training notwendig. Und wie bei allem, was trainiert werden will, muss man dazu genügend Motivation mitbringen. Woher holt man sich die Motivation? Ich denke, das hat etwas mit dem Ziel zu tun. Das richtige Ziel ist die beste Motivation! Nur welches Ziel? GELD zu haben – oder GELD zu verdienen?
Sobald man aber ans Verdienen denkt, setzt sich ein Mechanismus in Gang, der ständig eine Art Widerstand aufbaut. Denn Verdienen ist gekoppelt mit Arbeiten. Und arbeiten ist gekoppelt mit so vielen verschieden unangenehmen Aspekten, dass es schwer fällt, sich zu konzentrieren. Wenn man aber ein Ziel hat, das frei ist und von Herzen kommt, dann werden Kräfte in Gang gebracht, die letztlich das GELD bringen und weniger mit Arbeit als vielmehr mit Freude assoziiert werden.

Beschreibung des Symbols:
Die Welle, die sich in sich hineindreht oder aus sich heraus. Konzentrieren Sie sich auf dieses Symbol – es wird Ihnen helfen das Denken zu schärfen und gleichzeitig den ewiglichen Gedankenstrom, der einen am Konzentrieren hindert, zu ruhigem Fließen zu verführen.

Konzentration

Dreiergruppe

WISSEN	Fülle
Macht	Anziehen
GELD	Entscheidungsvermögen

ENTSCHEIDUNGSVERMÖGEN

Warum ist Entscheidungen zu treffen eine so heikle Sache? Je mehr Information da ist, umso schwieriger ist es, eine Entscheidung zu treffen. Dabei übersehen die meisten, dass man eine Entscheidung auch wieder rückgängig machen kann, dass man sich und die getroffenen Entscheidungen zu einem späteren Zeitpunkt sehr wohl an die neuen Umstände, Gegebenheit anpassen kann.

Warum treffen die Menschen so ungern eine Entscheidung?
Weil dadurch eine Verantwortung und eine Verpflichtung entsteht. Davor scheuen die meisten zurück!
Sehen Sie sich das Symbol genau an, betrachten Sie das Wort, das diesem Symbol gegeben wurde, Sagen Sie es einmal laut und ganz langsam vor sich hin:
ENTSCHEIDUNGS – VERMÖGEN
Haben Sie's gehört? Gerade haben Sie wahrscheinlich erkannt, dass in diesem Wort das Vermögen liegt, von dem wir während der gesamten Bearbeitung der GELD-Symbole reden.
Sie können noch so viele Ratschläge einholen, 1.000 Bücher lesen, Infos über Infos sammeln, das Internet malträtieren und noch viel mehr! Eine Entscheidung zu treffen ist unumgänglich. Schon so manches Glück ging den Bach runter, weil der Partner keine Entscheidung treffen konnte. Denn Sie sollten wissen, keine Entscheidung zu treffen ist auch eine Entscheidung.

Ich sage hier nicht, dass man sich übereilt in etwas stürzen soll, aber eine lange Wartezeit hat die Dinge meist nur schal und langweilig gemacht. Was aber auch heißt, dass dann, wenn eine Entscheidung gefallen ist, die Zeit reifen muss, um das zu Tage zu bringen, für was auch immer Sie sich entschieden haben.
Die Dreiergruppe zeigt ganz klar, dass die Fülle und das Annehmen mit einer Entscheidung zusammen hängt. Fülle ist eine eigene Karte, aber ich will hier auch noch speziell darauf zu sprechen kommen. Entscheidungen und Fülle sind ein und dasselbe, wenn Sie sich dazu entscheiden, die Fülle zu erhalten und anzunehmen! Es liegt also im Sinne des Erfinders, dass zur Entscheidung auch ein Anhang dazu passen würde: Ich entscheide mich für … mit all der Fülle, die damit verbunden ist! Was Sie hiermit machen: Sie geben eine Absichtserklärung ab, die auch eine Aufforderung an die geistige Hierarchie darstellt.

Ein *Beispiel*: Sie sollen sich zwischen zwei Stühlen entscheiden.
Möglichkeit 1: Sie finden einen der beiden schöner, den anderen aber praktischer. Nun nehmen Sie sich einen Augenblick (nicht mehr!) Zeit – schließen kurz die Augen und sehen sich ... in welchem der beiden Stühle sitzen Sie? Die Entscheidung ist gefallen! Ihr Gefühl weiß genau, was gut für Sie ist! Ich sage, das erste Gefühl ist immer das Richtige!
Nun kommt die wichtige Phase der Energiearbeit: Natürlich machen Sie das alles nur gedanklich! Sie sprechen zu sich selbst: „Ich entscheide mich für die Fülle, die ich mit diesem Stuhl erleben werde!“ Das ist alles! Sobald Sie einmal eine Entscheidung getroffen haben, ist alles andere einfach!
Möglichkeit 2: Sie nehmen keinen von beiden, denn bei genauem Hinfühlen ist keine Tendenz zu einem der Stühle zu spüren.

Entscheidungsvermögen

Als zweites Beispiel erzähle ich Ihnen eine kleine Geschichte aus meinem Leben: Meine Wohnung hatte schon als ich einzog einen Fußboden wie ein Fleckerlteppich und eine Küche, die aussah wie ... na ja, nicht wirklich zeitgemäß! Jeder Eigentümer hatte etwas verändert und dazu gestückelt. Eines Tages ENTSCHIED ich, dass Boden und Küche neu werden! Klare Entscheidung!

Das Geld war vorhanden – für eine neue Küche und einen neuen Boden in der ganzen Wohnung. So dachte ich! Meine Entscheidung lautete genau: „Ich entscheide mich für die Fülle und Schönheit, die mir in meinem Heim zusteht!"
Prompt sah ich auf einer Messe den Boden. Den Boden, den sich wirklich nur reiche Leute kaufen. Er hatte den Preis, den ich für die Gesamtrenovierung budgetiert hatte. Trotzdem hinderte mich nichts daran, mich in diesen Boden zu verlieben. Ich war so dankbar, dass ich sowas Schönes überhaupt entdeckte. Dann sah ich die Küche, die mir gefiel. Auch diese mit einem Preis von überdrüber. So, was tun? Ich entschied mich ein weiteres Mal für die Fülle und Schönheit, die mir zusteht in meinem Heim! Da ich jetzt festgestellt hatte, dass das Budget nicht ausreicht, ich aber nun genauere Vorstellungen davon hatte, wie alles aussehen soll, wollte ich einen genauen Kostenplan erstellen und ließ mir Kostenvoranschläge machen, damit ich wusste wie viel noch an Geld dazu manifestiert werden musste.
Der Kostenvoranschlag vom ersten Bauherrn war ungeheuerlich!
„Nun, dann wird das Projekt ein wenig warten müssen, denn ich werde, nachdem ich nun das kennengelernt habe, was mir gefällt, auf keinen Fall etwas anderes in Anspruch nehmen", sagte ich mir. Nachdem das klar war, ging alles wie von selbst.

Das, was ich Entscheidungsvermögen nenne ist, wenn man klar weiß, wofür man sich entscheidet, um das benötigte Vermögen freizusetzen. Bei meinem Beispiel ging es dann so weiter: Der Bodenhändler rief an, dass er um einiges billiger verkaufen wolle. Bei einem Termin kamen die Kunden zu spät, was mir die Zeit gab, einen Blick ums Eck des Hauses, das ich zu besichtigen hatte, zu werfen, und siehe da, ein Tischler, der sich auf Küchen spezialisiert hat. Dieser machte mir ein sehr akzeptables Angebot. Im Laufe der nächsten Tage lernte ich einen Bauherrn kennen, der für eine meiner Kundinnen Umbauten macht. Er leistet wirklich tolle und genaue Arbeit. Ich fragte sie, ob ich ihn mal ausborgen darf und erhielt daraufhin einen Kostenvoranschlag mit wesentlich mehr Detailarbeiten, von denen mir vorher niemand etwas gesagt hatte, um den halben Preis des ersten Anbieters. Nun war ich zwar mit allem zufrieden, aber ich sollte während der Drecksarbeiten auch noch ausziehen und das für ganze 2-3 Wochen. Ein Hotel in Wien ist sehr teuer, und so lange auf der Couch einer Freundin liegen wollte ich auf keinen Fall.
Ich entschied, dass ich erst dann mit dem Umbau beginne, sobald genug Geld da ist, sodass ich in der Umbauphase auf Urlaub fahren kann. Sobald diese Entscheidung gefallen war, kam ein Anruf! DER ANRUF überhaupt. Ich hatte vor einem Jahr ein Geschäft angebahnt, von dem es immer wieder hieß, dass es bald funktionieren werde. Und nun war es soweit. Sie riefen an und baten mich (!), ihnen die Honorarnote für die erfolgreiche Vermittlung zu senden. Die Summe war so hoch, dass ich mir alles ganz wunderbar leisten konnte. Ja, so ist das mit der Fülle! Und mit dem Entscheidungsvermögen!

Beschreibung des Symbols:

Eine Wellenlinie, die den Weg des Menschen symbolisiert. Es geht ein wenig nach oben und ein wenig nach unten, das gehört zum Leben. Das Unten hat aber ganz klar eine Bedeutung. Es ist der Boden, die Erde, die wir nach einem Höhenflug wieder betreten. Darum ist es so wertvoll, zu erkennen, dass die Erde uns Halt gibt, unser Zuhause ist. Wir fahren die Ernte ein, wie ein Bauer. Und davon leben wir dann, von dem, was wir uns aus den Höhenflügen mitgebracht haben!

Das Symbol dient dazu, die Beobachtungsgabe zu fördern. Beobachten Sie sich bei den täglichen Entscheidungen, sei es der Kauf einer Orange oder die Wahl eines Sitzplatzes im Café. Die kleinen Entscheidungen können sehr viel dazu beitragen, Ihre Empfindungen zu studieren und zu verfeinern. Eine gute Wahl ist immer eine Wahl, die mit Fülle einhergeht! Eine schlechte Wahl gibt es nicht! Es ist nur eine Wahl gewesen, die man auch anders hätte treffen können!

Freuen Sie sich auf Ihre nächste Entscheidung – sie könnte ein Vermögen wert sein!

s p a c e – clearing©

Immer wieder zitiere ich gerne den Leitsatz aus den Vedischen Schriften, wenn ich von *s p a c e* – clearing© spreche:
Reinige die Atmosphäre und die Atmosphäre heilt Dich!
Im Grunde genommen sagt dieser eine Satz alles aus, was unter s p a c e als Synonym läuft.
Space ist Raum UND Atmosphäre, ist Leben und Sterben im Raum.
Es ist eine Sphäre die uns umgibt, welche ständig angereichert wird mit beeigenschafteter Energie.
Wir geben dem Raum, der Atmosphäre das, was der Raum, die Atmosphäre an uns latent wieder abgibt.
Die Lebensweisen und unsere Stimmungen, ja sogar Gedanken werden im Raum so lange gespeichert, bis sie wiederum von einem Menschen oder einem wohlwollenden Wesen (Tiere z. B.) aufgelöst, umgewandelt, gereinigt werden.
Die Energie, die eine Atmosphäre ausmacht ist entweder leicht oder schwer. Die Eigenschaften mit deren Aussagekraft die Energie im Raum aufgeladen wird, diese Eigenschaften, welche durch beispielsweise ein Bild oder auch ein Symbol verwendet werden, entscheidet letztlich darüber, welche Atmosphäre Sie umgibt und anschließend an alle wieder gespiegelt wird.
Die Symbole für *s p a c e* – clearing© sind speziell dafür gemacht worden, Ihrer Atmosphäre eine reinigende Wirkung zukommen zu lassen.
Die Symbole für das *s p a c e* – clearing© werden auf spezielle Art eingesetzt.
Ein Grundstück hat eine andere Frequenz oder besser gesagt eine anders gelagerte Energie als eine Wohnung. Daher empfehle ich, bei einer Wohnung alle drei Karten zu verwenden, bei einem Haus mit Garten die eine Karte für das Grundstück und die andere für das Haus. Zu Erklärung der Symbole: Das Viereck repräsentiert das ganze Gebäude. Das gleichschenklige Kreuz quer durch das Gebäude bringt die neutrale Schwingung. Das Karo in der Wohnungskarte hebt diese Räume nochmals hervor.
Die reine Absicht ist der Schlüssel zum Erfolg! Ihre Absicht muss klar und mit Überzeugung formuliert werden. Das bedeutet, dass das Symbol allein eine geringere Wirkung hat. Nur das gesprochene Wort vollendet die Reinigung der Atmosphäre. Es ist ein Ritual, dem Sie mit Glauben und Worten Ihre Kraft verleihen.
Das könnte etwa so ablaufen:
Sie wollen, dass Ihr Heim, Ihr Büro, Ihr neu erworbenes Grundstück ... von alten Energien gereinigt wird. Dazu fordern sie Hilfe an

- von den vier Himmelsrichtungen
- von den vier Elementen Elementen, aus denen alles, was hier auf der Erde existiert, aufgebaut ist
- von einem geistigen Führer

Sie besorgen sich

- eine Kerze
- ein Glas Wasser
- Blumen oder Erde
- Räucherkohle und Salbei

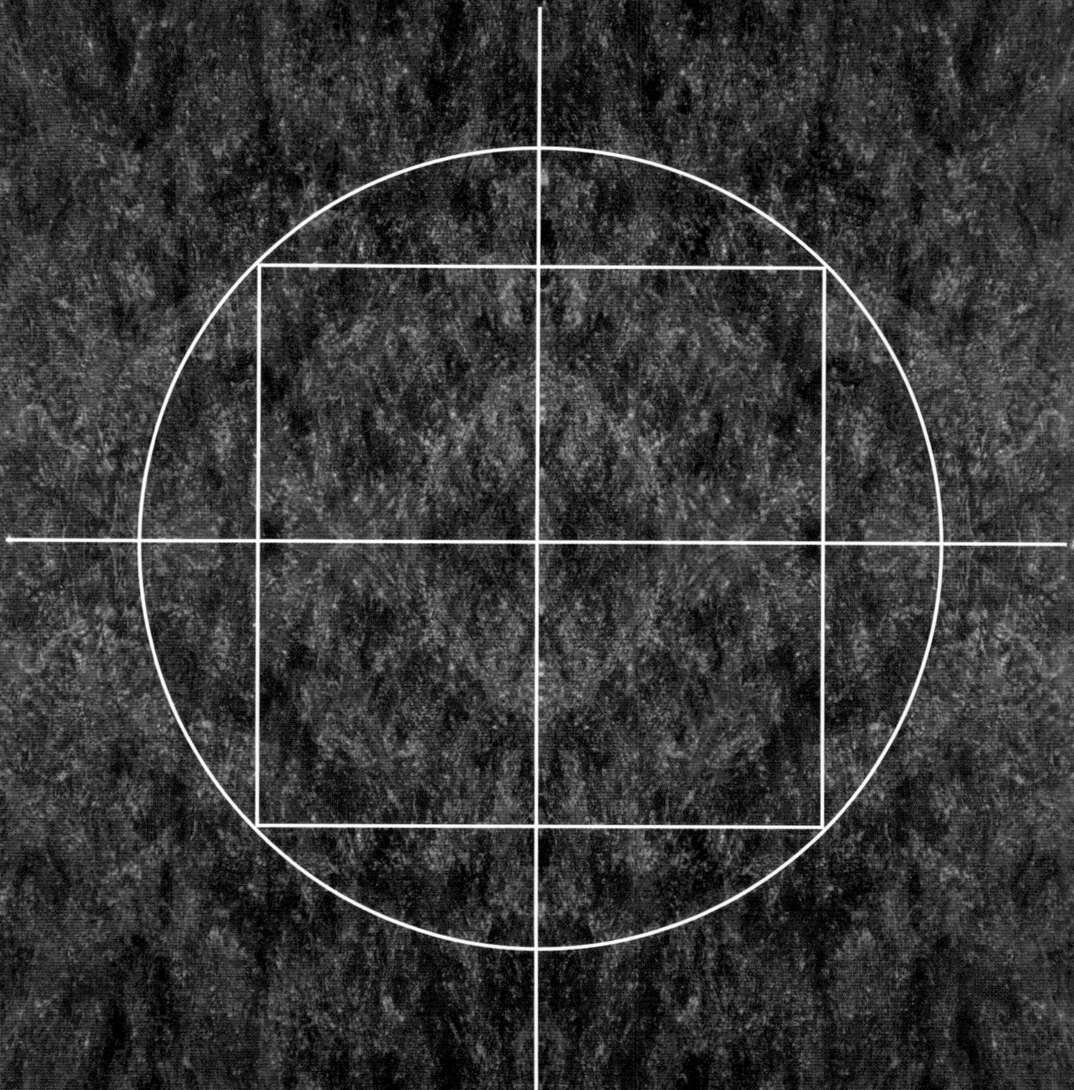

Grundstück

Das Ritual:

Schließen Sie alle Fenster von den Räumen, die Sie zu reinigen wünschen!
Alle Verbindungstüren sollten jedoch während des Rituals einen Spalt offen stehen.
Nun wählen Sie einen für Sie stimmigen Platz, an dem Sie in Ruhe und entspannt das Ritual ausführen.
Ziehen Sie einen Kreis. Den können Sie sich entweder visuell vorstellen oder besser noch mit Salz auslegen.
Dieser Kreis steht symbolisch für Schutz.
In die Mitte des Kreises legen Sie die Karte(n), stellen die Kerze auf, stellen das Wasserglas hin, legen die Blume oder die Erde daneben. Die Kohle und den Salbei legen Sie bereit, entzünden sie aber noch nicht.
Nun setzen Sie sich, hin und sammeln sich indem Sie ganz ruhig werden.
Ruhig werden, … das kann man indem man zum Beispiel jedem Atemzug Aufmerksamkeit schenkt. Und jeder Atemzug bringt Sie mehr und mehr in eine angenehme harmonische Ruhe.
Entzünden sie die Kerze mit Bedacht und würdevoll in Anerkennung an das Feuer, das alles Leben erwärmt, das Licht der Sonne reflektierend.
Würdigen sie mit einem Blick oder einer Geste das Wasser.
Berühren Sie das, was die Erde repräsentiert und danken sie Mutter Erde für Ihre Fülle.
Atmen Sie tief ein und aus und danken Sie für die herrliche Luft um sich herum.
Als nächsten Schritt rufen Sie die Kräfte der Himmelsrichtungen.
Dazu können sie Ihre eigenen Worte finden, denn fast jeder hat eine Vorliebe, was die Himmelsrichtungen angeht. Möglicherweise entdecken Sie erst mit diesem Ritual, welche Himmelsrichtung Ihre speziellen Neigungen fördert!
Wenn Sie es allerdings neutral machen wollen, so könnte das in etwa lauten:
„Ich anerkenne und preise die Mächte des Nordens und bitte sie mein Heim zu schützen.
Ich anerkenne und preise die Mächte des Ostens und bitte sie mein Heim zu schützen.
Ich anerkenne und preise die Mächte des Südens und bitte sie mein Heim zu schützen.
Ich anerkenne und preise die Mächte des Westens und bitte sie mein Heim zu schützen."
Fühlen sie hin – und geben Sie den Energien Zeit, sich zu entfalten.
Nun rufen Sie einen geistigen Führer, der Ihnen am meisten am Herzen liegt. Das kann die Mutter Gottes sein, ein Engel, ein aufgestiegener Meister wie zum Beispiel Jesus oder St. Germain. Auch hier hat jeder seine eigenen Vorlieben und ich möchte hier diesbezüglich keine festen Regeln aufstellen.
Bitten Sie Ihren geistigen Führer, Ihr Heim von allen alten Energien zu reinigen, von unharmonischen qualifizierten Energien, von Streit, Gewalt, von Sorgen, Qualen, von Kummer, Eifersucht, von finanziellen Nöten und anderen Unannehmlichkeiten.
Wenn Sie damit fertig sind halten Sie eine kleine Weile inne, sodass die Reinigung vonstatten gehen kann. Es ist durchaus wichtig, in dieser Situation kühl und distanziert zu bleiben. Es ist wie putzen. Tun sie es einfach, ohne an einem bestimmten Thema fest zu halten.
Sie werden spüren, wenn es getan ist!

Haus mit Garten

Erst jetzt entzünden sie die Räucherkohle. Sie braucht ca. eine Minute, um ganz zu glühen.
Diese Zeit verwenden sie für Anrufungen, die ausschließlich auf positive Eigenschaften fokussiert sind.
Zum Beispiel:

„Ich rufe jetzt in diese Räume:
Das Licht!
Die Liebe!
Vollkommene Gesundheit für jeden, der mit diesen Räumen zu tun hat!
Fülle!
Finanzielle Freiheit!
Wohlstand!
Ruhe und Frieden!
Geborgenheit!
Sicherheit!
Schönheit!
Harmonie!
Gleichmut!
Kreativität!
Inspiration!
usw."

Lassen Sie sich einfach leiten – dann kommen schon die richtigen Worte!
Diese Worte sind nun gespeichert in der Luft bzw. im Rauch und im Salbei. Diese Energie tragen Sie nun in alle Räume, indem Sie den Salbei auf der Kohle verbrennen lassen. Das nennt man auch „versiegeln".
Wenn Sie mit dem Räuchern fertig sind warten sie noch ca. eine Viertelstunde, um dann anständig durchzulüften.
Nun ist es getan! Sie haben Ihre Räume gereinigt!

Die Kerze entzünden sie immer dann, wenn Ihnen das Gefühl sagt, dass etwas nicht stimmig ist oder wenn Sie Besuch von jemandem bekommen, den sie nicht wirklich wertschätzen. Es hilft, Klarheit zu erhalten! Man kann dann leichter und unkomplizierter kommunizieren.

Das ganze Ritual sollte wenigstens einmal im Jahr, besser noch alle sechs Monate wiederholt werden.
Der Neumond und Vollmond eignen sich hervorragend, ein guter Zeitpunkt ist auch, wenn der Mond im Stier steht.
Besonders wichtig für Klärungen sind die Tage zwischen Weihnachten und Neujahr. Übrigens auch für den Körper!

Ich wünsche Ihnen viel Freude und Erfolg bei Ihrem ersten *s p a c e* – clearing©

Wohnung

Diese Seiten sind den wohlwollenden Firmen gewidmet die
dieses Buchprojekt freundlicherweise unterstützt haben.
Ihnen sei hiermit von Herzen gedankt!

Body
Consultants
www.bodyconsultants.at
Schlank - geformt - straff

WIEN ENERGIE

GUTES WOLLEN BRINGT GUTES GELINGEN

www.ringimmobil.com

tradition | moderne | weitblick

Firma Ringimmobil GmbH

www.ringimmobil.com
Tel: 0660 210 89 02